HEYNE
BÜCHER

EDGAR ALLAN POE

wurde am 19. 1. 1809 als Sohn eines Schauspielerehepaares in Boston geboren. Im Alter von einem Jahr wurde er Waise und wuchs im Haus des Kaufmanns John Allen auf, der ihn zum Gentleman erzog, jedoch nicht adoptierte. Nach Schulbesuch in London und Studien an der Universität von Virginia ging er 1827 zur Armee und 1830 für ein Jahr als Kadett nach West Point. Sein Vormund Allen hatte ihn nach einem Zerwürfnis verstoßen. Mit dem Gewinn eines Preises für die Erzählung *»MS Found in a Bottle«* begann er 1833 als Schriftsteller, Journalist und Herausgeber literarischer Zeitschriften. Poe lebte meist in großer Armut, litt immer wieder an Alkoholismus und starb unter weitgehend ungeklärten Umständen am 7. 10. 1849 in Baltimore.

Zu seinen wichtigsten Werken gehören: *»The Narrative of Arthur Gordon Pym«* (1838); *»Tales of the Grotesque and Arabesque«* (1840); *»The Raven and other poems«* (1845).

EDGAR ALLAN POE

GESCHICHTEN DES GRAUENS 2

Mit Textillustrationen von Alfred Kubin

WILHELM HEYNE VERLAG
MÜNCHEN

HEYNE-BUCH Nr. 871-2
im Wilhelm Heyne Verlag, München

8. Auflage
Ungekürzte Taschenbuchausgabe
Lizenzausgabe mit freundlicher Genehmigung
der Nymphenburger Verlagshandlung GmbH, München
Printed in Germany 1979
Umschlag: Atelier Heinrichs, München
Gesamtherstellung: Buchdruckerei H. Mühlberger, Augsburg

ISBN 3-453-00402-7
ISBN 3-453-00195-8

INHALT

Der Geist des Bösen 7

Der schwarze Kater 15

Das verräterische Herz 27

Der Mann in der Menge 35

Hopp-Frosch 45

Das Faß Amontillado 57

Wassergrube und Pendel 67

William Wilson 85

Der Goldkäfer 105

Der Doppelmord in der Rue Morgue 145

Das Geheimnis von Marie Rogêts Tod 179

Der entwendete Brief 231

DER GEIST DES BÖSEN

Bei der Erforschung der Neigungen und Triebe, der *prima mobilia* der Menschenseele, haben die Psychologen stets einen Hang übergangen, der, obwohl er sichtbar und deutlich als erstes, ursprüngliches, nur auf sich selbst zurückzuführendes Gefühl vorhanden ist, auch von den Moralisten, ihren Vorgängern, übersehen wurde. Wir alle haben ihn, durch die törichte Anmaßung unseres Verstandes unaufmerksam gemacht, nie beachtet, ja selbst der Möglichkeitsgedanke ist uns nie gekommen, weil wir das Bedürfnis nicht fühlten, die Tatsache jener Neigung, jenes Hanges festzustellen. Wir sahen nicht ein, daß dies notwendig sei. Wir verstanden nicht, das heißt, wir würden nie verstanden haben (selbst wenn sich das Bewußtsein von der Existenz dieses *primum mobile* unserer Erkenntnis aufgedrängt hätte), welche Rolle es in der Ökonomie aller menschlichen Dinge, der zeitlichen und der ewigen, spielt. Es läßt sich nicht leugnen, daß die Psychologie und zum großen Teil alle Metaphysik auf aprioristischen Behauptungen aufgebaut ist. Der intellektuelle und streng logisch denkende Mensch glaubt noch mehr als der bloße Verstandesmensch und der Beobachter, die Pläne Gottes zu verstehen, seine Absichten zu kennen. Und wenn er diese Absichten zu seiner Zufriedenheit ergründet hat, baut er nach ihnen seine zahllosen kapriziösen Systeme auf. In der Psychologie zum Beispiel stellten wir, völlig natürlich, zuerst fest, es sei die Absicht Gottes, daß der Mensch esse. Daraufhin gaben wir dem Menschen den Nahrungsinstinkt, und dieser ist nun die Geißel, mit der Gott den Menschen zum Essen zwingt, er mag wollen oder nicht. Wir behaupteten, es sei Gottes Absicht, daß der Mensch seine Spezies fortpflanze, und entdeckten infolgedessen den Zeugungsinstinkt – und so machten wir es mit dem Selbsterhaltungstrieb, dem Kausalitäts- wie dem Konstruktionssinn, kurz, mit jedem Organ, das irgendeiner Neigung, einem moralischen Gefühl oder einer Fähigkeit der reinen Intelligenz zum Ausdruck verhilft. Und in dieser Anordnung der Prinzipien des menschlichen Handelns sind die Anhänger Spurzheims, mit Recht oder mit Unrecht, zum Teil oder ganz, im Prinzip den Spuren ihrer Vorgänger gefolgt, indem sie alles aus der einmal mit Gewißheit erkannten Bestimmung des Menschen herleiteten und auf der Basis einer Absicht seines Schöpfers aufbauten.

Es wäre weiser und sicherer gewesen, unsere Klassifizierung (wenn wir nun schon einmal klassifizieren müssen) auf *den* Handlungen aufzubauen, die der Mensch gewohnheitsmäßig, sowie *jenen*, die er gelegentlich, *nur* gelegentlich begeht, statt auf der Hypothese zu basieren, daß die Gottheit selbst ihn antreibt, sie zu vollbringen. Da wir Gott nicht in seinen sichtbaren Werken verstehen, wie könnten wir seine unbegreiflichen Gedanken erfassen, die jene Werke ins Leben rufen? Da wir ihn in seinen mittelbaren Schöpfungen nicht begreifen, wie könnten wir ihn in seinem nicht bedingten, unmittelbaren Walten, in den Phasen des Schaffens selbst erfassen?

Eine Induktion a posteriori würde die Psychologen zu der Einsicht gebracht haben, daß sie als ein primitives Prinzip menschlichen Handelns ein paradoxes Etwas annehmen müßten, das wir in Ermangelung eines charakteristischeren Ausdruckes mit dem Bösen, Krankhaften, kurz – mit *Perversität* bezeichnen wollen. In meinem Sinne ist sie in der Tat ein *mobile* ohne Motiv, ein nicht motiviertes Motiv. Unter ihrem Einfluß handeln wir ohne verständlichen Zweck, oder, sollte man dies für einen Widerspruch im Ausdruck halten, wir handeln aus dem Grunde, weil wir *nicht* handeln *sollten*. In der Theorie kann kein Grund unvernünftiger sein, aber in der Praxis gibt es keinen stärkeren. Für Menschen von gewisser Veranlagung wird er bei gewissen Gelegenheiten absolut unwiderstehlich. Ich bin meines Lebens ebenso gewiß wie der Richtigkeit der Behauptung, daß das Böse, das Sündhafte oder Schädliche in irgendeiner Handlung oft die unwiderstehliche Macht ist, die uns zwingt, *allein* zwingt, dieselbe zu begehen. Und dieser zügellose Hang, das Böse um des Bösen willen zu tun, spottet jeder Analyse, jeder Auflösung in tiefer liegende Elemente. Er ist ein radikaler, primärer, elementarer Beweggrund. Man wird mir wahrscheinlich entgegenhalten, daß, wenn wir auf einer gewissen Handlung bestehen, *weil* wir sie nicht begehen sollten, unser Betragen nur eine Modifikation dessen ist, wozu uns gewöhnlich der Selbsterhaltungstrieb verleitet. Doch wird ein einziger Hinweis genügen, um die Unrichtigkeit dieser Annahme klarzulegen. Dem Selbsterhaltungstrieb liegt als Entstehungsgrund die Notwendigkeit persönlicher Verteidigung zugrunde. Er ist unser Schutz gegen Ungerechtigkeit; sein Prinzip zielt auf unser Wohlbefinden, denn wir fühlen, sobald er sich zeigt, zugleich den Wunsch nach Wohlbefinden in uns erregt. Daraus folgt, daß der Wunsch nach Wohlbefinden sich zugleich mit jenem Prinzip einstellen muß, daß er nur eine Modifikation des Selbsterhaltungstriebes ist. Doch in dem Fall des gewissen Etwas, das ich Perversität benenne, ist dieser Wunsch nicht nur *nicht* erregt, sondern ein sonderbares, geradezu entgegengesetztes Gefühl tritt ins Dasein.

Jeder, der einmal mit sich zu Rate geht, wird die beste Antwort auf diesen Sophismus finden, und niemand, der seine Seele sorgfältig durchforscht, wird zu leugnen wagen, daß die fragliche Neigung eine primäre ist. Sie ist ebenso ausgesprochen wie unerklärlich.

Es wird wohl kaum einen Menschen geben, der nicht in einem gewissen Augenblick von dem heißen Wunsch ergriffen wurde, seinen Zuhörer durch Umschreibungen zu quälen. Der Sprecher — der die allerbeste Absicht hat, zu gefallen — *weiß* sehr wohl, daß er damit Mißfallen erregt; er spricht sonst gewöhnlich kurz, genau und klar, fühlt auch jetzt, wie sich ihm die Worte in lakonischer Deutlichkeit auf die Zunge drängen und wie er sie nur mit Mühe zurückhält; er fürchtet den Zorn des Zuhörers geradezu, und doch durchzuckt ihn der Gedanke, daß er mit ein paar Einschiebungen und Parenthesen diesen Zorn erregen kann. Und dieser einfache Gedanke genügt — die Anwandlung wird zur Anfechtung — die Anfechtung zur Begierde — die Begierde steigert sich zum unwiderstehlichen Bedürfnis — und das Bedürfnis befriedigt sich: zum tiefen Bedauern und quälenden Unbehagen des Sprechers, ungeachtet all der Folgen, deren Möglichkeit, ja Wahrscheinlichkeit ihm wohl bewußt ist.

Wir haben eine Aufgabe vor, die schnellstens vollendet werden muß; wir wissen, daß Aufschub unseren Untergang nach sich ziehen kann. Die wichtigste Krise unseres Lebens verlangt mit lauter Stimme sofortiges energisches Handeln. Wir glühen, Eifer verzehrt uns, das Werk zu beginnen, und die Vorahnung eines ruhmreichen Resultates setzt unsere Seele in Flammen — wir *müssen* die Arbeit *heute* noch beginnen: und doch verschieben wir sie auf morgen. Warum? Es gibt keine Erklärung dafür, außer der, daß wir fühlen: es ist ein krankhafter, ein — ›perverser‹ Grund. Bedienen wir uns nun dieses Wortes, auch ohne das Prinzip zu verstehen! Der morgige Tag erscheint und mit ihm ein noch ungeduldigerer Wunsch, unsere Pflicht zu erfüllen; und mit dem Wunsch eine unerklärliche, furchtbare, weil unergründliche Begierde, *wieder* aufzuschieben. Je mehr Zeit verlorengeht, desto unwiderstehlicher wird diese Begierde. Nur noch eine Stunde bleibt uns zum Handeln. Wir erbeben ob der Heftigkeit des Zwiespaltes, der sich in uns erhebt, über den wilden Kampf des Bestimmten mit dem Unbestimmten, des Greifbaren mit dem Schatten. Aber wenn der Kampf bis zu diesem Punkte vorgeschritten ist, so siegt der Schatten — alles Auflehnen ist vergebens. Die Uhr schlägt — die Todesstunde unseres Glückes. Und zugleich die erste Frühstunde für den Nachtalp, der uns bedrückte. Er entweicht – er verschwindet – wir sind frei. Die alte Willenskraft kehrt zurück. Jetzt können wir zur Arbeit schreiten. Aber – ach! Es ist zu spät!!!

Wir stehen am Rande eines Abgrundes. Wir starren in den Schlund, es wird uns übel und schwindlig. Unsere erste Bewegung war, vor der Gefahr zurückzuweichen. Unerklärlicherweise bleiben wir. Allmählich verschmelzen unser Übelbefinden, unser Schwindel, unsere Angst in ein nebelhaftes, nicht zu benennendes Gefühl. Nach und nach und unbemerkbar nimmt der Nebel Gestalt an, wie sich aus dem Wölkchen aus jener bekannten Flasche in ›Tausendundeine Nacht‹ der Geist bildete. Aber aus unserer Wolke am Rande des Abgrundes bildet sich und wird immer greifbarer eine Gestalt, die hundertmal schreckhafter ist als irgendein Dämon oder Geist der Fabel; und doch ist es nur ein Gedanke, der das Mark in unseren Gebeinen gefrieren macht und mit wüsten Entzückungen schüttelt. Es ist die einfache Vorstellung: welcher Art wären wohl unsere Gefühle, wenn wir aus solcher Höhe hinabstürzten? Und dieser Sturz, der uns zerschmettern müßte – wir wünschen ihn mit heißer Begier geradezu, und zwar aus dem einfachen Grunde, weil er uns das gräßlichste, schaudervollste Bild von Tod und Qual zeigen würde, das unser Hirn sich je hat vorstellen können. Und weil uns unser Verstand mit Heftigkeit von dem gefährlichen Rande entfernen will, *eben deshalb* nähern wir uns ihm nur ungestümer. Keine Leidenschaft ist ungeduldiger als die eines Menschen, der am Rande eines Abgrundes schaudernd steht und sinnt, sich hineinzustürzen. Auch nur einen Augenblick lang nachzudenken bedeutete unausbleiblich Untergang; denn das Nachdenken drängt uns, von dem Plan abzustehen, und *eben deshalb*, sage ich, *können wir nicht*. Wenn kein Freundesarm in der Nähe ist, um uns zurückzuhalten, oder ein krampfhafter Entschluß, uns zu entfernen, erfolglos bleibt, stürzen wir hinunter in die Vernichtung.

Prüfen wir solche und ähnliche Handlungsweisen, so finden wir, daß sie einzig und allein dem Geiste der Perversität entstammen. Wir begehen dieselben nur, weil wir fühlen, daß wir sie *nicht* begehen sollten. Darüber hinaus oder dahinter fehlt jeder Beweggrund, und wir müßten in der Tat die Perversität für eine Einblasung des Erzfeindes halten, diente sie nicht auch zuweilen zur Förderung des Guten.

Ich habe so lange über dies alles geredet, um Ihre Fragen in gewissen Beziehungen zu beantworten – um Ihnen zu erklären, weshalb ich hier bin – um Ihnen etwas zu zeigen, das wenigstens wie der blasse Schatten der Ursache aussehen, Ihnen erklären kann, warum ich Ketten trage und diese enge Zelle bewohne. Wäre ich

nicht so weitläufig gewesen, so würden Sie mich gar nicht verstehen und mich wie die Menge für einen Irren halten. Jetzt werden Sie einsehen, daß ich eins der zahllosen Opfer jenes Dämons der Perversität bin.

Niemals ist eine Tat mit vollkommenerer Überlegung ausgeführt worden. Wochenlang, monatelang brütete ich über dem Mordanschlag. Ich verwarf tausend Pläne, weil sie eine *Möglichkeit* der Entdeckung enthielten. Da las ich einmal in alten Memoiren die Geschichte einer Frau, die durch eine zufällig vergiftete Kerze in eine tödliche Krankheit verfiel. Der Gedanke schlug wie ein Blitz in meine Seele. Ich wußte, daß mein Opfer die Gewohnheit hatte, im Bett zu lesen. Ich wußte, daß sein Zimmer klein war und kaum einem Luftzug Eintritt gewährte. Doch ich will Sie nicht mit müßigen Details ermüden. Ich will Ihnen nichts von der billigen List erzählen, mit der ich eine selbstverfertigte Kerze in seinen Leuchter stecken ließ. Am nächsten Morgen fand man ihn tot in seinem Bett und der Spruch des Leichenbeschauers lautete auf ›Tod durch Gottes Gegenwart‹*.

Ich erbte sein Vermögen, und alles ging ein paar Jahre lang gut. Der Gedanke, meine Tat könnte entdeckt werden, kam mir nie. Die Überbleibsel der gefährlichen Kerze hatte ich sorgfältig vernichtet. Nichts war da, das mich hätte verraten, ja auch nur verdächtigen können. Ein unbeschreibliches, ein überströmendes großes Empfinden von Genugtuung schwoll jedesmal in meiner Brust auf, wenn ich mich dem Gefühl meiner vollständigen Sicherheit hingab. Eine lange Zeit schwelgte ich so in der Wollust dieses Gefühls. Und sein Genuß gewährte mir weit mehr wirkliches Glück als die materiellen Vorteile, die mir mein Verbrechen gebracht hatte. Doch einmal kam ein Tag, von dem ab sich dies Gefühl allmählich und unmerklich in einen Gedanken verwandelte, der mich ganz gefangennahm, mich nicht mehr verließ. Keinen Augenblick lang konnte ich mich von ihm befreien. Es ist eine ganz bekannte Sache, daß einem zuweilen die Ohren bis zur Ermattung vom Refrain irgendeines gewöhnlichen Liedes oder einiger unbedeutender Takte aus einer Oper klingen können. Und die Qual ist keine geringere, wenn das Lied an sich gut oder die Opernmelodie schön ist. So überraschte ich mich dabei, daß ich, während ich so in meiner Sicherheit schwelgend ging, mit leiser Stimme immer den Satz wiederholte: »Ich bin sicher.«

Eines Tages, als ich durch die Straßen schlenderte, hörte ich mich plötzlich die gewohnten Worte mit fast lauter Stimme sprechen. Und in einem Anfall von Heftigkeit fügte ich noch hinzu: »Ich bin

* *Englischer Ausdruck für plötzlichen Tod. Anm. d. Übers.*

sicher — ich bin sicher — wenn ich nicht närrisch genug bin, mich selbst zu verraten.«

Kaum hatte ich diese Worte ausgesprochen, so fühlte ich einen eisigen Schauder bis in mein Herz kriechen. Ich hatte einige psychologische Erfahrung, wußte schon von den Anfällen jener Perversität, die ich Ihnen eben so unzureichend zu erklären gesucht habe, und erinnerte mich wohl, daß ich ihr noch in keinem Falle hatte widerstehen können. Und nun trat plötzlich meine eigene zufällige Annahme, ich könne Narr genug sein, mich selbst zu verraten, wie der Schatten des Gemordeten vor mich hin und winkte mir.

Anfangs machte ich alle Anstrengungen, den Alp abzuschütteln. Ich ging ungestüm, schneller und schneller, und endlich lief ich. Ich fühlte eine wahnwitzige Begierde, laut zu schreien. Jede neue Gedankenwelle wälzte neues Entsetzen über mich. Ich wußte nur zu gut, daß *denken* jetzt meinen Untergang bedeutete. Ich beschleunigte meine Schritte noch mehr, ich stürzte wie ein Rasender durch die menschengedrängten Straßen. Schließlich wurden die Leute unruhig und verfolgten mich. Da fühlte ich mein Schicksal besiegelt. Hätte ich mir die Zunge ausreißen können, ich hätte es getan, doch schon klang eine rauhe Stimme an meinem Ohr, packte mich eine rauhere Hand an der Schulter. Ich wandte mich um — ich rang nach Atem. Einen Augenblick lang fühlte ich alle Qualen der Erstickung. Ich wurde taub, blind, schwindlig, und dann warf mich ein unsichtbarer Feind mit seiner mächtigen Hand zu Boden. Das lang eingekerkerte Geheimnis brach aus meiner Seele.

Man sagt, daß ich sehr deutlich, mit vielem Kraftaufwand und leidenschaftlicher Eile sprach, als hätte ich Furcht, daß man mich unterbräche, ehe ich jene kurzen, verhängnisvollen Sätze beendet hätte, die mich dem Henker und der Hölle überlieferten.

Als ich alles erzählt hatte, was meine Richter überzeugen konnte, sank ich ohnmächtig nieder.

Was soll ich noch hinzufügen? Heute trage ich Ketten und bin *hier*! Morgen bin ich fessellos, *doch wo*?

DER SCHWARZE KATER

Ich verlange und erwarte nicht, daß man die höchst seltsame und doch einfache Geschichte, die ich hier niederschreiben will, glaubt. Es wäre auch töricht, dies zu tun, denn ich selbst vermag dem Zeugnis meiner Sinne kaum zu trauen. Doch bin ich weder wahnsinnig, noch habe ich geträumt. Morgen aber muß ich sterben und möchte darum heute meine Seele entlasten. Zu diesem Zweck will ich der Welt klar und bündig und ohne weitere Erörterungen eine Reihe rein häuslicher Begebenheiten vor Augen führen. Die Folgen dieser Begebenheiten haben mich dem Entsetzen, haben mich der Qual anheimgegeben und mich schließlich zugrunde gerichtet. Doch will ich nicht versuchen, sie weiter zu erklären. Mir haben sie ein Schaudern verursacht; anderen mögen sie vielleicht weniger schrecklich als sonderbar erscheinen. Später vielleicht wird ein denkender Geist meine Wahngebilde auf Selbstverständlichkeiten zurückführen — er wird, ruhiger, logischer und viel weniger nervös als ich, in all den Umständen, die ich nun mit Grausen erzähle, die gewöhnliche Folge ganz natürlicher Ursachen und Wirkungen erkennen.

Von früher Kindheit an war ich wegen meines gelehrigen, liebevollen Wesens bekannt. Die Zärtlichkeit meines Herzens war so ungewöhnlich, daß sie mich zum Gespött meiner Kameraden machte. Ich war ein großer Tierfreund, und meine Eltern gestatteten mir gütigst, eine ganze Anzahl solcher Lieblinge zu halten. Mit ihnen verbrachte ich den größten Teil meiner Zeit und fühlte mich nie so glücklich, als wenn ich sie fütterte und liebkoste. Diese Eigenheit meines Wesens wuchs mit den Jahren und war später im Mannesalter der Quell meiner größten Vergnügungen. Denen, die jemals Neigung für einen treuen und gelehrigen Hund gehabt haben, brauche ich wohl die Natur und die innige Befriedigung, die aus solch einer Liebhaberei entstehen kann, nicht weiter zu erklären. In der selbstlosen und aufopferungsfähigen Anhänglichkeit eines Tieres liegt etwas, das unmittelbar zum Herzen dessen spricht, der oft Gelegenheit gehabt hat, die Armseligkeit und Unbeständigkeit der Menschen — was Freundschaft und Treue angeht — zu erproben.

Ich heiratete früh und war glücklich, bei meiner Frau eine meinem Wesen entsprechende Gemütsart zu finden. Als sie meine Vorliebe für Haustiere bemerkte, ließ sie keine Gelegenheit vorübergehen, mir die gefälligsten zu verschaffen. Und so besaßen wir denn Vögel, Goldfische, einen schönen Hund, Kaninchen, einen kleinen Affen und einen — Kater.

Er war ein auffallend großes und schönes Tier, vollständig schwarz und erstaunlich klug. Meine Frau, die ein wenig abergläubisch war, machte oft, wenn sie von dieser Klugheit sprach, Anspielungen auf den volkstümlichen Aberglauben, nach dem alle schwarzen Katzen verkappte Hexen sind. Ich will nicht sagen, daß sie jemals ernsthaft daran glaubte, und ich erwähne es überhaupt nur, weil ich mich zufällig wieder daran erinnere.

Pluto — so hieß der Kater — war mein bevorzugter Liebling und Spielgenosse. Ich allein fütterte ihn, und er begleitete mich auf Schritt und Tritt im ganzen Hause herum. Ich konnte ihm nur mit Mühe verwehren, mir auch auf die Straße zu folgen.

Unsere Freundschaft hatte nun schon mehrere Jahre bestanden — Jahre, in denen mein Temperament und mein Charakter, wie ich mit Beschämung gestehen muß, durch den Dämon Unmäßigkeit allmählich eine vollständige Wandlung zum Schlimmen erfuhr. Ich wurde von Tag zu Tag trübsinniger, reizbarer, rücksichtsloser. Selbst meiner Frau gegenüber gestattete ich mir eine brutale Sprache und vergriff mich schließlich sogar tätlich an ihr. Meine Lieblinge mußten natürlich ebenfalls unter dieser Veränderung meiner Gemütsart leiden. Ich vernachlässigte sie nicht nur, sondern mißhandelte sie. Für Pluto jedoch empfand ich noch immer so viel Zuneigung, daß ich ihn wenigstens nicht quälte, obwohl ich mir kein Gewissen daraus machte, die Kaninchen, den Affen und selbst den Hund, wenn sie mir aus Zufall oder Anhänglichkeit in den Weg liefen, zu peinigen, wie ich nur konnte. Aber meine Krankheit gewann immer mehr Macht über mich — denn welche Krankheit ist an Hartnäckigkeit dem Hang zum Alkohol zu vergleichen? —, und zum Schluß mußte selbst Pluto, der anfing, alt und infolgedessen etwas mürrisch zu werden, die Wirkungen meiner Verdüsterung an sich erfahren.

Eines Nachts, als ich vollständig betrunken aus einer meiner geliebten Kneipen in der Stadt spät nach Hause zurückkehrte, bildete ich mir ein, der Kater meide meine Gegenwart. Ich fing ihn ein, raffte ihn hoch, wobei er mir, wahrscheinlich aus Angst vor meiner Heftigkeit, mit den Zähnen eine kleine Wunde an der Hand beibrachte. In demselben Augenblicke ergriff mich eine wilde Wut; ich kannte mich selbst nicht mehr, es war, als sei meine Seele aus

dem Körper entwichen; eine mehr als teuflische, vom Schnaps noch angefeuerte Bosheit zuckte in jeder Fiber meines Leibes. Ich zog ein Federmesser aus meiner Tasche, öffnete es, packte das arme Tier an der Gurgel und stach ihm ganz bedächtig eins seiner Augen aus der Höhle heraus. Oh! – es überläuft mich abwechselnd ein glühender und eisiger Schauder, da ich diese fluchwürdige Scheußlichkeit hier niederschreibe.

Als ich am anderen Morgen den Dunst meiner nächtlichen Ausschweifung verschlafen hatte und wieder zu Verstande kam, empfand ich über mein Verbrechen ein aus Abscheu und Gewissensbissen gemischtes Gefühl; doch war es nur eine schwache Empfindung, und in ihrer Tiefe blieb meine Seele von derselben unberührt. Ich überließ mich aufs neue meinen Unmäßigkeiten, und jede Erinnerung an die Tat ertränkte ich im Branntwein. Der Kater genas mittlerweile langsam. Seine leere Augenhöhle bot allerdings einen schauerlichen Anblick, doch schien er keine Schmerzen mehr zu leiden. Wie früher strich er im Haus umher, floh aber, wie leicht erklärlich, entsetzt davon, sobald ich in seine Nähe kam. Ich hatte mir noch so viel Gefühl bewahrt, daß mich die offenbare

Abneigung eines Geschöpfes, das mir früher zugetan war, betrübte. Doch wich diese Empfindung bald einer tückischen Erbitterung. Und dann kam auch, um meinen endgültigen, unwiderruflichen Untergang zu besiegeln, der Geist der *Perversität* über mich. Die Psychologie hat sich noch nie mit diesem Dämon befaßt. Doch so wahr meine Seele lebt, ich glaube, daß die Perversität einer der Grundtriebe des menschlichen Herzens ist, eine der unteilbaren Urfähigkeiten oder Gefühle, die dem Charakter des Menschen seine Richtungslinie geben. Wem wäre es nicht hundertmal begegnet, daß er sich bei einer niedrigen oder törichten Handlung überraschte, die er nur deshalb beging, weil er wußte, daß sie verboten war? Haben wir nicht beständig die Neigung, die Gesetze zu verletzen, bloß weil wir sie als solche anerkennen müssen? Dieser Geist der Perversität kam also, wie ich schon sagte, über mich, um meinen Untergang zu vollenden. Jener unergründliche Drang der Seele, sich selbst zu quälen, ihrer eigenen Natur Gewalt anzutun und das Unrecht nur um des Unrechts willen zu begehen, trieb mich an, das unschuldige Tier, das ich schon so gräßlich mißhandelt hatte, noch weiter zu quälen. Eines Morgens legte ich kaltblütig eine Schlinge um seinen Hals und hängte es an dem Ast eines Baumes auf; hängte es auf, während mir die Tränen aus den Augen strömten und Gewissensbisse mein Herz folterten; hängte es auf, *weil* ich wußte, daß es mich geliebt, und *weil* ich fühlte, daß es mir nie eine Ursache zu dieser Mißhandlung gegeben hatte; hängte es auf, *weil* ich fühlte, daß ich mit der Tat eine Sünde beging, eine Todsünde, die das Heil meiner Seele vernichten konnte, sie, wenn es noch möglich gewesen wäre, dem Bereich der Gnade des allgerechten und allbarmherzigen Gottes hätte entziehen müssen.

In der Nacht, die dem Tage folgte, an dem ich die grausame Tat vollführt hatte, wurde ich durch Feuerlärm aus dem Schlafe geweckt. Die Vorhänge meines Bettes brannten, das ganze Haus stand schon in Flammen. Unter großen Gefahren entrannen meine Frau, unser Dienstbote und ich der Feuersbrunst. Alles wurde zerstört, mein ganzer Besitz an irdischen Gütern war dahin. Und ich selbst überließ mich von nun ab nur noch widerstandsloser dem Trunk.

Ich bin längst über die Schwäche hinaus, ein Verhältnis von Ursache und Wirkung zwischen diesem Unglück und der vorhergegangenen Schändlichkeit zu erblicken. Ich stelle nur eine Kette von Tatsachen fest und möchte dabei kein Glied unerwähnt lassen. Am Tag nach dem Brand besichtigte ich die Trümmer. Die Mauern waren bis auf eine zusammengestürzt: und zwar war die nicht sehr dicke Scheidewand in der Mitte des Hauses, an der das Kopfende meines Bettes gestanden hatte, stehengeblieben. Die Wandverkleidung selbst hatte dem Feuer auffallend gut widerstanden —

ich führte dies auf den Umstand zurück, daß sie erst vor kurzem neu angeworfen worden war. Um diese Mauer herum hatte sich eine dichte Menschenmenge versammelt und schien einen bestimmten Teil derselben einer eingehenden, eifrigen Prüfung zu unterziehen. Worte wie ›seltsam!‹ und ›sonderbar!‹ und ähnliche Ausrufe erregten meine Neugierde. Ich näherte mich und erblickte auf der weißen Oberfläche, wie im Bas-Relief eingegraben, die Gestalt eines riesigen Katers. Die Konturen waren mit wunderbarer Sorgfalt ausgeführt. Um den Hals des Tieres lag ein Strick.

Als ich diesen Spuk – für etwas anderes konnte ich's kaum halten – erblickte, geriet ich vor Staunen und Grausen außer mir. Schließlich erinnerte ich mich, daß ich den Kater in einem Garten erhängt hatte, der dicht an mein Haus anstieß. Bei dem Feuerlärm hatte sich der Garten sofort mit Menschen gefüllt. Einer von ihnen mußte das Tier abgeschnitten und durch ein offenes Fenster – wahrscheinlich in der Absicht, mich aus dem Schlafe zu wekken – in mein Zimmer geschleudert haben. Beim Einsturz der anderen Mauer mußte irgendein Zufall das Opfer meiner Grausamkeit in die frisch aufgetragene Masse des Mauerputzes fest eingedrückt haben. Das Feuer hatte dann in Verbindung mit dem tierischen Alkali des Kadavers seine Umrisse fest in den Kalk eingebrannt.

Obgleich ich, was diese aufregende, rasch erzählte Tatsache angeht, meiner Vernunft, wenn nicht meinem Gewissen Genüge tat, machte sie nichtsdestoweniger einen tiefen Eindruck auf meine Phantasie. Monatelang konnte ich mich von der Spukgestalt des Katers nicht befreien, und eine unbestimmte Empfindung, die wie Reue erschien, es aber doch nicht war, kehrte in mein Gemüt ein. Ich fing sogar an, den Verlust des Tieres aufrichtig zu bedauern, und begann, mich in den niedrigen Schenken, die ich meist besuchte, nach einem anderen Tier derselben Art und von einigermaßen ähnlichem Aussehen umzusehen, das den Platz Plutos wieder ausfüllen konnte.

Eines Nachts, als ich, schon halb stumpfsinnig, in einer der allerniedrigsten Lasterhöhlen saß, lenkte sich meine Aufmerksamkeit plötzlich auf einen dunklen Gegenstand, der oben auf einem riesigen Oxhoftfaß voll Branntwein oder Rum lag, das ein Hauptstück der Ausstattung des Lokales bildete. Einige Minuten lang blickte ich fest nach dem in die Höhe gerichteten Boden des Fasses, und es setzte mich in Erstaunen, daß ich den betreffenden Gegenstand nicht eher bemerkt hatte. Ich ging darauf zu und berührte ihn mit der Hand. Es war ein schwarzer Kater – ein sehr großer schwarzer Kater –, ganz so groß wie Pluto und ihm, mit Ausnahme einer einzigen Abweichung, vollständig ähnlich. Pluto hatte an seinem ganzen Körper kein einziges weißes Haar; dieser Kater hatte dagegen einen großen, wenn auch undeutlich gezeichneten weißen Flecken, der beinahe die ganze Brust bedeckte.

Als ich das Tier berührte, erhob es sich sofort, begann laut zu schnurren, rieb sich an meiner Hand und schien über die ihm gespendete Aufmerksamkeit höchst erfreut. Dies war also wohl gerade das Tier, das ich suchte! Ich machte dem Wirt sofort ein Angebot, um es zu kaufen, aber der erhob überhaupt keinen Anspruch darauf, sagte, er kenne es nicht und habe es nie zuvor gesehen.

Ich fuhr in meinen Liebkosungen fort, und als ich mich auf den Heimweg machte, schien das Tier mir folgen zu wollen. Ich gestattete es und stand unterwegs hin und wieder still, um es zu streicheln. Zu Hause angekommen, gewöhnte es sich gleich ein und wurde sofort der Liebling meiner Frau.

In mir jedoch fühlte ich bald eine Abneigung gegen das Tier entstehen. Das war gerade das Gegenteil von dem, was ich erwartet hatte, aber — ich weiß nicht, wie und weshalb — seine augenscheinliche Anhänglichkeit an mich widerte mich an. Nach und nach verwandelte sich dies Gefühl des Widerwillens in erbitterten Haß. Ich mied die Katze; ein gewisses Gefühl der Beschämung und die Erinnerung an meine frühere Grausamkeit verhinderten jedoch, daß ich sie mißhandelte. Einige Wochen vergingen, ohne daß ich sie schlug oder sonst quälte. Aber allmählich — ganz allmählich — fing ich an, sie mit unaussprechlichem Abscheu zu betrachten und vor ihrer verhaßten Gegenwart wie vor dem giftigen Hauch der Pest schweigend zu entfliehen.

Was ohne Zweifel meinen Haß gegen das Tier noch verschärfte, war die Entdeckung, die ich gleich am ersten Morgen machte: daß das Tier, gerade wie Pluto, des einen Auges beraubt war. Dieser Umstand machte es meiner Frau nur noch lieber, die, wie ich schon sagte, in hohem Maße jene Zärtlichkeit des Herzens besaß, die auch einst mein hervorstechendster Charakterzug und die Quelle einfachster und reinster Freuden gewesen war.

Doch schien mit meinem Widerwillen gegen den Kater dessen Vorliebe für mich nur noch zu wachsen. Er folgte mir stets auf dem Fuße, mit einer Beharrlichkeit, die ich nur schwer beschreiben kann. Setzte ich mich nieder, so kauerte er sich unter meinen Stuhl oder sprang mir auf die Knie und überhäufte mich mit den häßlichsten Liebkosungen. Stand ich auf, um wegzugehen, so zwängte er sich zwischen meine Füße und warf mich fast zu Boden, oder er klammerte sich mit seinen langen, scharfen Krallen in meine Kleider und kletterte an mir fast bis zur Brust herauf. Und obgleich mich bei solchen Gelegenheiten das Verlangen packte, ihn mit *einem* Hiebe totzuschlagen, hielt mich immer wieder irgend etwas davon zurück, teils die Erinnerung an mein früheres Verbrechen, jedoch hauptsächlich — ich will es nur gleich gestehen — eine wirkliche *Angst* vor dem Tier.

Ich fürchtete mich nicht gerade vor einer körperlichen Verletzung durch den Kater — und doch wüßte ich nicht, wie ich sonst dies Gefühl erklären sollte! Ich gestehe mit Beschämung, selbst in dieser Verbrecherzelle mit Beschämung, daß der Schreck und der Abscheu, den das Tier mir einflößte, durch ein nichtiges Hirngespinst — so nichtig, wie man sich nur eins vorstellen mag — noch gesteigert wurde. Meine Frau hatte mich gelegentlich auf die Form des weißen Fleckens hingewiesen, von dem ich schon gesprochen habe, und der den einzigen sichtbaren Unterschied zwischen diesem seltsamen Tiere und dem von mir getöteten ausmachte. Der Leser wird sich erinnern, daß dieser Fleck, obgleich er groß war, nur sehr undeutliche Umrisse aufwies. Aber in ganz allmählichen, kaum wahrnehmbaren Steigerungen, die meine Vernunft sich vergeblich als Einbildungen einreden wollte, erlangten dieselben eine fürchterliche Deutlichkeit. Sie stellten jetzt einen Gegenstand dar, den ich zu nennen schaudere und dessentwegen allein ich das Ungeheuer verabscheute und fürchtete und mich von ihm befreit haben würde, hätte ich es nur *gewagt*. Es war das Abbild eines scheußlichen, spukhaften Gegenstandes — ich spreche es aus: es war die Zeichnung eines Galgens. O trauriges und furchtbares Mahnbild der Schande und der Sühne niedrigsten Verbrechens — voll Todesqual und Tod!

Und nun war ich elend — elend über alle Grenzen menschlichen Elends hinaus. Und ein unvernünftiges Tier — von dessen Geschlecht ich eines verächtlich getötet hatte —, ein vernunftloses Tier bereitete mir, einem Menschen nach dem Ebenbilde Gottes, eine solch unerträgliche Qual! Ach! Weder bei Tage noch bei Nacht empfand ich mehr die Wohltat der Ruhe. Tagsüber ließ mich das Tier keinen Augenblick allein, und des Nachts fuhr ich stündlich aus Träumen voll unaussprechlichsten Grausens auf, fühlte seinen Atem über meinem Gesicht und sein schweres Gewicht — wie einen körperlich gewordenen Nachtspuk, den ich abzuschütteln nicht die Kraft hatte — unablässig auf meiner Brust!

Unter dem Druck solcher Qualen schwand der schwache Rest dahin, der noch von Gutem in mir war. Schlimme Gedanken wurden meine einzigen Begleiter — schlimmste, finsterste Gedanken! Mein gewöhnlicher Trübsinn artete in Haß aus gegen alles in der Welt, ja gegen die ganze Menschheit: meist war es meine still duldende Frau, die unter den plötzlichen zügellosen Wutausbrüchen, denen ich mich jetzt oft blindlings überließ, bitter zu leiden hatte.

Eines Tages begleitete sie mich wegen irgendeiner häuslichen Angelegenheit in den Keller des alten Gebäudes, das zu bewohnen uns unsere Armut nötigte. Die Katze folgte mir die steilen Treppen hinunter und veranlaßte, daß ich stolperte und fast kopfüber hinuntergestürzt wäre. Dies erboste mich sehr. Ich ergriff eine Axt, vergaß in meiner kindlichen Wut die Angst, die bis jetzt meine Hand zurückgehalten hatte, und führte einen Streich auf das Tier, der sicher tödlich gewesen wäre, wenn er so getroffen hätte, wie ich es wünschte. Meine Frau jedoch hielt den Schlag auf. Dies versetzte mich in eine mehr als teuflische Raserei, ich riß meinen Arm aus den Händen meiner Frau los und hieb ihr die Axt in den Schädel. Ohne den geringsten Laut brach sie sofort tot zusammen.

Kaum war dieser grauenvolle Mord geschehen, als ich mich auch schon daran machte, den Leichnam mit aller Überlegung zu verbergen. Ich sah ein, daß ich ihn weder bei Tag noch bei Nacht aus dem Hause schaffen konnte, ohne Gefahr zu laufen, von den Nachbarn bemerkt zu werden. Mancherlei Pläne kamen mir in den Sinn. Einmal dachte ich daran, den Körper in lauter kleine Teile zu zerschneiden und zu verbrennen, dann beschloß ich, ihn im Boden des Kellers zu vergraben, dann überlegte ich, ob ich ihn nicht in den Brunnen, der sich auf unserm Hofe befand, werfen solle — ja, ich dachte sogar daran, ihn wie eine Ware in eine Kiste zu verpakken und diese von einem Paketträger aus dem Hause wegschaffen zu lassen. Endlich blieb ich bei einer Idee, die mir bei weitem als beste erschien. Ich beschloß, ihn im Keller einzumauern, wie es nach verschiedenen Überlieferungen die Mönche des Mittelalters mit ihren Opfern gemacht haben sollen.

Der Keller schien mir für einen solchen Zweck wohl geeignet. Die Mauern waren leicht gebaut und erst kürzlich mit grobem Mörtel beworfen worden, der in der feuchten Kellerluft noch nicht vollständig verhärtet war. Überdies befand sich an einer der Mauern ein Vorsprung, hinter dem sich ein falscher Kamin befand, den man ausgefüllt hatte, wodurch die Stelle den übrigen Wänden gleichgemacht war. Ich zweifelte nicht, die Ziegel an dieser Stelle leicht herausbrechen, den Leichnam in der Höhlung verbergen und das Ganze wieder so zumauern zu können, daß kein Auge irgend etwas Verdächtiges entdecken würde.

Und diese Annahme täuschte mich nicht. Ich entfernte mittels eines Brecheisens mit leichter Mühe die Steine, lehnte den Körper gegen die innere Wand, befestigte ihn etwas in dieser Stellung und stellte die Mauer, genauso, wie sie ursprünglich gewesen, wieder her. Da ich mir mit Verbrecherschlauheit Mörtel, Sand und Stroh verschafft hatte, bereitete ich einen Bewurf, der von dem vorigen nicht zu unterscheiden war, und verstrich die neugemauerte Stelle auf das sorgfältigste. Als ich fertig war, empfand ich eine große Befriedigung darüber, daß nun alles in Ordnung sei. An der Wand war nicht das geringste zu bemerken, den Fußboden säuberte ich mit peinlichster Sorgfalt von dem übriggebliebenen Schutt. Dann blickte ich mit triumphierenden Blicken umher und sagte zu mir: »Hier ist meine Arbeit wenigstens keine vergebliche gewesen.«

Mein nächster Gang galt dem Kater, der all dies Elend verschuldet hatte und den ich nun mit Bestimmtheit töten wollte. Hätte ich ihn in dem Augenblick gefunden, so wäre sein Schicksal entschieden gewesen, doch es schien, als habe das schlaue Tier noch Furcht vor meinem wilden Zorn und vermeide es, sich vor mir in meiner augenblicklichen Stimmung blicken zu lassen. Es ist unmöglich, das tiefe, selige Gefühl der Erleichterung, mit welchem mich die Abwesenheit des verhaßten Wesens erfüllte, zu beschreiben oder gar sich vorzustellen. Auch am Abend kam es nicht wieder zum Vorschein, und so verbrachte ich die erste Nacht, seit es ins Haus gekommen war, in gesundem, tiefem Schlaf; ja, ich *schlief*, obwohl ein Mord meine Seele belastete!

Der zweite und dritte Tag verging – mein Peiniger kam nicht wieder. Noch einmal atmete ich in Freiheit auf. Das Untier war vor Schrecken aus meinem Hause entflohen! Ich würde es nicht mehr sehen! Mein Glück war unbeschreiblich. Das Andenken an meine schwarze Tat beunruhigte mich so gut wie gar nicht. Man hatte einige Nachforschungen angestellt, doch hatte ich sie bald zu erledigen gewußt. Sogar eine Haussuchung hatte stattgefunden, die natürlich ergebnislos verlaufen war. Ich fühlte mich vollständig ruhig und sicher.

Am vierten Tage nach dem Mord erschienen jedoch ganz unerwartet noch einige Abgesandte der Polizei und nahmen von neuem eine sorgfältige Haussuchung vor. Da ich jedoch vollkommen überzeugt war, daß man das verhängnisvolle Versteck nicht auffinden werde, blieb ich ganz kaltblütig. Die Beamten forderten mich auf, sie bei der Durchsuchung zu begleiten. Sie ließen keinen Winkel, keine Ecke außer acht. Endlich stiegen sie zum dritten- oder viertenmal in den Keller hinab. Ich zuckte mit keiner Wimper, und mein Herz schlug so ruhig wie das eines Menschen, der in Unschuld schläft. Ich durchschritt den Keller von einem Ende zum andern, kreuzte die Arme über die Brust und ging seelenvergnügt auf und ab. Die Beamten schienen befriedigt und schickten sich an, wieder hinaufzugehen. Die Freude meines Herzens war zu groß, als daß ich sie ganz hätte verbergen können. Es stachelte mich förmlich, meinem Triumph, wenn auch nur durch *ein* Wort, Ausdruck zu verleihen und sie in ihrer Überzeugung von meiner Unschuld zu bestärken.

»Meine Herren«, sagte ich endlich, als die Gesellschaft schon die Stufen hinaufschritt, »ich freue mich, daß sich Ihr Verdacht als unbegründet erwiesen hat. Ich wünsche Ihnen ein herzliches Lebewohl und für die Zukunft etwas mehr Höflichkeit. Im übrigen, meine Herren, ist dies ein sehr solide gebautes Haus!« (In dem

wahnsinnigen Verlangen, irgend etwas Anzügliches leicht hinzuwerfen, wußte ich kaum selbst mehr, was ich sprach.) »Man könnte es fast ein außerordentlich solide gebautes Haus nennen! Diese Mauern – Sie gehen schon, meine Herren? – diese Mauern sind fest gefügt.« Und hier klopfte ich aus purer Prahlerei mit einem Stocke, den ich in der Hand hielt, heftig gerade gegen den Teil der Mauer, hinter dem der Leichnam jener Frau verborgen war, die ich von Herzen geliebt hatte.

Aber möge Gott mir gnädig sein und mich aus den Klauen des Erzfeindes befreien! Kaum war der Nachklang der Schläge in der Stille verhallt, als eine Stimme aus dem Innern des Grabes antwortete. – Es war ein Geschrei, anfangs gebrochen und halb erstickt, wie das Schluchzen eines Kindes, ein Geschrei, das dann zu einem langen, anhaltenden Laut anschwoll, der übernatürlich und unmenschlich klang – einem Geheul, einem kreischenden Wehklagen, in dem sich Schreck und Frohlocken zu mischen schienen, wie es sich nur den Kehlen der Verdammten in ihren Qualen und der Brust triumphierender Teufel entringen kann.

Es wäre unnütz, von meinen Empfindungen sprechen zu wollen. Einer Ohnmacht nahe, taumelte ich gegen die Rückwand des Kellers. Einen Augenblick standen die Polizisten im Übermaß des Entsetzens und Grausens regungslos und starr, im nächsten jedoch arbeiteten bereits ein Dutzend kräftige Arme an der Mauer.

Sie war bald niedergerissen, und der schon stark in Verwesung übergegangene, mit geronnenem Blut bedeckte Leichnam meiner Frau stand aufrecht vor ihren Augen da. Auf dem Kopf, mit aufgerissenem rotem Maul und seinem einzigen glühenden Auge, hockte das scheußliche Tier, dessen Gebaren mich zum Morde verleitet hatte und dessen verräterische Stimme mich jetzt dem Henker überlieferte.

Ich hatte das Ungeheuer mit in das Grab eingemauert.

DAS VERRÄTERISCHE HERZ

Es ist wahr! Nervös, schrecklich nervös war ich und bin ich noch; aber weshalb soll ich wahnsinnig sein? Mein Übel hatte meine Sinne nur geschärft, nicht zerstört oder abgestumpft. Vor allem war mein Gehörsinn außerordentlich empfindlich geworden. Ich hörte alle Dinge, die im Himmel und auf der Erde vor sich gingen, und auch vieles, was in der Hölle geschah. Wie könnte ich also wahnsinnig sein? Hören Sie nur zu, wie vernünftig und ruhig ich Ihnen die ganze Geschichte erzählen werde.

Ich kann nicht mehr genau sagen, wie mir zuerst der Gedanke kam, doch als er einmal gekommen, quälte er mich Tag und Nacht. Einen Zweck verfolgte ich nicht, auch trieb mich kein Haß. Ich hatte den alten Mann lieb. Er hatte mir nie etwas Übles getan, er hatte mich nie beleidigt. Ich trachtete auch nicht nach seinem Golde. Nur – sein eines Auge reizte mich. Ja, sein Auge muß es gewesen sein! Es glich dem eines Geiers – war blaßblau und von einem dünnen Häutchen bedeckt. Wenn sein Blick auf mich fiel, war es mir stets, als gerinne das Blut in meinen Adern, und so entschloß ich mich denn allmählich, dem alten Mann das Leben zu nehmen, um mich auf diese Weise für immer von seinem Auge zu befreien.

Und deshalb hält man mich für wahnsinnig! Wahnsinnige wissen nicht, was sie tun. Aber Sie sollten *mich* gesehen haben! Sollten gesehen haben, mit welcher Klugheit, mit welcher Überlegung und Vorsicht, mit welcher Verstellung ich zu Werke ging! Ich war niemals liebenswürdiger gegen den alten Mann als während der Woche, die der Nacht voranging, in der ich ihn tötete. Jede Nacht, um Mitternacht, drückte ich die Klinke seiner Tür nieder und öffnete sie – oh, wie leise! Und wenn ich sie weit genug geöffnet hatte, um meinen Kopf durch den Spalt stecken zu können, zog ich eine dunkle Laterne hervor, die ringsherum verschlossen war, so daß kein Lichtschimmer nach außen dringen konnte, und streckte meinen Kopf ins Zimmer. Hätte jemand gesehen, wie schlau ich das anfing, sicher hätte er gelacht. Ich streckte ihn ganz langsam, ganz, ganz langsam vor, damit ich den alten

Mann nicht im Schlafe störte. Eine volle Stunde nahm ich mir Zeit, um meinen Kopf so weit durch die Öffnung zu zwängen, daß ich ihn auf seinem Bette erblicken konnte. Ha! Würde ein Wahnsinniger so viel Geduld gehabt haben? Und dann, wenn mein Kopf glücklich im Zimmer war, öffnete ich die Laterne so vorsichtig — oh, so vorsichtig (ihre kleinen Angeln hätten ja knarren können!) und nur so weit, daß ein einziger Lichtstreif auf das Geierauge fiel. Und dies tat ich sieben Nächte hindurch, jede Nacht genau um die Mitternachtstunde. Aber ich fand das Auge immer geschlossen, und deshalb war es mir unmöglich, die Tat zu vollbringen; denn nicht der alte Mann ärgerte mich, sondern nur sein böses Auge. Und jeden Morgen bei Tagesanbruch ging ich ganz unbefangen in sein Zimmer, sprach mit ihm, redete ihn in herzlichem Tone mit seinem Namen an und fragte ihn, wie er die Nacht verbracht habe. Er hätte also ein ganz besonders argwöhnischer alter Mann sein müssen, wenn ihm jemals der Gedanke gekommen wäre, daß ich ihn jede Nacht um zwölf Uhr, während er schlief, aufmerksam und mit der fürchterlichsten Absicht betrachtete.

In der achten Nacht öffnete ich die Tür noch vorsichtiger als gewöhnlich. Der Minutenzeiger an der Uhr bewegte sich rascher, als ich meine Hand bewegte. Noch niemals vorher hatte ich den hohen Grad meiner Selbstbeherrschung und meiner Klugheit so gefühlt wie damals. Ich konnte mein Triumphgefühl kaum bändigen. Zu denken, daß ich hier allmählich die Tür öffnete und er auch im Traume nicht die geringste Ahnung von meinem geheimen Tun und Wollen hatte! Bei dieser Vorstellung konnte ich mich nicht enthalten, leise in mich hineinzukichern. Vielleicht hörte er es, denn in diesem Augenblicke bewegte er sich in seinem Bett, als fahre er plötzlich aus dem Schlafe auf. Man wird nun vielleicht denken, ich wäre geflohen? O nein! Sein Zimmer war stockfinster, denn aus Furcht vor Räubern hatte er die Läden fest geschlossen. Ich wußte also, daß er nicht sehen konnte, daß die Tür ein wenig offenstand, und mit zäher Beständigkeit öffnete ich sie langsam weiter . . . und weiter.

Meinen Kopf hatte ich schon ins Zimmer gestreckt und wollte gerade die Laterne öffnen, als mein Daumen von dem zinnernen Verschluß abglitt und der alte Mann in seinem Bett aufsprang und rief: »Wer ist da?«

Ich verhielt mich ganz ruhig und sagte nichts. Eine Stunde lang zuckte ich auch nicht mit einer Wimper, und während dieser ganzen Zeit hörte ich nicht, daß er sich wieder niederlegte. Er saß also im Bett aufrecht und horchte, geradeso, wie ich selbst es Nacht für Nacht getan hatte, auf das Ticken des Totenwurmes in der Wand.

Dann hörte ich ein leises Stöhnen, und ich wußte, es war das Stöhnen der Todesangst. Es war kein Schmerzensseufzer, kein

Seufzer aus Kummer — es war der leise, erstickte Ton, der sich aus der Tiefe einer von maßlosem Entsetzen gequälten Seele losringt. Ich kannte diesen Ton wohl. Manche Nacht, um Mitternacht, wenn alle Welt schlief, war er aus meinem Herzen aufgestiegen, und sein schreckenvolles Echo hatte das Grauen, das mich von Sinnen brachte, noch erhöht. Ich sage, ich kannte ihn wohl. Was der alte Mann empfand, wußte ich und bedauerte ihn, obwohl ich mich im Innern vor Vergnügen wand. Ich war überzeugt, daß er seit jenem ersten leisen Geräusch, das ihn im Bette auffahren ließ, wach lag, und sagte mir, daß seine Angst von Minute zu Minute gewachsen, daß er vergeblich versucht, sie sich als grundlos darzustellen, daß er sich eingeredet habe, es sei nichts — der Wind im Kamin, nur eine Maus, die über den Boden gelaufen, oder ein Heimchen, das einmal kurz gezirpt. Ja, sicher hatte der alte Mann versucht, sich mit solchen Vorstellungen zu trösten; doch — es wollte ihm nicht gelingen. Es war *vergebens*, weil der Tod herannahte und der schwarze Schatten, der ihm vorauseilt, schon um das Opfer war. Und dieser schauerliche, unbemerkbare Schatten bewirkte, daß der alte Mann, obwohl er nichts sah noch hörte, meine Gegenwart im Zimmer *fühlte*.

Als ich lange Zeit geduldig gewartet hatte, ohne zu hören, ob er sich wieder niedergelegt habe, beschloß ich, die Laterne ein ganz klein wenig zu öffnen. Ich tat es — man kann sich nicht vorstellen, wie behutsam! wie leise! —, bis endlich ein einziger dünner Strahl, schwach wie der Faden eines Spinngewebes, aus dem Spalt drang und auf das Geierauge fiel.

Es stand offen, weit offen; und als ich es sah, stieg eine wilde Wut in mir auf. Ich erkannte es mit vollkommener Deutlichkeit — ein trübes Blau mit einem scheußlichen Schleier darüber, dessen Anblick das Mark in meinen Knochen gerinnen ließ. Doch weiter sah ich nichts von dem Gesicht oder der Gestalt des alten Mannes, denn ich hatte den Strahl unwillkürlich genau auf die eine verdammte Stelle gerichtet.

Ich hatte ja schon angedeutet, daß das, was man fälschlich für Wahnsinn bei mir hält, nur eine verschärfte Empfindlichkeit der Sinne ist. So vernahmen meine Ohren jetzt ein leises, dumpfes, bewegliches Geräusch, wie es vielleicht eine in Wolle gewickelte Uhr hervorbringen würde. Auch *diesen* Ton kannte ich. Es war das Herzklopfen des alten Mannes. Und es stachelte meine Wut an, wie der Trommelwirbel den Mut der Soldaten.

Doch auch jetzt bezwang ich mich und verhielt mich ruhig. Kaum daß ich atmete! Die Laterne hielt ich regungslos in der Hand und versuchte, wie sicher ich den Strahl auf das Auge des alten Mannes gerichtet halten konnte! Mittlerweile nahm das höllische Pochen seines Herzens immer mehr zu. Es wurde jeden Augenblick schneller und schneller, lauter und lauter. Das Entsetzen des alten Mannes mußte den Höhepunkt erreicht haben. Es wurde lauter, sage ich, jeden Augenblick lauter! – Wird man mich gut verstehen? Ich sagte schon, daß ich nervös sei: ich bin es. Und dieses seltsame Geräusch in der toten, fürchterlichen Stille, die in dem alten Hause zu dieser Nachtstunde herrschte, wirbelte mich in wilden Schrecken. Noch einige weitere Minuten hielt ich an mich, stand ganz still. Aber das Klopfen wurde lauter und lauter. Ich dachte, es müsse das Herz zersprengen. Und nun packte mich eine neue Angst, die Nachbarschaft würde es ebenfalls hören. Da aber

war die Stunde des alten Mannes gekommen! Mit einem gellenden Schrei riß ich die Blenden der Laterne auf und sprang ins Zimmer. Er schrie auf — einmal nur! In einem Augenblicke hatte ich ihn aus dem Bette auf den Boden gerissen und das schwere Bettzeug über ihn gezogen. Dann lächelte ich vergnügt, daß ich die Tat so weit vollbracht hatte. Aber das Herz schlug noch ein paar Minuten lang mit dumpfem Ton fort. Doch das ärgerte mich nicht mehr. Durch die Wand würde man es doch nicht hören. Endlich stand es still. Der alte Mann war tot. Ich räumte das Bettzeug beiseite und untersuchte den Körper. Ja, er war tot — tot! Ich legte meine Hand auf das Herz und ließ sie mehrere Minuten lang liegen. Es klopfte nicht mehr. Er war bestimmt tot. Sein Auge würde mich nicht mehr quälen.

Wer mich auch jetzt noch für wahnsinnig hält, wird den Gedanken endgültig aufgeben müssen, wenn ich ihm erzähle, mit welch weiser Vorsicht ich den Körper verbarg. Die Nacht begann zu schwinden, und ich arbeitete in schweigender Hast.

Zunächst riß ich drei Dielen aus dem Boden des Zimmers und verbarg den Toten zwischen der Füllung, dann setzte ich dieselben so geschickt, so schlau wieder ein, daß kein menschliches Auge — nicht einmal das seinige — die geringste Veränderung hätte wahrnehmen können. Da war ja nichts abzuwaschen — kein Blutfleck, nicht die kleinste Spur von einem einzigen Tropfen. Dazu war ich viel, oh, viel zu vorsichtig gewesen.

Als ich diese Arbeit vollendet hatte, war es vier Uhr — und noch so dunkel wie um Mitternacht. Gerade als die Uhr schlug, wurde an die Haustür gepocht. Ich öffnete leichten Herzens, denn was hatte ich *jetzt* noch zu fürchten? Drei Männer traten ein, die sich als Polizeibeamte vorstellten. Während der Nacht hatte man in der Nachbarschaft einen Schrei gehört, der den Argwohn erregt hatte, es sei irgendein Verbrechen verübt worden. Man hatte die Polizei benachrichtigt, und diese hatte die Beamten abgeschickt, um sofort Untersuchungen vorzunehmen.

Ich lächelte — denn was hatte ich zu fürchten? — und hieß die Herren willkommen. Den Schrei behauptete ich selbst im Traume ausgestoßen zu haben, und der alte Herr sei aufs Land gereist. Ich führte die Besucher durch das ganze Haus und forderte sie auf, nur *gut* zu suchen. Zum Schlusse führte ich sie in *sein* Zimmer und zeigte ihnen, daß sein Geld und seine Wertgegenstände sicher und wohlverwahrt dalagen. Im Übermaß des Gefühles meiner Sicherheit brachte ich Stühle in das Zimmer und nötigte sie, hier von ihren Anstrengungen auszuruhen, während ich in toller Vermessenheit, so vollauf überzeugt, die Tat sei gelungen, meinen Stuhl gerade auf die Dielen stellte, unter denen der Leichnam meines Opfers lag. Die Polizisten waren zufriedengestellt. Mein Auftreten hatte jeden Verdacht zunichte gemacht. Ich war in ausgezeichneter Stimmung. Während ich heiter auf ihre Fragen antwortete, plauderten sie dazwischen von gleichgültigen Dingen. Aber es dauerte nicht lange, da fühlte ich, wie ich erbleichte, und wünschte, sie möchten gehen. Der Kopf tat mir weh, und es sauste mir in den Ohren; aber sie blieben sitzen und plauderten weiter. Das Sausen in meinen Ohren schwoll an; es blieb und wurde immer deutlicher. Ich sprach lebhafter, um das schreckliche Gefühl loszuwerden. Doch es dauerte fort und wurde immer bestimmter, bis ich deutlich spürte, daß es nicht mehr in meinen Ohren war.

Jedenfalls war ich jetzt sehr bleich geworden; aber ich sprach schneller und immer schneller, mit lauterer Stimme darauf los. Allein, auch der Ton wurde stärker – was sollte ich anfangen? Es war ein leiser, dumpfer, rascher Ton – wie ihn eine Taschenuhr, die man in Wolle gewickelt hat, hervorbringen mag. Ich rang nach Atem – doch die Beamten hörten das Geräusch immer noch nicht. Ich sprach noch schneller, noch heftiger; doch das Geräusch nahm immer noch zu. Ich stand auf und stritt mit gewaltsam angestrengter Stimme und heftigen Gebärden über Kleinigkeiten; aber auch das Geräusch wurde noch lauter. Weshalb *gingen* sie denn immer noch nicht? Ich eilte mit schweren Schritten auf und ab, als ob mich die Beamten durch ihr Beobachten bis zur Wut gereizt hätten. Vergeblich! Das Geräusch schwoll an. Mein Gott! Was konnte ich noch tun? Ich schäumte vor Wut – ich raste, ich fluchte! Ich ergriff den Stuhl, auf dem ich gesessen, und scharrte mit ihm auf der Diele umher – das Geräusch übertönte alles und wuchs und wuchs! Es wurde lauter – lauter – *lauter*! Und noch immer plauderten die Männer vergnügt und lächelten dazu. War es möglich, daß sie es *nicht* hörten? Allmächtiger Gott! Nein! Nein! Sie hörten es! –

Sie schöpften schon Verdacht! — Sie wußten alles! — Sie trieben nur Spott mit meinem Entsetzen! Dies dachte ich (und denke es noch). Aber alles andere war erträglicher als meine Todesangst, war besser als ihr Hohn! Ich konnte ihr heuchlerisches Lächeln nicht länger ertragen. Ich fühlte, daß ich schreien müsse — oder sterben! — Und nun — horch — wieder — lauter! lauter!! lauter!!! *lauter!!!!* —

»Schurken«, schrie ich heraus. »Verstellt euch nicht länger! Ich gestehe die Tat! Reißt die Dielen auf! Hier! Hier! Es ist das grauenhafte Klopfen seines Herzens!«

DER MANN IN DER MENGE

Ce grand malheur, de ne pouvoir être seul.
La Bruyère

Von einem gewissen deutschen Buch* hat man sehr richtig gesagt, »daß es sich nicht lesen läßt.« So gibt es auch geheimnisvolle Dinge, die sich nicht erzählen lassen. Menschen sterben des Nachts in ihren Betten, während sie gespenstischen Beichtigern die Hände drücken und ihnen flehend in die Augen sehen — sterben mit verzweifeltem Herzen und angstzerpreßter Kehle, weil sie das Entsetzen von Geheimnissen durchkosten, die sich nicht enthüllen lassen. Und manchmal, ach! ist das Gewissen des Menschen mit so greuelvoller Last beladen, daß sie nur im Grabe abgeworfen werden kann. So bleibt der Kern allen Verbrechens unenthüllt, alles Böse verborgen...

Vor nicht langer Zeit, an einem Herbstabend, saß ich an dem Bogenfenster des vielbesuchten Café D. in London. Ich war einige Monate krank gewesen, befand mich jetzt jedoch auf dem Wege der Besserung. Das Gefühl der wiederkehrenden Kräfte hatte mich in jene glückliche Stimmung gebracht, die das Gegenteil von Langeweile ist, alle Sinne schärft, aufnahmefähiger macht und den Schleier vor der Anschauung des inneren Auges hinwegzieht, so daß der Geist über den Bereich seiner alltäglichen Fähigkeiten hinauswachsen kann. Es bereitete mir schon einen Genuß, zu atmen; und Dinge, die sonst sogar Schmerz verursacht hätten, wurden mir ein Anlaß zur Freude. Alles, selbst Unbedeutendes, nötigte mir eine ruhige, forschende Teilnahme ab. Die Zigarre im Munde, die Zeitung in der Hand, hatte ich mich den größten Teil des Nachmittags damit unterhalten, bald die zahlreichen Annoncen durchzusehen, bald die bunte Gesellschaft im Caféhaus zu beobachten, bald durch die dunstbelaufenen Scheiben auf die Straße hinauszuspähen.

Gerade die Straße, auf die mein Fenster ging, ist eine der Hauptverkehrsadern der Metropole und war infolgedessen den ganzen Tag über stark belebt. Als es dunkel wurde, nahm das Gedränge

* *›Hortulus Animae cum Oratiunculis Aliquibus Superadditis‹ von Grüninger.* E. A. P.

mit jedem Augenblick noch zu, und im Lichte der Straßenlaternen strömte die Menge in zwei dichten, ununterbrochenen Reihen am Fenster vorbei, herauf und herab. Zu dieser Abendstunde hatte ich mich noch nie in ähnlicher Umgebung befunden, und das unruhige Auf- und Abwogen der tausendköpfigen Menge brachte mich in eine ganz neue, köstliche Aufregung. Schließlich schenkte ich denn auch den im Lokale Anwesenden nicht mehr die geringste Aufmerksamkeit und vertiefte mich ganz in die Betrachtung der Szenen, die sich da auf der Straße vor mir abspielten. Zuerst betrachtete ich sie nur so im allgemeinen. Ich überschaute die verschiedenen Gruppen der Vorübergehenden und stellte mir ihre Beziehungen zueinander vor. Bald jedoch ging ich mehr auf Einzelheiten ein und studierte mit sorgfältigstem Interesse die unzähligen Verschiedenheiten an den Gestalten, in der Kleidung, der Haltung, den Gesichtern und dem besonderen Ausdruck der Züge.

Der größere Teil der Vorübergehenden hatte ein zufriedenes, geschäftiges Aussehen und schien nur daran zu denken, sich einen Weg durch das Gedränge zu bahnen. Die Brauen dieser Leute waren zusammengezogen, und ihre Augen gingen lebhaft hin und her; wurden sie von den Vorübergehenden angestoßen, so richteten sie ohne das geringste Zeichen von Unmut ihre Kleider wieder zurecht und eilten weiter. Andere fielen mir durch ihre unruhigen Bewegungen auf. Sie hatten gerötete Gesichter und sprachen und gestikulierten mit sich selbst, als verleihe ihnen gerade der dichte Menschenschwall um sie herum das Gefühl des Alleinseins. Wenn sie irgendwie aufgehalten wurden, so stellten sie plötzlich ihr Murmeln ein, verdoppelten jedoch die Gestikulierungen und warteten mit abwesendem Lächeln, bis sich die Stauung behoben hatte. Wurden diese Leute von jemandem angestoßen, so verbeugten *sie* sich entschuldigend ein über das andere Mal und schienen vor lauter Verlegenheit ganz verwirrt. An beiden Klassen war jedoch außer dem eben Erwähnten nichts Besonderes zu bemerken. Ihre Kleidung läßt sich mit dem Worte ›anständig‹ bezeichnen. Es waren zweifellos Leute der besseren Stände: Kaufherren, Notare, Börsenspekulanten und sonstige Geschäftsleute – Müßiggänger und andere, die fleißig ihren Privatangelegenheiten nachgingen und ihre Geschäfte auf eigene Verantwortung führten.

Der Stand der Kommis war natürlich reichlich vertreten und leicht zu erkennen. Ich unterschied zwei besondere Klassen. Da waren die Kommis der großen Reklamefirmen, junge Herrchen in eng anliegenden Überröcken, blanken Stiefeln, mit pomadisiertem Haar und keck aufgeworfener Lippe. Abgesehen von einer gewissen Behendigkeit in ihren Bewegungen, die ich in Ermangelung eines besseren Wortes ›Ladentischallüren‹ nennen möchte, schienen die Manieren dieser Leute ein vollständiges Konterfei dessen zu sein, was vor einem oder anderthalb Jahren als Muster des guten Tones gegolten hatte. Sie trugen gewissermaßen die abgelegten Manieren der großen Welt — und damit ist, glaube ich, die treffendste Schilderung dieser Klasse gegeben.

Jene andere Klasse, die Angestellten alter, solider Häuser, schaute ganz anders aus. Man erkannte diese ›bewährten alten Knaben‹ leicht an ihren schwarzen oder braunen Röcken und Beinkleidern von bequemem Schnitt, an ihren weißen Krawatten und Westen, an den breiten, festen Schuhen, den dicken Strümpfen oder starken Gamaschen. Sie hatten alle schon gelichtetes Haar, und ihr rechtes Ohr, das so lange Jahre hindurch den Federhalter getragen, hatte sich gewöhnt, etwas vom Kopfe abzustehen. Ich bemerkte, daß sie ihre Hüte immer mit beiden Händen zurechtrückten und kurze goldene Uhrketten von unmodernen Mustern trugen. Sie bemühten sich, recht respektabel auszusehen, wenn man überhaupt bei ihrem ehrenhaften Auftreten von ›bemühen‹ noch reden darf.

Dann tauchte auch eine Anzahl herausgeputzter Individuen auf, in denen ich leicht jene feinere Sorte von Taschendieben erkannte, mit der wohl jede große Stadt reichlich gesegnet ist. Ich beobachtete diese Herren sehr genau und konnte kaum verstehen, wie es möglich war, daß sie jemals von wirklichen Gentlemen für ihresgleichen angesehen wurden. Ihre um das Handgelenk auffallend weiten Hemdsärmel und ihr übertrieben offener Gesichtsausdruck mußten sie ja sofort verraten!

Die Gewohnheitsspieler, von denen ich ebenfalls nicht wenige entdeckte, waren noch leichter zu erkennen. Sie trugen die verschiedenartigsten Anzüge: von der Kleidung eines Bauernfängers niedrigster Sorte an bis zu der eines mit schlichter Sorgfalt gekleideten Geistlichen, so daß dann auch nicht mehr das geringste an ihnen verdächtig war. Doch zeichneten sie sich alle durch ihr aufgedunsenes und dabei wieder wie sonnverbranntes Gesicht aus, durch ihre verschwommenen, trüben Augen und ihre farblosen, zusammengepreßten Lippen. Außerdem erkannte ich sie noch an zwei anderen Merkzeichen: an einem in der Unterhaltung stets sorgfältig beibehaltenen leisen Ton und an der seltsamen Angewohnheit, ihren Daumen in fast rechtem Winkel zu den übrigen Fingern ausgestreckt zu halten. Sehr häufig bemerkte ich in Gesellschaft dieser Gauner eine Sorte Menschen, die etwas andere Manieren hatten, aber doch Kinder ein und desselben Vaters waren. Man könnte sie vielleicht als die Klasse von Herren bezeichnen, die von ihrem ›Witz‹ leben, doch muß man auch da einen Unterschied machen, muß die Stutzer in Zivil von denen in Uniform trennen — und zwar ist die erste Gruppe durch häufiges Lächeln, die zweite durch schneidige Blicke gekennzeichnet.

Ich stieg die Stufenleiter der Gesellschaft immer tiefer hinab und beschäftigte mich mit der Betrachtung der düstersten, niedrigsten Typen. Jüdische Hausierer sah ich, aus deren Augen gieriges Lauern glühte, während ihre Mienen das Gepräge hündischer Demut trugen. Dann die gewohnheitsmäßigen Straßenbettler, die die anderen, die verschämten Bettler, die wohl allein die Not in die Nacht hinausgetrieben hatte, mit bösen Blicken maßen. Abgezehrte Krüppel sah ich, auf die der Tod schon seine Hand gelegt hatte, die sich mühsam durch die Menge schleppten und jedem flehend ins Gesicht blickten, als suchten sie nach einem tröstlichen Zufall, einer letzten Hoffnung. Schüchterne junge Mädchen, die nach langer, später Arbeit in ihr freudloses Heim zurückkehrten und — mehr traurig und mit inneren Tränen als entrüstet — vor den Blicken roher Gesellen zurückschreckten, deren Berührung im Gedränge ja nicht zu vermeiden war. Dann Frauen — Weiber, von jeder Art und jedem Alter: tadellose Schönheiten in der Blüte weiblicher Reize, die mich an jene Statue des Lucian gemahnten, die äußerlich von parischem Marmor und im Inneren mit Kot gefüllt war, die ganz verkommene Aussätzige in Lumpen, die verrunzelte, geschminkte, mit Edelsteinen beladene alte Vettel, die sich mit krampfhafter Anstrengung ein jugendliches Aussehen zu verleihen sucht, das halbentwickelte Kind mit unreifen Formen, aber durch die Gesellschaft ihrer Genossinnen in allen abscheulichen Künsten ihres Gewerbes wohl erfahren und brennend vor Begierde, mit ihren älteren Kolleginnen nur ja auf einer Stufe der Verkommenheit zu stehen. Ferner zahllose Trunkenbolde von unbeschreiblichem Äußeren — einige in Fetzen und Lumpen, schwankend und unverständliche Worte lallend, mit zerschundenen Gesichtern und verglasten Augen, andere in ganzen, doch beschmutzten Kleidern; diese schwankten nur leicht, hatten dicke Lippen und sehr zuversichtliche rote Gesichter; wieder andere gingen in Stoffe gekleidet, die einstmals gut gewesen und auch jetzt noch sorgfältig gebürstet waren: Männer, die sich bemühten, mit erkünstelt festem und elastischem Schritt einherzugehen, aus deren schwammigfahlen Gesichtern jedoch gerötete Augen mit unstetem Blicke hervorsahen, und die mit zittriger Hand nach allem griffen, was ihnen in den Weg kam.

Außer all diesen Menschen sah ich noch Kuchenverkäufer, Packträger, Kaminfeger, Kohlenträger, Orgeldreher, Affenführer, Bänkelsänger, ärmliche, fast zerlumpte Künstler, erschöpfte Arbeiter. Diese alle strömten mit einer lärmenden Geschäftigkeit vorüber, die mit wirrem Mißtönen in mein Ohr summte und von der mich mein Auge bald schmerzte.

Doch steigerte sich mit zunehmender Dunkelheit mein Interesse an all diesen Szenen immer mehr. Nicht nur der allgemeine Charakter der Menge nahm alsbald eine andere Gestalt an, weil der bessere Teil der Bevölkerung sich langsam in die Wohnungen zurückzog und nun der rohere noch kühner hervortrat, sich zu dieser vorgerückten Stunde jedes Laster aus seiner Höhle hervorwagte — auch die Strahlen der Gaslaternen, die matt erschienen waren, als sie sich zuerst noch mit dem sterbenden Tageslichte vermischten, gaben jetzt dem Bilde ein anderes, neues Aussehen und überfluteten die Straße mit blendendem Licht, so daß alles dunkel und doch von Strahlen wie übergossen war.

Diese phantastische Beleuchtung regte mich wieder zur Betrachtung der einzelnen Gesichter an, und wenn die Geschwindigkeit, mit der die Personen an dem Lichtscheine meines Fensters vorüberglitten, es auch unmöglich machte, mehr als einen flüchtigen Blick auf einen Vorübergehenden zu werfen, so war's mir doch, als könne ich in meinem seltsam hellseherisch gesteigerten Zustande auch in diesem kurzen Augenblick die Geschichte langer, langer Jahre lesen.

So studierte ich also, die Stirn an die dunstige Fensterscheibe gedrückt, die vorüberhastende Menge, als mich plötzlich ein Gesicht bannte, das da draußen auftauchte — ein Gesicht von sonderbar stark ausgeprägtem, vielfältigem Ausdruck — ein Gesicht, das einem alten, hinfälligen Manne von fünfundsechzig oder siebzig Jahren angehörte.

Ich habe in meinem ganzen Leben kein zweites gesehen, das ihm auch nur im entferntesten glich. Aber ich erinnere mich sehr wohl, daß gleich mein erster Gedanke bei seinem Anblick war, daß jeder Maler, der nur immer den Teufel malte, dies Gesicht allen künstlerischen Darstellungen des Satans vorgezogen haben würde.

Ich bemühte mich sofort, noch während der ersten flüchtigen Prüfung, den Eindruck, den ich da empfing, etwas zu zergliedern; und es erhoben sich in meinem Kopfe die verwirrten und sich widersprechenden Vorstellungen von großer geistiger Kraft, von Vorsicht, Armut, Geiz, von Kälte, Bosheit, Blutdurst, von Hohn, ausgelassenster Lustigkeit und tiefstem Schrecken, rasendster Verzweiflung. Ich fühlte mich sonderbar gefesselt, ergriffen, aufgeregt. »Welch seltsame Geschichte«, sagte ich mir, »muß in dem Buche dieses Herzens geschrieben stehen.« Und plötzlich faßte mich das unwiderstehliche Verlangen, den Mann im Auge zu behalten, mehr von ihm zu erfahren.

Ich zog eiligst meinen Überrock an, ergriff Stock und Hut, bahnte mir meinen Weg auf die Straße hinaus und drang in der Richtung, die der Mann genommen hatte, durch die Menge vor; denn er selbst war inzwischen meinen Blicken natürlich entschwunden. Doch schon bald erblickte ich ihn wieder, näherte mich und folgte ihm aber so vorsichtig, daß er mich nicht bemerkte.

Ich hatte nun die beste Gelegenheit, seine ganze Erscheinung zu mustern. Er war von sehr kleiner Statur, sehr mager und äußerst schwächlich. Seine Kleider schienen im allgemeinen schmutzig und zerlumpt, jedoch bemerkte ich, als er zufällig unter das Licht einer Gaslaterne kam, daß seine Wäsche, wenn auch gleichfalls unsauber, doch von gutem Gewebe war; auch glaubte ich durch einen Schlitz seines sonst fest zugeknöpften und wahrscheinlich aus zweiter Hand erstandenen Regenmantels einen Diamanten und einen Dolch aufschimmern zu sehen. Dies erhöhte noch meine Neugierde, und ich beschloß, dem Unbekannten zu folgen – wohin er auch gehen würde.

Es war mittlerweile vollständig Nacht geworden, und über der Stadt lag ein dichter, feuchter Nebel, der bald als heftiger Regen niederschlug. Die Veränderung des Wetters hatte eine seltsame Wirkung auf die Menge, die plötzlich in eine ganz neue Bewegung geriet und von einem Wald von Regenschirmen überdacht wurde. Das Schwanken, das Stoßen und Gesumme schien noch zehnmal stärker zu werden. Ich selbst machte mir nicht viel aus dem Regen; mein überstandenes Fieber brannte mir noch im Körper und ließ mich die kühle Feuchtigkeit verlockend und angenehm empfinden. Und so schützte ich mir denn den Mund mit einem Taschentuch und hielt tapfer aus. Eine halbe Stunde bahnte sich der alte Mann mühsam seinen Weg durch die belebte Hauptstraße, und aus Furcht, ihn zu verlieren, folgte ich ihm fast auf dem Fuße. Doch er bemerkte mich nicht, da er sich nicht ein einzigesmal umwandte.

Endlich bog er in eine Querstraße ein, die, obwohl auch noch sehr belebt, doch nicht so überfüllt war wie die Hauptstraße, die wir eben verlassen hatten. Und bald bemerkte ich, daß sich in dem Benehmen meines Mannes eine Änderung vollzog: er ging langsamer, unbestimmter, unschlüssiger, als habe er kein rechtes Ziel. Ohne ersichtlichen Zweck schritt er ein paarmal von der linken Straßenseite zur anderen hinüber und wieder zurück und wieder hinüber und wieder zurück. Das Gedränge war auch hier noch immer so groß, daß ich mich dabei immer ganz dicht hinter ihm halten mußte. Die Straße war sehr eng und lang, und bis wir an ihr Ende kamen, verging fast eine Stunde. Doch nahm die Menge der Passanten jetzt nach und nach ab. Eine Biegung der Straße führte uns über einen hellerleuchteten Platz, auf dem ein verhältnismäßig regeres Leben auf und nieder wogte. Und gleich nahm der Unbekannte wieder seine anfängliche Haltung an. Das Kinn sank tiefer auf die Brust herab, während seine Augen unter den zusammengezogenen Brauen nach allen Richtungen hin wilde Blicke auf die schleuderten, die ihm hemmend in den Weg kamen. Den Weg selbst aber verfolgte er mit unerschütterlicher Beharrlichkeit. Als er jedoch die Runde um den Platz gemacht hatte, sah ich mit

Erstaunen, daß er den Kreislauf von neuem begann und dann wieder und immer wieder von neuem, wobei er mich einmal bei einer raschen Wendung fast entdeckt hätte.

So kreiste er eine ganze zweite Stunde herum, gegen deren Ende wir immer weniger von Passanten gehindert wurden als am Anfang. Der Regen fiel in Strömen, es wurde kalt, und die Menschen zogen sich mehr und mehr in ihre Häuser zurück. Mit einer ungeduldigen Gebärde trat der Wanderer schließlich in einer verhältnismäßig leere Seitenstraße ein. Eine Viertelstunde lang eilte er durch diese mit einer Schnelligkeit vorwärts, die ich einem so bejahrten Manne niemals zugetraut hätte und die mir meine Verfolgung sehr erschwerte. Nach kurzer Zeit erreichten wir ein großes, noch stark besuchtes Kaufhaus, mit dessen Lokalitäten der Fremde sehr bekannt zu sein schien. Er nahm seine ursprüngliche Haltung wieder an und bahnte sich durch den Schwarm der Käufer und Verkäufer seine ziellosen Kreuz- und Querwege.

Wir verbrachten ungefähr anderthalb Stunden an diesem Orte, und es erforderte meinerseits die größte Vorsicht, mich, ohne von ihm bemerkt zu werden, in seiner Nähe zu halten. Glücklicherweise trug ich ein Paar Gummiüberschuhe und trat daher ganz geräuschlos auf, so daß dem Unbekannten nicht einen Augenblick zum Bewußtsein kam, daß er verfolgt wurde. Er ging von einer Verkaufsstelle zur anderen, kaufte nichts, sprach kein Wort und starrte die Dinge mit seltsam abwesenden Blicken an. Sein Benehmen setzte mich in immer höheres Erstaunen, und ich beschloß bei mir, ihn jetzt erst recht nicht aus den Augen zu lassen, bis ich wenigstens irgend etwas über ihn in Erfahrung gebracht hätte. Von einem Turme schlug es laut elf, und die Menge beeilte sich, den Bazar zu verlassen.

Einer der Kommis, der die Läden vor den Schaufenstern herunterließ, stieß den alten Mann zufällig an, und ich sah, wie ein heftiger Schauder seinen ganzen Körper durchfuhr. Er eilte wieder auf die Straße hinaus, blickte angstvoll umher und lief dann mit unglaublicher Schnelligkeit durch viele winklige und öde Gassen, bis wir wieder auf die Hauptstraße gelangten, von der aus wir unsere Wanderung unternommen hatten. Sie bot indessen nicht mehr denselben Anblick, war zwar immer noch hell erleuchtet, aber bei dem strömenden Regen waren nur noch wenige Menschen zu sehen. Der Unbekannte wurde blaß; mit düsterer Miene schritt er ein paar Schritte auf der sonst so volkreichen Straße herauf, dann wandte er sich mit schwerem Seufzer in die Richtung nach dem Fluß hin. Er eilte durch verschiedene Straßen und langte endlich vor einem der Haupttheater an. Die Vorstellung war gerade zu Ende, und das Publikum drängte sich durch die Eingangstüren hinaus. Ich sah, wie der alte Mann tief aufatmete, während er sich in das dichteste Gewühl stürzte; auch schien der angstvolle Ausdruck etwas von seinem Gesicht gewichen zu sein. Sein Kopf fiel wieder auf die Brust herab, und er zeigte auch sonst ganz sein altes Benehmen. Ich bemerkte, daß er den Weg einschlug, den der größere Teil des Publikums nahm; im übrigen wurde mir der Zweck seines ruhelosen Umherwanderns immer noch nicht klarer.

Je weiter wir schritten, desto mehr zerstreuten sich die Leute, und desto mehr fiel der alte Mann wieder in seine frühere Rastlosigkeit und Unstetigkeit zurück. Eine Zeitlang folgte er einer Gesellschaft von zehn oder zwölf lärmenden Nachtschwärmern, aber auch diese verloren sich nach und nach, bis in einer engen, düstern, verlassenen Straße bloß noch drei beisammen waren. Der Unbekannte stand still und schien einen Augenblick in Gedanken verloren, dann lenkte er mit allen Anzeichen innerer Aufregung seine Schritte einer Straße zu, die bis an die äußerste Grenze der Stadt führte und in Gegenden, die von denen, die wir bis jetzt durchschritten, weit verschieden waren: in das widerwärtigste Viertel Londons, wo alle Dinge den häßlichen Stempel trostlosester Armut und abscheulichster Verkommenheit tragen. In dem trüben Lichte einer vereinzelten Laterne bemerkte man alte, hohe, wurmstichige, hölzerne Behausungen, die dem Einsturz nahe schienen und so unordentlich und willkürlich umherstanden, daß es einen Weg, der den Namen Straße verdient hätte, gar nicht gab. Die Pflastersteine waren durch das frei wuchernde Gras aus ihren Fugen gedrängt. Unrat verweste in den verstopften Rinnen. Die ganze Atmosphäre schien von dieser Verwahrlostheit vergiftet. Jedoch, je weiter wir schritten, desto lauter vernahmen wir die Stimmen des Lebens, und schließlich sahen wir ganze Rotten des verkommensten Pöbels einhertaumeln. Die Lebensgeister des alten Mannes flammten noch einmal auf, wie eine Lampe, die dem Erlöschen nahe ist, und noch einmal wurden seine Schritte schneller. Als wir um eine Ecke bogen, drang plötzlich ein lebhafter Lichtschein auf uns ein — wir standen vor einem jener vorstädtischen Tempel der Unmäßigkeit, einem der Paläste des Dämons Alkohol.

Es hatte schon zu dämmern begonnen, doch drängten sich noch immer neue Scharen elender Trunkenbolde durch die großen Türen aus und ein. Mit einem halb unterdrückten, heiseren Freudengeschrei bahnte sich der alte Mann seinen Weg und ging in seiner ursprünglichen Haltung wieder ziel- und zwecklos unter der Menge auf und ab. Dies dauerte jedoch nicht allzulange, da sich bald ein allgemeines Drängen nach den Ausgängen bemerkbar machte: der Wirt wollte für diese Nacht sein Lokal schließen. Was sich jetzt auf dem Angesicht des sonderbaren Wesens, das ich so hartnäckig verfolgte, abspiegelte, war mehr als Verzweiflung. Doch hielt der Greis nicht einen Augenblick in seinem Wandern inne, sondern wandte seine Schritte mit krankhafter Ausdauer wieder dem Herzen des großen London zu. Rasch, in stets gleichem Tempo, schritt er dahin, während ich ihm in immer wachsender, seltsamer Verwunderung folgte. Die Sonne ging auf, wie wir so dahinschritten, und als wir in dem belebtesten Teil der volkreichen Stadt anlangten und durch die Hauptstraße mit dem großen Café D. kamen, herrschte dort bereits wieder Menschengewühl und ein Verkehr, der dem Treiben am vorhergegangenen Abend in nichts nachstand. Auch hier, während das erwachte Leben wuchs und an Fülle immer noch zunahm, setzte ich meine Verfolgung beharrlich fort. Seiner Gewohnheit nach ging der Unbekannte hin und her und kam, solange es Tag war, nicht mehr aus dem Getümmel jener Straße heraus. Doch als sich die Schatten des zweiten Abends niedersenkten, fühlte ich mich zu Tode erschöpft. Ich trat dem Wanderer fest entgegen und blickte ihm unverwandt ins Gesicht. Aber er bemerkte mich nicht, sondern setzte seine feierliche Wanderung ruhig fort. Jetzt folgte ich ihm nicht weiter und blieb in tiefem Nachdenken stehen.

»Dieser alte Mann«, sagte ich endlich zu mir selbst, »ist die Verkörperung, ist der Geist des Verbrechens. Er kann nicht allein sein. *Er ist der Mann in der Menge.* Es wäre vergebens, ihm noch weiter nachzugehen, denn ich würde doch nichts von ihm, nichts von seinen Taten erfahren.«

Das schlechteste Herz der Welt ist ein abschreckenderes Buch als der Hortulus Animae; und vielleicht ist es eine der großen Barmherzigkeiten Gottes, ›daß es sich nicht lesen läßt‹!?

HOPP-FROSCH

Ich habe nie jemanden gekannt, der ein größeres Vergnügen an Scherzen gehabt hätte als der König. Er schien zum Scherzen geboren zu sein. Eine recht spaßhafte Geschichte zu erzählen, sie *gut* zu erzählen, war der sicherste Weg zu seiner Gunst. So war es denn erklärlich, daß seine sieben Minister wegen ihrer Talente als Spaßmacher berühmt waren. Sie ahmten in allem den König nach und waren, wie er, nicht nur unübertreffliche Spaßmacher, sondern auch ebenso wohlbeleibt und fett. Ob nun die Leute vom Spaßmachen dick werden, oder ob umgekehrt die Wohlbeleibtheit eine Neigung zum Scherzen mit sich bringt, ist mir noch nie klar geworden. Jedenfalls ist ein magerer Spaßmacher eine rara avis in terris.

Um feine Anspielungen oder, wie er sich ausdrückte, um die ›Geister‹ eines Witzes kümmerte sich der König herzlich wenig. Er hatte eine besondere Vorliebe für derbe Späße. Spintisierereien ermüdeten ihn. Er würde Rabelais' ›Gargantua‹ vor Voltaires ›Zadig‹ den Vorzug gegeben haben: und im allgemeinen waren spaßhafte Taten mehr nach seinem Geschmack als witzige Reden.

In der Zeit, da meine Erzählung spielt, war es noch Mode, an Höfen professionelle Spaßmacher zu halten. Mehrere der großen Höfe des Kontinents hielten sich noch ihren Hofnarren, der in buntscheckigen Kleidern mit Narrenkappe und Schellen umherlief und für die Brosamen, die von des Königs Tafel für ihn abfielen, jeden Augenblick ein passendes, scharfes Witzwort bereit haben mußte.

Es versteht sich von selbst, daß auch unser König sich einen ›Narren‹ hielt. Es war ihm sozusagen ein Bedürfnis, stets irgend etwas aus dem Reich der Narrheit in seiner Nähe zu haben, sei es auch nur als Gegengewicht gegen die schwerfällige Weisheit der sieben Männer, die seine Minister waren — von ihm selbst gar nicht zu reden.

Sein Narr oder berufsmäßiger Spaßmacher war jedoch nicht nur ein Narr. Sein Wert wurde in den Augen des Königs durch den Umstand verdreifacht, daß er zugleich ein Zwerg und ein Krüppel war. Man fand damals an Höfen Zwerge ebenso häufig vor wie Narren; viele Monarchen hätten nicht gewußt, womit sie ihre Tage ausfüllen sollten — an Höfen sind die Tage länger als anderswo — ohne einen Narren, *mit* dem sie, und einen Zwerg, *über* den sie lachen konnten. Aber wie ich schon bemerkte, sind die Spaßmacher in neunundneunzig von hundert Fällen fett, rund und unbehilflich, so daß unser König wahrhaftig nicht geringe Ursache hatte, sich zu gratulieren, daß er in Hopp-Frosch — so hieß der Narr — einen dreifachen Schatz in einer Person besaß.

Ich glaube, den Namen ›Hopp-Frosch‹ hatte der Zwerg nicht bei der Taufe von einem seiner Paten erhalten, er war ihm vielmehr nach gemeinsamem Übereinkommen der sieben Minister wegen seiner Unfähigkeit, sich wie andere Menschen fortzubewegen, verliehen worden. Hopp-Frosch konnte nämlich nur durch eine Art ruckweisen Hüpfens vorwärtskommen — eine Bewegung, die ein Mittelding zwischen Springen und Rutschen war und dem König ein unbegrenztes Vergnügen und große Genugtuung gewährte, da er selbst, obwohl er an einem Hängebauch und einer chronischen Anschwellung des Kopfes litt, bei Hofe für eine prächtige Erscheinung galt.

Doch obwohl Hopp-Frosch sich zu ebener Erde nur mit großer Mühe und Schwierigkeit fortbewegen konnte, befähigte ihn die wunderbare Muskelkraft, mit der die Natur, gleichsam als Entschädigung für die Gebrechlichkeit seiner unteren Gliedmaßen, seine Arme ausgestattet hatte, wahre Wunderwerke der Geschicklichkeit zu vollbringen, sobald es sich darum handelte, einen Baum oder dergleichen zu erklimmen oder sich an einem Seil hinaufzuziehen. Bei solchen Übungen glich er viel eher einem Eichhörnchen oder einem kleinen Affen als einem Frosch.

Ich kann nicht mit Bestimmtheit sagen, aus welchem Lande Hopp-Frosch eigentlich gekommen. Jedenfalls stammte er aus einer wilden Gegend, von der niemand etwas wußte — weit weg von des Königs Hof. Man hatte Hopp-Frosch und ein junges Mädchen, das nur um ein kleines weniger zwergenhaft, sonst aber von erlesenem Körperbau und eine wundervolle Tänzerin war, mit Gewalt aus ihrer Heimat fortgeschleppt; einer der immer siegreichen Generale des Königs hatte beide als Geschenk an den Hof gebracht.

So ist es denn nicht verwunderlich, daß zwischen den beiden kleinen Gefangenen eine innige Freundschaft entstand, daß sie unzertrennliche Kameraden wurden. Hopp-Frosch war am Hof, obwohl er so viel zur Belustigung beitrug, nichts weniger als beliebt, und es stand nicht in seiner Macht, der Trippetta größere Dienste zu leisten; sie jedoch wurde wegen ihrer Anmut und seltenen Schönheit trotz ihrer zwergenhaften Erscheinung von allen bewundert und verhätschelt, so daß sie einen großen Einfluß er-

langte, von dem sie, wo sie nur immer konnte, zugunsten ihres Freundes Hopp-Frosch Gebrauch machte.

Zur Feier irgendeiner großen Staatsaktion — ich vergaß welcher — beschloß der König, einmal wieder einen Maskenball zu veranstalten. Bei jedem Kostümfest oder ähnlichem Anlaß mußten Hopp-Frosch und Trippetta ihre Talente zeigen. Hopp-Frosch besonders war so erfinderisch im Anordnen von Aufzügen, in der Zusammenstellung von neuen Kostümen und dergleichen, daß sein Beistand unentbehrlich war. Der Abend, an dem das Fest gefeiert werden sollte, kam heran. Eine weite Halle war unter Trippettas Augen mit allem, was einer Maskerade Glanz verleihen kann, ausgeschmückt worden. Der ganze Hof befand sich in einem Fieber der Erwartung. Es läßt sich denken, daß sich alle ihr Kostüm und ihre Rolle längst ausgesucht hatten. Manche hatten schon seit Wochen, ja seit Monaten darüber nachgedacht, welchen Charakter sie an dem Abend darstellen wollten. Alle waren mit ihren Vorbereitungen fertig — nur nicht der König und seine sieben Minister. Warum sie sich noch nicht entschlossen hatten, kann ich nicht sagen; vielleicht handelte es sich auch hier um einen Scherz. Wahrscheinlicher jedoch ist, daß sie wegen ihrer Beleibtheit zu keinem Entschluß kommen konnten. Doch die Zeit verging, und in letzter Stunde schickten sie zu Trippetta und Hopp-Frosch.

Als die beiden kleinen Freunde dem Befehl des Königs nachkamen, fanden sie ihn mit seinen Beratern beim Wein sitzen; doch schien er in sehr schlechter Laune zu sein. Er wußte, daß Hopp-Frosch Wein nicht vertrug, denn sein Genuß brachte den armen Krüppel stets in eine Aufregung, die an Wahnsinn grenzte. Aber der König liebte, wie gesagt, spaßhafte Taten, und es machte ihm Vergnügen, Hopp-Frosch zum Trinken zu zwingen, damit er, wie er sich ausdrückte, »lustig werde«.

»Komm her, Hopp-Frosch«, sagte er, als der Spaßmacher und seine Freundin das Gemach betreten hatten, »trinke diesen Humpen auf das Wohl deiner fernen Freunde« (hier seufzte Hopp-Frosch) »und laß uns dann deine Erfindungsgabe zugute kommen. Wir brauchen Charaktermasken — Charaktermasken, mein Sohn —, irgend etwas Neues, Außergewöhnliches. Wir sind der ewigen Wiederholungen müde. Komm und trink! Der Wein wird deinen Witz aufstacheln.«

Hopp-Frosch bemühte sich, die Aufforderung des Königs mit einem Witz zu beantworten, doch ging es diesmal über seine Kräfte. Der arme Zwerg hatte zufällig an jenem Tage Geburtstag, er hatte viel an sein Heimatland gedacht, und der Befehl, auf seine fernen Freunde zu trinken, trieb ihm Tränen ins Auge. Viele schwere bittere Tropfen fielen in den Becher, als er ihn demütig aus der Hand des Tyrannen entgegennahm.

»Ha ha haha!« brüllte der König vergnügt auf, als der Zwerg den Wein mit Widerstreben hinuntergoß, »seht doch einmal an, was ein Glas guten Weins nicht alles fertigbringt! Wahrhaftig, deine Augen glänzen schon.«

Armer Kerl! Seine großen Augen glühten mehr, als daß sie leuchteten; der Wein wirkte auf sein erregbares Gehirn ebenso schnell wie heftig. Er stellte den Becher zitternd auf den Tisch zurück und blickte mit halb irrsinnigem Stieren im Kreise umher. Die Minister schienen sich alle höchlichst über diesen ›Scherz‹ des Königs zu amüsieren.

»Und nun das Geschäftliche«, sagte der Premierminister, ein *sehr* dicker Herr.

»Ja«, meinte der König, »komm, Hopp-Frosch, hilf! Also Charaktermasken, mein edler Bursche, Charaktermasken müssen wir haben, ja, wir alle — hahahaha!« Da er seine Worte für einen Witz hielt, lachte er, und die sieben lachten im Chor mit.

Hopp-Frosch lachte auch, obwohl nur schwach und wie unbewußt.

»Komm, komm!« rief nun der König mit Ungeduld, »ist dir noch nichts eingefallen?«

»Ich bemühe mich, etwas ganz Neues zu erdenken«, stammelte der Zwerg, den der Wein schon ganz verwirrt hatte.

»Bemühen!« schrie der Tyrann wütend, »was willst du damit sagen? Ach, ich sehe schon, du bist noch nicht in Stimmung und mußt mehr Wein haben. Hier, trink!« Und er goß noch einen Becher voll und bot ihn dem Krüppel dar, der, nach Atem ringend, ihn angstvoll anstarrte.

»Trink, sag ich dir!« schrie das Ungeheuer, »oder der Teufel —«

Der Zwerg zögerte. Der König wurde purpurrot vor Wut. Die Höflinge lächelten albern. Trippetta, bleich wie eine Leiche, ging auf den König zu, fiel vor ihm auf die Knie und bat um Gnade für ihren Freund.

Der Tyrann betrachtete sie einige Minuten lang; offenbar wunderte er sich über ihre Kühnheit. Er schien nicht recht zu wissen, was er tun oder sagen sollte, wie er seine Entrüstung am schicklichsten zum Ausdruck brächte. Endlich stieß er sie, ohne eine Silbe zu reden, von sich fort und goß ihr den Inhalt des übervollen Bechers ins Gesicht. Das arme Mädchen erhob sich zitternd, und ohne einen Seufzer zu wagen, nahm es seinen Platz am unteren Ende der Tafel wieder ein.

Während einer halben Minute war es so totenstill, daß man eine Feder oder ein Blatt hätte fallen hören können. Da wurde die Stille durch ein leises, aber scharfes, andauerndes Geräusch unterbrochen, das zu gleicher Zeit aus jeder Ecke des Zimmers zu kommen schien.

»Wa-wa-warum machst du den Lärm da?« wandte sich der König wütend an den Zwerg.

Der schien sich jedoch von seiner jähen Betrunkenheit vollständig erholt zu haben, und den Tyrannen fest, doch ruhig anblikkend, sagte er bloß:

»Ich? – Ich? Wie könnte ich das getan haben?«

»Mir schien es«, bemerkte einer der Höflinge, »als käme der Ton von außen. Ich glaube, es war der Papagei dort am Fenster, der seinen Schnabel an den Käfigstäben wetzte.«

»Mag sein«, erwiderte der Monarch, als fühle er sich durch diese Erklärung beruhigt, »aber ich hätte auf meine Ritterehre geschworen, daß jener Vagabund mit den Zähnen geknirscht habe.«

Bei diesen Worten lachte der Zwerg laut auf (der König war zu sehr für Späße eingenommen, um etwas dagegen zu haben, wenn jemand in seiner Gegenwart lachte) und entblößte dabei eine Reihe beängstigend großer, starker Zähne. Überdies erklärte er sich bereit, so viel Wein zu trinken, wie man nur von ihm verlange. Der Monarch war besänftigt, und nachdem Hopp-Frosch noch einen Humpen Weins ohne äußerlich schlimme Wirkung hinuntergestürzt hatte, setzte er mit viel Laune seine Pläne betreffs der Maskerade auseinander.

»Ich weiß nicht, welche Ideenverbindung mich darauf gebracht hat«, begann er ganz ruhig, als habe er in seinem ganzen Leben noch keinen Tropfen Wein gekostet, »aber gleich nachdem Majestät das Mädchen geschlagen und ihm den Wein ins Gesicht gegossen hatten – also gleich nachdem Majestät das getan, und während der Papagei jenes wunderliche Geräusch am Fenster machte, erinnerte ich mich plötzlich eines prächtigen Maskenscherzes, den man oft in meiner Heimat aufführte. Hier wird er jedoch ganz neu sein. Unglücklicherweise sind jedoch acht Personen dazu nötig und –«

»Wir sind ja gerade acht!« rief der König lachend über seine scharfsinnige Entdeckung – »genau acht, ich und meine sieben Minister – also los, was ist das für ein Scherz?«

»Wir nennen es«, erwiderte der Krüppel, »die acht aneinandergeketteten Orang-Utans. Es ist wirklich ein ausgezeichneter Scherz, wenn er gut durchgeführt wird.«

»Wir werden ihn schon durchführen«, sagte der König, indem er aufstand und die Augenlider senkte.

»Der Hauptspaß dabei«, fuhr Hopp-Frosch fort, »ist der Schreck, den er den Damen verursacht.«

»Vorzüglich«, brüllten der König und seine sieben Minister im Chor.

»Ich werde Sie als Orang-Utans ausstaffieren«, fuhr der Zwerg fort. »Sie können mir alles überlassen. Die Ähnlichkeit wird so vollkommen, daß die ganze Gesellschaft Sie für wirkliche Bestien halten wird — man wird sicherlich ebenso erschrocken wie überrascht sein.«

»Das ist ja wirklich famos!« rief der König. »Hopp-Frosch, ich will noch mal was Ordentliches aus dir machen!«

»Die Ketten haben den Zweck, durch ihr Klirren die Angst und die Verwirrung zu erhöhen. Man wird glauben, Sie seien *en masse* Ihren Wärtern entflohen. Majestät können sich gar nicht vorstellen, was für einen Effekt das macht, wenn bei einer Maskerade plötzlich acht aneinandergefesselte Orang-Utans erscheinen, die die ganze Gesellschaft für wirkliche Tiere hält; wenn sie so mit wildem Geschrei unter die Menge der vornehm und prächtig gekleideten Damen und Herren stürzen. Der Gegensatz ist unvergleichlich!«

»Das *wird* gemacht«, sagte der König, und die Gesellschaft erhob sich eilig, denn es war höchste Zeit, um zur Ausführung des Planes zu schreiten.

Hopp-Froschs Mittel, die Gesellschaft als Orang-Utans zu verkleiden, waren äußerst einfach und entsprachen seinen Absichten bestens. Die fraglichen Tiere waren zur Zeit, in der meine Geschichte spielt, noch sehr selten, und nur an wenigen Orten der zivilisierten Welt gesehen worden. Da die von dem Zwerg hergestellten Kostüme den Trägern ein ziemlich bestialisches, ja mehr als fürchterliches Aussehen verliehen, glaubte man von ihrer Naturwahrheit wohl überzeugt sein zu dürfen. Der König und die Minister wurden zuerst in engschließende Hemden und Hosen aus halbwollenem Zeug eingenäht. Dies wurde mit Teer getränkt. Als die Sache bis zu diesem Stadium gediehen war, machte einer der Gesellschaft den Vorschlag, jetzt Federn aufzukleben. Diesem Gedanken trat jedoch der Zwerg entgegen und überzeugte die acht bald durch augenscheinliche Erläuterungen, daß das Haar des Orang-Utans viel täuschender durch Flachs nachgebildet werde. So wurde denn eine dichte Lage Flachs auf die geteerte Unterlage aufgeklebt und dann eine lange Kette herbeigeschafft und zuerst um die Taille des Königs geschlungen und befestigt und hierauf um die Taille jedes der Minister und jedesmal fest verhakt. Als man damit fertig war und die Gesellschaft so weit wie möglich voneinander Abstand nahm, bildeten sie einen Kreis; um den Anschein der Natürlichkeit noch zu erhöhen, zog Hopp-Frosch das noch übrige Ende der Kette als zwei rechtwinklig zueinander stehende Durchmesser durch den Kreis, wie es heute noch von Affenjägern auf Borneo gemacht wird.

Der große Saal, in dem das Maskenfest stattfinden sollte, war kreisrund, sehr hoch und empfing das Licht nur durch ein einziges Fenster von oben her.

Abends jedoch — der Raum wurde eigentlich nur zu nächtlichen Festen benutzt — wurde er von einem großen Kronleuchter beleuchtet, der an einer Kette von dem Mittelpunkt des gewölbten Fensters herabhing und wie gewöhnlich mittels eines Gegengewichtes herauf- und heruntergezogen werden konnte. Diese Kette hing jedoch des besseren Aussehens wegen nicht im Innern, sondern außerhalb der Kuppel über das Dach herab.

Der Raum war nach Trippettas Angabe ausgeschmückt worden; doch schien sie sich in einigen Besonderheiten der klügeren Einsicht ihres Freundes, des Zwerges, unterworfen zu haben. Auf seinen Vorschlag hatte sie den Kronleuchter entfernen lassen. Das Abtröpfeln des Wachses, das unmöglich zu vermeiden gewesen wäre, hätte den prächtigen Gewändern der Gäste leicht verderblich werden können, denn bei der Überfülle im Saal war es unmöglich, seine Mitte, das heißt die Stelle unter dem Kronleuchter, freizuhalten. Dagegen wurden Wandleuchter angebracht und jeder der Karyatiden, die die Mauer stützten — es waren fünfzig oder sechzig — eine Fackel, die lieblichen Duft ausströmte, in die rechte Hand gegeben.

Die acht Orang-Utans befolgten Hopp-Froschs Rat und warteten mit ihrem Erscheinen geduldig bis Mitternacht, da der Saal vollständig mit Masken gefüllt war. Doch kaum war der zwölfte Glockenschlag verhallt, als sie alle zusammen hereinstürzten oder vielmehr sich hereinwälzten, denn die schwere Kette machte, daß die meisten hinfielen und alle stolperten.

Die Aufregung unter den Masken war außerordentlich groß und erfüllte des Königs Herz mit unbändiger Heiterkeit. Wie man es erwartet hatte, gab es nicht wenige unter den Gästen, welche die wild aussehenden Wesen wenn auch nicht gerade für Orang-Utans, so doch für wirkliche Bestien hielten. Viele Damen wurden vor Entsetzen ohnmächtig, und hätte der König nicht vorsichtshalber das Waffentragen im Saal verboten, so hätte es leicht geschehen können, daß er und seine Gesellschaft ihren Scherz mit ihrem Blut bezahlt hätten. Es entstand ein allgemeiner Andrang nach den Türen; der König hatte jedoch befohlen, daß dieselben unmittelbar nach seinem Eintritt geschlossen werden sollten; und auf des Zwerges Vorschlag waren diesem die Schlüssel übergeben worden.

Als der Tumult aufs höchste gestiegen war und jeder nur daran dachte, sich in Sicherheit zu bringen — es war durch das Gedränge nämlich eine Gefahr entstanden —, hätte man bemerken können, daß die Kette, an der gewöhnlich der Kronleuchter hing und die man nach seiner Entfernung aufgezogen hatte, nach und nach herabgelassen wurde, bis ihr mit einem Haken versehenes Ende nur noch drei Fuß von der Erde entfernt war.

Bald darauf befanden sich der König und seine sieben Minister, nachdem sie die Halle in jeder Richtung durchstolpert hatten, in ihrem Mittelpunkt und in fast unmittelbarer Berührung mit der Kronleuchterkette. Als sie hier standen, stachelte sie der Zwerg, der ihnen stets auf dem Fuße folgte, an, den Tumult aufrechtzuerhalten, und ergriff dabei die Kette an ihrem Kreuzungspunkte in der Mitte des Kreises; mit der Schnelligkeit eines Gedankens hatte er diese in den Haken eingehakt, an dem sonst der Kronleuchter hing. Durch irgendeine unsichtbare Macht wurde nun die Kronleuchterkette so hoch hinaufgezogen, daß der Haken von unten her nicht mehr zu erreichen war und die Orang-Utans, Gesicht an Gesicht, schwebend in der Luft hingen.

Die Maskengesellschaft hatte sich mittlerweile einigermaßen von ihrem Schrecken erholt und betrachtete die ganze Sache als einen gut erfundenen Scherz. Ein lautes Gelächter über die hilflose Lage der Affen durchscholl den Saal.

»Überlaßt sie mir!« schrie Hopp-Frosch mit seiner schrillen Stimme, die all den Lärm durchdrang und leicht verständlich war. »Überlaßt sie mir. Ich glaube, ich kenne sie. Wenn ich sie nur erst recht betrachten könnte, würde ich schon sagen können, wer sie sind.«

Bei diesen Worten drängte er sich durch die Menge bis an die Wand, nahm einer der Karyatiden die Fackel weg und kehrte, wie er gekommen, in die Mitte des Raumes zurück, schwang sich mit affenartiger Geschwindigkeit auf den Kopf des Königs, kletterte noch ein paar Fuß an der Kette empor und senkte die Fackel, um die Orang-Utans zu beleuchten, und schrie wiederum:

»Ich werde bald herausfinden, wer sie sind!«

Und während nun die ganze Gesellschaft, die Affen mit einbegriffen, von Lachen durchschüttelt wurde, ließ der Spaßmacher einen schrillen Pfiff hören, worauf die Kette mit Heftigkeit ungefähr dreißig Fuß in die Höhe schnellte, die geängstigten, zappelnden Orang-Utans mit sich zog und in der Mitte zwischen dem Gewölbefenster und dem Fußboden hängen ließ. Hopp-Frosch, der sich an der Kette, als sie aufgezogen wurde, festgehalten hatte, hing also ein gut Stück über den acht Masken und hielt seine Fackel noch immer gesenkt, als sei nichts vorgefallen, als sei er noch immer bemüht, herauszubringen, wer sich hinter den Masken verstecke. Die Gesellschaft war über das Hinaufziehen der Kette so erstaunt, daß ein minutenlanges totales Stillschweigen entstand. Es wurde endlich durch ein leises, scharfes, knirschendes Geräusch unterbrochen, welches dem, das die Aufmerksamkeit des Königs und seiner Räte auf sich gezogen hatte, als der Tyrann der Trippetta den Wein ins Gesicht gegossen hatte, vollständig ähnlich war. Doch konnte jetzt kein Zweifel mehr darüber herrschen, woher der Ton kam. Er kam von den fangartigen Zähnen des Zwerges, der

schäumenden Mundes mit ihnen knirschte und mit einem Ausdruck wahnsinniger Wut in die aufwärtsgewandten Gesichter des Königs und seiner sieben Minister starrte.

»Aha!« sagte endlich der wutentbrannte Narr, »jetzt wird mir allmählich klar, wer diese Leute sind.«

Bei diesen Worten hielt er, als wolle er den König noch genauer betrachten, seine Fackel an die Flachshülle, die denselben umgab. Im Augenblick ging sie in Flammen auf, und in weniger als einer halben Minute standen alle Orang-Utans in hellem Brande. Die Menge unten schrie wild auf und blickte voll Entsetzen hinauf, ohne auch nur die geringste Hilfe leisten zu können.

Die Flammen, die immer heftiger wurden, nötigten den Narren bald, die Kette noch weiter hinaufzuklettern, um ihrem Bereich zu entfliehen. Während er dies ausführte, trat in der Menge ein erneutes kurzes Schweigen ein, das der Zwerg benutzte, um zu reden.

»Ich sehe jetzt deutlich«, sagte er, »was für Menschen sich hinter diesen Masken verbergen. Es ist ein großer König und seine sieben geheimen Kabinettsräte — ein König, der es wagte, ein hilfloses Mädchen zu mißhandeln, und seine sieben Räte, die zu allem, was er Schimpfliches tat, ja sagten. Und ich — ich bin nur Hopp-Frosch, der Narr, und dies hier ist mein letzter Scherz.«

Bei der leichten Verbrennbarkeit der beiden Stoffe, aus denen die Kostüme der Orang-Utans bestanden, war das Werk der Rache schon vollbracht, als der Zwerg seine kurze Ansprache beendet hatte. Die acht Körper hingen nur noch als eine rauchende, übelriechende Masse in ihren Ketten. Der Krüppel schleuderte seine Fackel auf sie herab, kletterte gelassen zur Decke empor und verschwand durch das Gewölbefenster.

Man nimmt an, daß Trippetta, die oben auf dem Dach stand, die Mitschuldige bei diesem feurigen Rachewerk ihres Freundes gewesen war und daß beide zusammen in ihre Heimat geflohen sind. Denn man hat keinen von beiden jemals wiedergesehen.

DAS FASS AMONTILLADO

Die tausend Ungerechtigkeiten Fortunatos hatte ich, so gut es ging, ertragen, doch als er mich zu beleidigen wagte, da schwor ich Rache. Sie kennen mich und werden mir deshalb glauben, daß ich auch nicht eine einzige Drohung gegen ihn ausstieß. Eines schönen Tages würde ich mich schon rächen, das stand felsenfest; und meine Rache sollte so vollkommen sein, daß ich selbst nicht das mindeste dabei zu wagen hätte. Ich wollte nicht nur strafen, sondern *ungestraft* strafen. Ein Unrecht ist nicht gesühnt, wenn den Rächer wiederum Strafe ereilt — der Beleidiger büßt nicht, wenn er den Rächer nicht kennt.

Sie können sich denken, daß ich dem Fortunato mit keinem Worte, mit keiner Handlung Anlaß gegeben habe, an meinem Wohlwollen zu zweifeln. Ich lächelte ihm freundlich zu, wie immer, und er ahnte nicht, daß ich seinen Untergang plante.

Er hatte seine schwache Seite, dieser Fortunato, obwohl er im übrigen ein Mann war, den man achten, ja fürchten mußte. Er tat sich nämlich etwas darauf zugute, ein Weinkenner zu sein. Nur wenige Italiener sind wirkliche Kenner. Gemälde und Edelsteine beurteilte Fortunato gleich den meisten seiner Landsleute wie ein Scharlatan; doch was alte Weine anging, da war er, wie gesagt, wirklich ein Kenner. Ich selbst kannte mich ebenfalls sehr gut aus in den Erzeugnissen der italienischen Weinberge und kaufte reichlich ein, wo sich nur Gelegenheit bot.

Eines Abends in der Dämmerung, gerade während der tollsten Faschingszeit, traf ich meinen Freund auf der Straße. Er redete mich mit vergnügter Herzlichkeit an, denn er hatte viel getrunken. Der Gute sah buntscheckig genug aus in seinem engschließenden Gewande, dessen Hälften verschieden gefärbt waren, und seiner kegelförmigen, mit Schellen behangenen Kappe. Ich war so erfreut, ihn zu sehen, daß ich schier nicht aufhören konnte, seine Hand zu schütteln.

»Mein lieber Fortunato!« sagte ich zu ihm, »das trifft sich gelegen! Nein — wie ausgezeichnet Sie heute aussehen! — Aber denken Sie: Ich habe ein Faß Amontillado bekommen – oder vielmehr einen Wein, den man dafür ausgibt ... ja, ja! Ich habe meine Zweifel ...«

»Wie?« fragte er, »Amontillado? Ein Faß? – Ein ganzes Faß? – Nicht möglich! Und jetzt mitten im Karneval!«

»Ich habe ja auch meine Zweifel«, erwiderte ich ihm. »Ich war töricht genug, den vollen Preis für Amontillado zu zahlen, ohne vorher Ihr Urteil einzuholen. Aber Sie waren nirgendwo aufzutreiben, und ich wollte die Kaufgelegenheit nicht vorübergehen lassen ...«

»Amontillado!!??«

»Ich habe meine Zweifel, wie gesagt ...«

»Amontillado!?«

»Und möchte gern Gewißheit haben ...«

»Amontillado!? ...«

»Da Sie wohl heute abend nicht mehr frei sind, will ich Luchesi aufsuchen. Wenn irgend jemand ein Urteil hat, so ist er es. Er wird mir schon sagen ...«

»Luchesi kann Amontillado nicht von Sherry unterscheiden ...«

»Und doch gibt es Dummköpfe, die behaupten, daß er sich ebenso gut auf Wein verstünde wie Sie!«

»Kommen Sie!«

»Wohin?«

»In Ihre Keller!«

»Nein, mein Freund; ich will Ihre Liebenswürdigkeit nicht mißbrauchen. Ich sehe, Sie sind eingeladen! Luchesi ...«

»Ich bin nicht eingeladen, kommen Sie!«

»Nein, mein Freund! Die Einladung wäre ja auch noch das wenigste! Aber die strenge Kälte verbietet, daß wir den Versuch machen. Die Gewölbe sind unerträglich feucht, die Wände ganz von Salpeter bedeckt.«

»Oh, kommen Sie nur! Die Kälte ... das macht nichts! Amontillado? Wer weiß, was man Ihnen aufgedrängt hat! Und – Luchesi, der kann wirklich keinen Sherry von Amontillado unterscheiden – kann er nicht!«

Damit schob Fortunato seinen Arm unter den meinen, ich nahm eine schwarze Seidenmaske vor, hüllte mich fest in meinen weiten Mantel und ließ mich von ihm zu meinem Palast führen.

Von der Dienerschaft war niemand im Hause. Sie hatten sich alle davongemacht, um auch ihren Teil von der allgemeinen Karnevalsfreude zu bekommen. Ich hatte ihnen gesagt, daß ich vor dem frühen Morgen nicht zurückkehren werde, und den formellen Befehl gegeben, sich nicht aus dem Hause zu rühren. Dies genügte, wie ich wohl wußte, daß sie alle entwischten, sobald ich den Rücken gekehrt hätte.

Ich nahm zwei Fackeln von ihren Haltern, gab dem Fortunato eine und führte ihn durch eine ganze Zimmerflucht bis an das Tor, das in die Gewölbe führte. Dann ging ich eine lange, gewundene Treppe hinab und bat ihn, mir nur ja recht vorsichtig zu folgen. Wir kamen endlich unten an und standen auf dem feuchten Boden der Katakomben der Montresor.

Der Gang meines Freundes war schwankend, und die Schellen an seiner Kappe klingelten bei jedem Schritt.

»Das Faß?« sagte er.

»Es liegt weiter unten«, antwortete ich, »aber sehen Sie nur, wie das giftige weiße Gespinst an den Wänden glänzt!«

Er wandte sich mir zu und blickte mir mit glasigen Augen, aus denen Tränen der Betrunkenheit sickerten, ins Gesicht.

»Salpeter?« fragte er nach einer Weile, nachdem er einen furchtbaren Hustenanfall niedergekämpft hatte.

»Ja . . . Salpeter!« antwortete ich. »Aber wie lange haben Sie denn schon diesen schrecklichen Husten?«

Wieder packte es ihn, und während mehrerer Minuten war es meinem armen Freund unmöglich, zu antworten.

»Es ist nichts«, meinte er endlich.

»Kommen Sie«, sagte ich mit Entschiedenheit, »wir wollen wieder hinaufgehen. Ihre Gesundheit ist zu kostbar. Sie sind reich, geachtet, werden bewundert, geliebt; Sie sind glücklich, wie ich es einst war. Um mich wäre es weiter nicht schade. Wir wollen wieder hinaufsteigen. Ich könnte es nicht verantworten, wenn Sie krank würden. Überdies kann ich ja Luchesi . . .«

»Genug!« antwortete er. »Der Husten hat nichts zu sagen, hehe! Der Husten wird mich nicht umbringen, ich werde schon nicht davon sterben.«

»Das hoffe ich auch«, gab ich zurück, »ich hatte auch nicht die Absicht, Sie unnötig zu beunruhigen. Aber Sie sollten doch vorsichtig sein. Ein Schluck von diesem Medoc übrigens — der wird vor der Feuchtigkeit schützen.«

Ich nahm eine Flasche von dem Lagerbrett und entkorkte sie. »Trinken Sie!« sagte ich und reichte sie ihm.

Er blinzelte mir zu und brachte sie an seine Lippen. Dann machte er eine Pause und blinzelte mir wieder zu, während seine Schellen klingelten.

»Ich trinke auf die Verstorbenen, die unter uns ruhen!« lallte er.

»Und ich auf Ihr langes Leben.«

Dann nahm er wieder meinen Arm, und wir schritten weiter.

»Die Gewölbe«, meinte er nach einer Weile, » . . . sehr groß . . . sehr . . .«

»Die Montresors«, erwiderte ich, »waren eine zahlreiche Familie.«

»Ich habe vergessen ... Ihr Wappen vergessen ...«

»Ein großer goldener Fuß in einem azurnen Felde; der Fuß zertritt eine Schlange, die ihre Zähne in seine Ferse gegraben hat.«

»Und ... Devise?«

»Nemo me impune lacessit.«

»Schön!« sagte er, »schön!«

Der Wein sprühte in seinen Augen, und die Schellen klingelten. Auch meine Phantasie wurde durch den Medoc erhitzt. Wir waren — an ganzen Wällen aufgeschichteten Gebeins, dann wieder an Fässern und Fäßchen vorbei — in das Innerste der Katakomben gelangt. Ich blieb stehen und faßte Fortunato am Arm.

»Sehen Sie doch nur«, sagte ich, »wie der Salpeter immer dichter wird. Er hängt wie Moos an den Wänden. Wir befinden uns jetzt gerade unter dem Bett des Flusses. Die Feuchtigkeit sickert in Tropfen durch das Gestein. Kommen Sie, wir wollen zurückgehen, ehe Sie sich schaden. Ihr Husten ...«

»Hat nichts zu sagen«, entgegnete er lallend, »wollen weitergehen! Können ja ... noch einen Schluck Medoc ...«

Ich brach einer Flasche De Grave den Hals und reichte sie ihm. Er leerte sie auf einen Zug. Seine Augen funkelten jetzt in dem sonderbarsten Lichte. Er lachte dabei und warf die Flasche mit einer Geste, die ich nicht verstand, in die Luft.

Ich sah ihn etwas erstaunt an. Er wiederholte die Bewegung — sie war sehr grotesk.

»Sie verstehen nicht?« fragte er.

»Nein!« erwiderte ich.

»Sind also nicht ... in der Loge?«

»Wie?«

»Sie sind ... nicht Maurer?«

»Doch! doch!« sagte ich. »Doch! doch!«

»Sie? Unmöglich! Sie — Maurer?«

»Ja, Maurer«, behauptete ich.

»Ein Zeichen!« rief er.

»Hier!« gab ich zurück und zog eine Kelle aus den Falten meines Mantels.

»Sie scherzen!« meinte er und trat ein paar Schritte zurück. »Aber kommen Sie ... zu dem Amontillado!«

»Weiter!« sagte ich, versteckte das Werkzeug wieder unter meinem Mantel und bot ihm meinen Arm.

Er stützte sich schwer auf, und wir setzten unsern Weg fort. Zunächst kamen wir durch eine Reihe niedriger Bogengänge, stiegen tiefer hinab, gingen weiter, stiegen noch tiefer hinab und gelangten endlich in eine Wölbung, in deren unreiner Luft unsere Fakkeln nur noch glühten und fast kein Licht mehr gaben.

Am Ende der Wölbung befand sich eine zweite, weniger geräumige. An ihren Wänden waren, wie in den großen Katakomben zu Paris, bis zur Decke menschliche Gebeine aufgeschichtet. Drei Seiten dieser inneren Krypta waren in dieser Art geschmückt. Von der vierten war das Gebein herabgefallen, lag verstreut auf dem Boden umher und bildete einen Haufen von ziemlicher Höhe. In der freigelegten Mauer befand sich eine Nische von vielleicht vier Fuß Tiefe, drei Fuß Breite und sechs oder sieben Fuß Höhe. Sie war offenbar zu keinem bestimmten Zweck errichtet, sondern bildete einfach den Zwischenraum zwischen zwei der ungeheuren Pfeiler, die das Gewölbe stützten. Ihre Rückwand war die massive Granitmauer, die das Ganze umschloß.

Vergebens erhob Fortunato seine trübe Fackel, um in die Nische hineinzuspähen: das schwache Licht ließ die gegenüberliegende Mauer nicht erkennen.

»Treten Sie ein«, sagte ich, »dort liegt der Amontillado. Was Luchesi anbetrifft —«

»Er ist ein Dummkopf«, unterbrach mich mein Freund und tappte vorwärts, während ich ihm auf dem Fuße folgte. Im Augenblick war er am Ende der Nische angelangt, und als er fühlte, daß ihn der Fels hindere, weiter vorzudringen, blieb er verdutzt stehen. Im nächsten Augenblick schon hatte ich ihn an den Felsen angekettet. In diesen waren nämlich in einer Entfernung von ungefähr zwei Fuß zwei eiserne Ringe eingelassen. In einem derselben hing eine kurze eiserne Kette, in dem anderen ein Vorlegeschloß. Nachdem ich ihm die Kette um den Leib gewunden hatte, war es das Werk einer Sekunde, sie zu schließen. Er war zu verblüfft, um Widerstand zu leisten. Ich nahm den Schlüssel an mich und trat aus der Nische.

»Fahren Sie einmal mit Ihrer Hand über die Mauer«, sagte ich, »Sie müssen den Salpeter fühlen können. Es ist in der Tat sehr feucht. Noch einmal lassen Sie mich bitten: Kehren Sie zurück! Nein? Sie wollen nicht? Ja — dann muß ich Sie endgültig verlassen. Doch vorher will ich Ihnen all die kleinen Bequemlichkeiten beschaffen, die nur möglich sind.«

»Der Amontillado!« rief mein Freund, der sich von seinem Erstaunen noch nicht erholt hatte.

»Natürlich, natürlich!« erwiderte ich, »der Amontillado.«

Während ich diese Worte sagte, machte ich mich über den Knochenhaufen her, von dem ich schon gesprochen habe, und warf ihn beiseite. Bald deckte ich auf dem Boden eine ziemliche Menge Bausteine und Mörtel auf. Mit diesem Material und meiner Kelle begann ich nun eifrig, den Eingang zur Nische zu vermauern.

Ich hatte kaum die erste Lage Steine gelegt, als ich bemerkte, daß die Trunkenheit Fortunatos zum großen Teil verschwunden war. Das erste Zeichen davon war ein dumpfer Schrei, der mir aus der

Nische entgegenklang: es war *nicht* der Schrei eines Betrunkenen! Dann folgte ein längeres Schweigen. Ich mauerte die zweite Lage auf, die dritte, die vierte, dann hörte ich wütendes Kettengerassel. Das Geräusch dauerte mehrere Minuten, und um mit rechter Genugtuung zuhören zu können, unterbrach ich meine Arbeit und ruhte mich auf dem Knochenhaufen ein wenig aus. Als das Gerassel dann endlich aufhörte, ergriff ich meine Kelle wieder und legte die fünfte Lage, dann die sechste und die siebente. Nun ging mir die Mauer schon bis an die Brust. Ich machte wieder eine Pause, erhob die Fackel über meine Mauer und beleuchtete mit schwachen Strahlen den Eingeschlossenen.

Da brach ein anhaltendes, lautes schrilles Geschrei aus der Kehle des Gefesselten; es war, als wolle er mich mit ihm zurückschleudern. Einen Augenblick lang zögerte – zitterte ich. Ich zog meinen Degen und begann in die Nische hineinzustechen, doch ein weiterer Augenblick des Nachdenkens beruhigte mich wieder. Ich legte meine Hand auf die festen Mauern des Gewölbes und fühlte mich höchst befriedigt. Ich näherte mich meinem Bauwerk von neuem und antwortete auf das Geschrei des Heulenden. Ich half ihm, ich wurde sein Echo, ich schrie noch lauter als er und noch kräftiger. Das tat ich – und der Schreier verstummte.

Es war unterdes Mitternacht geworden, und meine Arbeit näherte sich ihrem Ende. Ich hatte die achte, neunte und zehnte Lage vollendet und noch einen Teil der elften und letzten. Es blieb nur noch ein Stein zu mauern. Ich erhob ihn mit Schwierigkeit und brachte ihn ungefähr in die richtige Stelle. Aber da erscholl aus der Nische ein leises Lachen, das mir die Haare auf dem Kopf hoch sträubte. Dann hörte ich eine traurige Stimme, die ich kaum als die des edlen Fortunato wiedererkannte. Die Stimme sagte:

»Hehehe ... he ... he ... hehe ... he ... Das ist wirklich ein guter Spaß! – ein ausgezeichneter Spaß! Wir werden im Palast noch herzlich darüber lachen – he! he! – über unsern Wein! – he! he!«

»Über den Amontillado?« fragte ich.

»He! he! – He! he! – Ja, über den Amontillado. Aber wird es nicht spät? Wird uns die Signora Fortunato nicht im Palast erwarten? Und die anderen alle? Wir wollen gehen.«

– »Ja«, sagte ich, »wir wollen gehen.«

–»Um Gottes willen, Montresor! –«

–»Ja«, sagte ich, »um Gottes willen!«

Auf diese Worte erhielt ich keine Antwort mehr. Ich horchte hin. Vergebens. Ich wurde ungeduldig und rief laut:

»Fortunato!«

Keine Antwort. Ich rief nochmals:

»Fortunato!«

Wieder keine Antwort. Ich zwängte eine Fackel durch die kleine

Öffnung, die noch geblieben war, und ließ sie hineinfallen. Was ich vernahm, war – Schellengeklingel. Mir wurde übel, ohne Zweifel von der Feuchtigkeit des Gewölbes. Ich beeilte mich, meine Arbeit zu Ende zu bringen, rückte den letzten Stein in die richtige Lage und schloß die Fugen mit Mörtel. Dann errichtete ich vor dem neuen Mauerwerk den alten Wall von Gebeinen. Seit einem halben Jahrhundert hat sie niemand mehr in ihrer Ruhe gestört. In pace requiescat!

WASSERGRUBE UND PENDEL

Impia tortorum longas hic turba furores
Sanguinis innocui, non satiata, aluit.
Sospite nunc patria, fracto nunc funeris antro,
Mors ubi dira fuit vita salusque patent.
(Inschrift für das Tor, das zu dem Platz führt,
auf dem sich das Gebäude des Jakobiner-Klubs
zu Paris befunden hat.)

Die lange Todesangst hatte mich gebrochen, mein Leben bis ins Mark zerstört, und als man meine Fesseln löste und mich sitzen ließ, fühlte ich, daß meine Sinne schwanden. Das Urteil, das fürchterliche Todesurteil, war der letzte deutliche Laut, der mein Ohr erreichte, dann schienen die Stimmen meiner Untersuchungsrichter traumhaft in ein unbestimmtes Summen zusammenzuschmelzen, das sich in meiner Seele zu dem Gedanken an eine Umdrehung verdichtete – vielleicht, weil es in meiner Phantasie die Vorstellung eines Mühlrades hervorrief. Doch währte dies nur eine sehr kurze Zeit, denn plötzlich vernahm ich nichts mehr. Doch sah ich noch eine Zeitlang – aber in welch gräßlicher Verzerrung! – die Lippen der Richter in den schwarzen Talaren, und sie erschienen mir weiß; weißer als das Blatt, auf welches ich diese Worte schreibe, und dünn bis zur Fratzenhaftigkeit, dünn durch ihren grausamen Ausdruck von Härte, unwandelbarem Entschluß und starrer Verachtung menschlicher Qual! Ich sah, daß der Spruch, der mein Schicksal besiegelte, über ihre Lippen kam. Ich sah, wie sie sich bewegten, um mir den Tod zu verkünden. Ich sah, wie sie die Silben meines Namens bildeten, und schauderte, weil kein Ton auf die Bewegung folgte. Ich sah auch während einiger Augenblicke irren Entsetzens, daß sich die schwarzen Draperien, welche die Wände des Saales bekleideten, leise, fast unmerklich bewegten – und dann fiel mein Blick auf die sieben großen Kerzen auf dem Tisch. Erst schauten sie mich an wie Bilder der Menschenliebe, ich hielt sie für weiße, schlanke Engel, die mich retten wollten. Doch plötzlich goß sich ein grauenhafter Schwindel über meine Seele, und ich bemerkte, wie jede Fiber meines Leibes schauderte, als hätte ich den Draht einer galvanischen Batterie berührt; die En-

gelsgestalten wurden seelenlose Gespenster mit brennenden Köpfen, und ich fühlte, daß ich von ihnen keine Hilfe zu erwarten habe. Und dann glitt, wie ein weicher musikalischer Ton, der Gedanke in mein Herz, wie köstlich die Ruhe im Grabe sein müsse. Er kam leise, verstohlen, und ich glaube, es dauerte lange, bis er feste Gestalt annahm; doch in dem Augenblick, da mein Geist ihn klar empfand und ausdachte, verschwanden wie durch Zauberkraft die Gestalten der Richter vor meinen Augen, die hohen Kerzen versanken in ein Nichts, ihre Flammen erloschen, schwarze Dunkelheit kam herauf, alle Gefühle wurden von der Empfindung verschlungen, als stürze meine Seele in wahnsinnig rasendem Fall in den Hades hinab. Und dann war *alles* Nacht, Schweigen, Ruhe.

Ich war ohnmächtig geworden; doch will ich damit nicht sagen, daß ich das Bewußtsein vollständig verloren hatte. Was noch von ihm geblieben war, will ich nicht zu bestimmen, nicht einmal zu beschreiben wagen. Sicher ist eben nur, daß mein Bewußtsein nicht *ganz* schwand. Im tiefsten Schlafe — nein! im Delirium — nein! im Tode — nein! selbst im Grabe schwindet es nicht ganz! Sonst wäre der Mensch ja wohl nicht unsterblich!? Wenn wir aus tiefstem Schlaf erwachen, zerreißen wir das Nebelgespinst irgendeines Traumes. Doch erinnern wir uns eine Sekunde später nicht mehr — so zart ist oft das Gewebe —, daß wir geträumt haben. Erwacht man aus einer Ohnmacht wieder zum Leben, so geht man durch zwei Stadien. Im ersten gelangt man wieder zum Bewußtsein seines moralischen oder geistigen, im zweiten zum Gefühl seines körperlichen Daseins zurück. Es ist wahrscheinlich, daß wir, wenn wir ins zweite Stadium zurückgekehrt sind und uns dann noch der im ersten empfangenen Eindrücke entsinnen könnten, diese Eindrücke mit Erinnerungen aus dem Abgrund des Jenseits beladen finden würden. Und dieser Abgrund — was birgt er in seinem Schoß? Wodurch unterscheiden sich *seine* Schatten von den Schatten des Grabes? Doch wenn wir uns auch die Eindrücke des ersten Stadiums nicht *willkürlich* zurückrufen können: erscheinen sie nicht vielleicht nach langer Zeit von selbst, unaufgefordert, so daß wir uns verwundert fragen, woher sie wohl kommen mögen? Wer niemals ohnmächtig geworden ist, gehört nicht zu denen, die in einem glühenden Kohlenfeuer seltsame Paläste und sonderbar vertraute Gesichter wiederfinden, die oft in den Luftgebieten trauervolle Visionen vorüberziehen sehen, die von den Vielzuvielen nie bemerkt werden; die sich über den Duft einer unbekannten Blume in Grübeleien verlieren können; deren Gedanke sich plötzlich in dem Geheimnis einer Melodie, die sie bis dahin unbeachtet gelassen haben, verirren kann.

Bei meinen wiederholten Bemühungen, mich zu erinnern, bei meinen harten Anstrengungen, irgendeine Aufklärung über jenen

Zustand scheinbaren Nichtseins, in den ich versunken war, zu erhalten, hatte ich oft Momente, in denen ich auf Erfolg hoffte, hatte ich kurze, sehr kurze Augenblicke, in denen ich eine Erinnerung heraufbeschwor, die sich, wie mir mein klarer gewordener Verstand in späteren Zeiten oft versicherte, nur auf jenen Zustand scheinbaren Nichtseins beziehen konnte. Diese Erinnerungsschatten redeten undeutlich von großen Gestalten, die mich aufhoben und nach unten trugen – schweigend nach unten, und immer tiefer –, bis mich bei dem Gedanken an den bodenlosen Abgrund, in den ich versank, ein scheußlicher Schwindel ergriff. Sie redeten auch von einem unbestimmten Schauder, der mein Herz durchzitterte, weil dies Herz so unnatürlich ruhig geworden war. Dann folgte ein Gefühl, als sei alles, was mich umgab, in jähe Starre versunken; als hätten die, welche mich trugen – ein Zug von Gespenstern! –, in ihrem Absturz die Grenze des Unbegrenzten erreicht und hielten nun still und ruhten von der Ermüdung ihrer Arbeit aus. Darauf muß ich wohl ein Gefühl von Schalheit und Feuchtigkeit empfunden haben; und dann ist alles Wahnsinn – der Wahnsinn eines Willens, der sich des Übermenschlichen, Verbotenen entsinnen will.

Ganz plötzlich empfand meine Seele wieder Bewegung und Klang – die stürmische Bewegung meines Herzens und sein Widerklingen in meinem Ohr. Dann trat eine Pause ein, in der alles wieder in schwarzes Nichts versank, doch spürte ich bald von neuem die Bewegung und den Klang – und gleich darauf ein Zittern, das mein ganzes Wesen durchfuhr. Plötzlich kam mir auch ein bloßes Daseinsbewußtsein zurück, das, ohne von einer anderen Empfindung begleitet zu sein, eine Weile anhielt, bis sich nach langer Zeit und unvermittelt in mir ein Gedanke erhob, den ich mit schauderndem Entsetzen als einen Versuch erkannte, mir über meinen Zustand bewußt zu werden. Dann faßte mich plötzlich der heiße Wunsch, wieder in Bewußtlosigkeit zurückzuversinken. Doch nun schien meine Seele plötzlich ganz aufzuwachen, und ich machte eine erfolgreiche Anstrengung, mich zu bewegen. Und ich erinnerte mich deutlich an die Verhandlung, die Richter, die schwarzen Draperien, an das Urteil, an meine Ohnmacht. Und doch vergaß ich noch einmal wieder mich selbst, die Zeit und den Raum, vergaß alles, dessen ich mich in späteren Tagen mit unsäglicher Mühe wieder zu erinnern versuchte.

Bis jetzt hatte ich meine Augen noch nicht geöffnet. Ich fühlte nur, daß ich ohne Fesseln auf dem Rücken lag. Als ich meine Hand ausstreckte, fiel sie schwer auf irgend etwas Feuchtes, Hartes. Mehrere Minuten lang ließ ich sie liegen, während ich zu erraten suchte, wo und in welchem Zustand ich mich befände. Ich verlangte danach, um mich zu schauen, doch wagte ich es nicht, denn ich fürchtete den ersten Blick auf die Gegenstände, die mich umgeben könnten. Zwar graute mir im Grunde nicht davor, gräßliche Dinge zu erblicken, ich schauderte vielmehr vor Angst, vielleicht *gar nichts* zu sehen. Endlich riß ich in wilder Verzweiflung meine Augen auf und fand meinen grauenhaften Gedanken bestätigt. Die Finsternis der ewigen Nacht umschloß mich. Ich rang nach Atem, denn es schien mir, als ob die Undurchdringlichkeit der Dunkelheit mich wie eine schwere Last bedrücke und ersticken wolle. Ich blieb regungslos liegen und machte eine Anstrengung, meinen Verstand zu Rate zu ziehen. Ich erinnerte mich an Einzelheiten der Gerichtsverhandlung, an ihren ganzen Verlauf, und versuchte dann von diesem Punkte aus, meinen wahren Zustand zu erkennen. Ich wußte, daß das Urteil gesprochen worden war, und mir schien, als sei seit diesem Augenblick eine lange Zeit verstrichen. Doch hielt ich mich nicht eine Sekunde lang für tot. Eine solche Vorstellung ist, trotz allem, was darüber geschrieben sein mag, bei einem lebendigen Menschen einfach ausgeschlossen — doch wo und in welchem Zustand befand ich mich? Die zum Tode Verurteilten wurden, wie ich wußte, gewöhnlich während der Autodafés umgebracht, und ich hatte gehört, daß in der Nacht nach dem Urteilsspruch ein solches abgehalten werden sollte. Hatte man mich wieder in mein Gefängnis zurückgebracht, um mich für die nächste Opferung, die erst in ein paar Monaten stattfand, aufzusparen? Ich sah sofort ein, daß dies nicht sein könne. Man hatte ja Opfer *nötig* gehabt. Überdies war meine Zelle, wie in allen Gefängnissen zu Toledo, mit Steinen gepflastert und dem Licht nicht jeder Eintritt verwehrt gewesen.

Plötzlich trieb mir ein gräßlicher Gedanke alles Blut zum Herzen und stieß mich für eine kurze Zeit wieder in Bewußtlosigkeit. Als ich wieder zu mir kam, sprang ich auf meine Füße; jede Fiber in mir bebte. Ich griff mit meinen Armen wild nach allen Richtungen hin. Nichts fühlte ich; doch zitterte ich, einen Schritt zu tun: aus Furcht, an die Wände eines *Grabes* zu stoßen. Schweiß drang mir aus jeder Pore und stand in dicken, kalten Tropfen auf meiner Stirn. Die Angst der Ungewißheit wurde zum Schluß unerträglich, und ich wagte mich vorsichtig vorwärts, streckte die Arme aus und starrte so angestrengt, daß meine Augen fast aus ihren Höhlen springen wollten, vor mich hin, in der Hoffnung, einen wenn auch noch so schwachen Lichtstrahl zu entdecken. Ich tat mehrere Schritte, doch blieb alles dunkel und leer. Ich atmete etwas freier. Es schien ja, als habe man mich doch nicht dem gräßlichsten aller Tode überliefert.

Und während ich nun vorsichtig vorwärtsschritt, erwachten, überstürzten sich in meinem Geist tausend Erinnerungen an das, was ich von den Schrecken Toledos gehört hatte. Man erzählte schauerliche Dinge von den Gefängnissen — mir waren sie eigentlich immer wie Fabeln erschienen, Fabeln, die zu gräßlich waren, um wiederholt zu werden. Hatte man mich in dieser unterirdischen Welt dem Hungertode preisgegeben? Oder welches vielleicht noch gräßlichere Schicksal erwartete mich? Daß der Tod — und zwar ein bitterer, grausamer Tod — das Ende sein werde, daran zweifelte ich, da ich ja meine Richter kannte, nicht einen Augenblick. Ich dachte nur darüber nach, in welcher Gestalt und wann er sich mir nahen werde.

Meine ausgestreckte Hand fand endlich festen Widerstand. Allem Anschein nach war es eine Steinmauer — die mir sehr glatt, feucht und kalt schien. Ich ging an ihr mit jenem angstvollen Mißtrauen, welches mir gewisse alte Geschichten eingeflößt hatten, vorsichtig entlang. Doch gelangte ich auf diese Weise zu keiner Vorstellung von der Größe meines Gefängnisses, denn die Mauer war an allen Stellen so vollkommen gleichmäßig, daß sie sehr wohl rund sein konnte und ich immer im Kreise herumging. Deshalb suchte ich nach dem Messer, das sich in meiner Tasche befunden hatte, als man mich in das Inquisitionszimmer führte. Es war verschwunden, und ich bemerkte, daß man meine Kleider gegen ein grobes Leinengewand vertauscht hatte. Ich wollte die Messerklinge in eine kleine Ritze der Wand stoßen, um den Punkt, von dem ich ausging, zu bezeichnen. Doch gelang mir dies auch ohne Messer, obgleich ich es anfangs in meiner Gedankenzerrüttung selbst nicht zu hoffen gewagt hatte: ich riß nämlich ein Stück aus meinem Gewand und legte es auf den Boden, in rechtem Winkel zu der Mauer, nieder. War mein Gefängnis wirklich rund, so mußte ich, nachdem ich mich im Kreise herumgetastet hätte, wieder auf den Kleiderfetzen stoßen. So wenigstens hatte ich kalkuliert, doch bei meiner Berechnung die Größe des Gefängnisses und meine vollständige Körperschwäche ganz außer acht gelassen. Der Boden war feucht und glatt, ich wankte ein paar Schritte vorwärts, stolperte und fiel hin. Meine Erschöpfung zwang mich, liegen zu bleiben, und bald überwältigte mich der Schlaf.

Als ich erwachte und einen Arm ausstreckte, fand ich an meiner Seite ein Brot und einen Krug mit Wasser. Ich war zu erschöpft, um mir diese Tatsache irgendwie erklären zu können, sondern aß und trank mit Heißhunger. Bald darauf nahm ich meinen Rundgang um das Gefängnis wieder auf und stieß nach beschwerlichem Vorwärtstasten wieder auf den Kleiderfetzen. Bis zu dem Augenblick, in dem ich niederfiel, hatte ich schon zweiundfünfzig Schritte gezählt, und nun hatte ich von neuem achtundvierzig Schritte gemacht, ehe ich an mein Merkzeichen zurückgelangte. Im ganzen waren es also hundert Schritte, und nahm ich an, daß zwei Schritte eine Elle ausmachten, so mußte mein Gefängnis fünfzig Ellen im

Umfang haben. Doch hatte ich eine Menge Winkel in der Mauer gefunden, so daß ich mir keine rechte Vorstellung von der wirklichen Gestalt der Grube machen konnte; irgend etwas, das ich mir nicht näher erklären konnte, bestimmte mich nämlich, anzunehmen, daß ich mich in einer Grube befinde.

Die Nachforschungen interessierten mich im übrigen nicht sehr — jedenfalls stellte ich sie nicht an, weil ich irgendwelche Hoffnung schöpfte; eigentlich war es nur eine unbestimmte Neugierde, die mich zwang, dieselben fortzusetzen. Ich wandte mich von der Mauer weg und beschloß, den Raum quer zu durchschreiten. Anfangs tastete ich mich nur mit außerordentlicher Vorsicht weiter, denn der Boden war, obgleich hart und festgefügt, gefährlich glitschig. Dann nahm ich jedoch all meinen Mut zusammen, um fest auszuschreiten, und bemühte mich zugleich, den Raum in möglichst gerader Linie zu durchkreuzen. Ich mochte vielleicht zehn oder zwölf Schritte gemacht haben, als sich meine Füße in den Kleiderfetzen verwickelten. Ich stolperte und fiel heftig aufs Gesicht.

In dem ersten Schrecken über meinen Fall entging mir anfangs ein überraschender Umstand, der jedoch schon nach ein paar Sekunden meine ganze Aufmerksamkeit auf sich zog. Sonderbarerweise ruhte nämlich mein Kinn auf dem Boden des Gefängnisses, aber meine Lippen und der obere Teil meines Kopfes berührten, obwohl sie tiefer lagen als das Kinn, anscheinend nichts. Zu gleicher Zeit fühlte ich meine Stirn wie in einem klebrigen Dampf gebadet, und der nicht zu verkennende Geruch verwester Schwämme drang in meine Nase. Ich streckte meinen Arm aus und fand mit Schaudern, daß ich gerade auf den Rand eines runden Brunnens gefallen sei, dessen Ausdehnung ich in diesem Augenblick natürlich noch nicht ermessen konnte. Ich tastete mit der Hand an dem Mauerwerk gerade unterhalb des Randes entlang, bröckelte einen kleinen Stein los und ließ ihn in den Abgrund fallen. Während mehrerer Sekunden vernahm ich sein wiederholtes Aufschlagen an den Seiten oder Vorsprüngen des Abgrundes, dann sein dumpfes Einschlagen in das Wasser, dem ein lautes, vielfaches Echo folgte. Zugleich vernahm ich einen Laut wie von dem raschen Öffnen und wieder Schließen einer Tür über mir, während ein schwacher Lichtstrahl plötzlich die Dunkelheit durchzuckte und ebenso rasch wieder verschwand.

Nun erkannte ich klar, welches Schicksal man mir zugedacht hatte, und konnte mich zu meinem Fall, der mich vor demselben bewahrte, beglückwünschen. Noch einen Schritt weiter, und die Welt hätte mich nicht mehr gesehen. Die Todesart, der ich eben entgangen war, war so gräßlich, daß sie alle jene Gerüchte über die Scheußlichkeiten der Inquisition, die ich für grausige Fabeln gehalten hatte, an Gräßlichkeit übertraf. Die Opfer hatten gewöhnlich die Wahl zwischen einem Tod unter den schauerlichsten körperlichen oder unerhörtesten geistigen Qualen. Mir hatte man die letzteren zugedacht. Das lange und unsägliche Leiden hatte meine Nerven schon so zerrüttet, daß ich bei dem Klang meiner eigenen Stimme zu zittern begann und ein ausgezeichnetes Objekt für die Art Qualen geworden war, die man mir zugedacht hatte.

An allen Gliedern bebend, tastete ich mich zu der Mauer zurück, entschlossen, lieber dort zu sterben, als mich der Gefahr auszusetzen, in einen der gräßlichen Brunnen zu geraten, die mir meine Phantasie an den verschiedensten Stellen des Gefängnisses vorspiegelte.

Wäre ich in einem anderen Gemütszustand gewesen, so hätte ich den Mut gehabt, meiner Qual durch einen Sprung in einen dieser Abgründe mit einemmal ein Ende zu machen. Doch hatten mich alle die seelischen Leiden, die vorhergegangen waren, zum Feigling gemacht, und außerdem fiel mir wieder ein, was ich von diesen Brunnen gelesen hatte: daß ihre gräßliche Bauart einen *schnellen* Tod einfach ausschloß.

Meine Aufregung hielt mich lange Stunden wach; endlich schlummerte ich wieder ein. Als ich aus dem Schlaf auffuhr, fand ich, wie das vorigemal, ein Brot und einen Krug Wasser an meiner Seite. Ein brennender Durst quälte mich und ich leerte das Gefäß auf einen Zug. Man mußte dem Wasser irgendein Schlafmittel beigemischt haben, denn kaum hatte ich getrunken, so schlossen sich meine Lider von neuem.

Ich schlief wie tot. Als ich meine Augen wieder öffnete, konnte ich die Gegenstände um mich her erkennen. Ein seltsames schwefelgelbes Licht, dessen Ursprung ich zunächst nicht ausfindig machen konnte, ließ mich die Ausdehnung und Bauart meines Gefängnisses überschauen. Ich hatte mich über seine Größe durchaus getäuscht. Der ganze Umfang der Mauern betrug höchstens fünfundzwanzig Ellen. Diese Tatsache leitete mich für einige Minuten in eine ganze Welt müßiger Verwunderungen, die ich mir kaum zu erklären vermochte; denn was konnte mich unter den furchtbaren Umständen, in denen ich mich befand, die Größe meines Gefängnisses kümmern? Doch ergriff mich ein sonderbares Interesse für die unbedeutendsten Kleinigkeiten meiner Umgebung, und ich bemühte mich, die Ursache meines Irrtums herauszufinden. Nach langem Nachdenken kam ich denn auch dahinter: Bei meinem ersten Versuch, das Gefängnis zu umschreiten, hatte ich bis zu dem Augenblick, in dem ich hinfiel, zweiundfünfzig Schritte gezählt und mußte dem Kleiderfetzen bis auf ein oder zwei Schritte nahe gekommen sein. Darauf war ich eingeschlafen und hatte mich beim Erwachen herumgedreht und denselben Weg noch einmal gemacht,

ohne in meiner Verwirrung zu bemerken, daß ich beim erstenmal die Mauer zur linken und beim zweitenmal zur rechten Hand hatte.

Auch bezüglich der Form des Gefängnisses hatte ich mich getäuscht. Als ich mich an den Mauern herumtastete, hatte ich eine Menge Winkel gefunden und mir den Raum deshalb äußerst unregelmäßig gedacht. Die Winkel stellten sich jetzt einfach als unregelmäßig verteilte Einbuchtungen heraus. Im allgemeinen war das Gefängnis viereckig. Was ich für Mauerwerk gehalten hatte, schien Eisen zu sein oder irgendein anderes Metall, das in großen Platten die Wand bekleidete. Die ganze Oberfläche dieser erzenen Wände war mit rohen Abbildungen all jener abschreckenden scheußlichen Szenen besudelt, die dem grobsinnlichen Aberglauben der Mönche ihre Entstehung verdankten. Teufelsfratzen mit drohenden Mienen, Skelette und andere noch gräßlichere Bilder überzogen die Wände. Ich bemerkte, daß die Konturen dieser Ungeheuerlichkeiten ziemlich deutlich hervortraten, während die Farben verlöscht und verblaßt zu sein schienen, wie es unter dem Einfluß einer feuchten Atmosphäre zu geschehen pflegt. Dann betrachtete ich den Fußboden: er war von Stein und in seiner Mitte gähnte der ungeheure Schlund, dem ich entronnen war; doch war er der einzige, der sich im Kerker befand.

Ich erblickte alles dies nur undeutlich und mit vieler Mühe — denn während meines Schlafes war mit meiner Lage eine große Veränderung vor sich gegangen. Man hatte mich jetzt der Länge nach auf eine Art von niedrigem Holzrahmen mit Lattenwerk auf den Rücken hingestreckt. Mit einem langen, einem Sattelgurt ähnlichen Riemen hatte man mich dann dort festgebunden. Diese Fessel umwand meinen Körper und meine Glieder vielfach, so daß nur mein Kopf und mein linker Arm frei blieben, der letztere jedoch nur so weit, daß ich mit vieler Mühe bis zu einer irdenen Schüssel reichen konnte, die, mit Nahrung gefüllt, mir zur Seite auf dem Boden stand. Mit Entsetzen bemerkte ich, daß man den Wasserkrug fortgenommen hatte. Ich sage mit Entsetzen, denn ich wurde von einem unerträglichen Durst gequält. Diesen Durst zu erzeugen schien in der Absicht meiner Quäler zu liegen, denn die in einer Schüssel befindliche Nahrung bestand aus einer starkgewürzten Fleischspeise.

Ich begann jetzt, die Decke meines Gefängnisses zu betrachten. Sie mochte wohl dreißig oder vierzig Fuß hoch sein und war von ähnlicher Bauart wie die Seitenwände. Auf einem der Felder erblickte ich eine sonderbare Figur, die meine ganze Aufmerksamkeit auf sich zog. Es war das gemalte Symbol der Zeit, wie man sie gewöhnlich darstellt, nur hielt sie statt der Sichel ein Ding in der Hand, das ich auf den ersten Blick für die Abbildung eines großen Pendels hielt, wie man ihn noch an altmodischen Uhren sieht. Doch fiel mir irgend etwas an diesem Instrument auf, das mich veranlaßte, aufmerksam hinzuschauen.

Während ich nun gerade hinaufstarrte — das Pendel war genau über mir angebracht —, schien es mir plötzlich, als bewege es sich. Einen Augenblick später fand ich meine Vermutung bestätigt. Seine Schwingungen waren kurz und langsam. Ich beobachtete sie einige Minuten lang mit großem Schrecken, aber noch größerem Erstaunen. Als mich dies endlich ermüdete, richtete ich meine Blikke auf andere in der Zelle befindliche Gegenstände.

Bald darauf vernahm ich ein sonderbares, raschelndes Geräusch und sah mehrere Ratten von ungewöhnlicher Größe über den Boden hinlaufen. Sie waren aus dem Brunnen gekommen, den ich von meinem Platz aus überschauen konnte. Selbst während ich hinsah, kamen sie scharenweise herauf und eilten, von dem Geruch des Fleisches angelockt, mit gierigen Augen herbei. Nur mit vieler Mühe und Aufmerksamkeit konnte ich sie von der Schüssel verscheuchen.

Es mochte wohl eine halbe, vielleicht aber auch eine ganze Stunde vergangen sein — ich konnte mir ja nur eine sehr unvollkommene Vorstellung von der Zeit machen —, ehe ich meine Blicke wieder empor zur Decke richtete. Was ich da erblickte, versetzte mich in Verwunderung und Bestürzung. Die Schwingung des Pendels hatte sich fast um eine Elle vergrößert und an Geschwindigkeit ebenfalls zugenommen; was mich jedoch hauptsächlich beunruhigte, war die Tatsache, daß sich das Pendel selbst merklich tiefer gesenkt hatte. Ich bemerkte jetzt auch — es ist überflüssig, zu sagen, mit welchem Grausen —, daß sein unteres Ende aus einem Halbmond von blitzendem Stahl bestand, der von einem Horn zum anderen etwa einen Fuß maß. Die Spitzen der Hörner waren nach aufwärts gekehrt, und die untere Kante hatte augenscheinlich die Schärfe eines Rasiermessers. Auch schien das Pendel so massiv und schwer wie ein solches, da es, von der haarscharfen Schneide an allmählich dicker werdend, oben in einen breiten Rükken auslief. Es hing an einem dicken Stabe von Messing, und das Ganze zischte ordentlich, wenn es die Luft durchschnitt.

Nun konnte ich nicht länger im Zweifel darüber sein, welches Schicksal mir die erfinderische Grausamkeit der Mönche zugedacht hatte. Es war den Dienern der Inquisition nicht entgangen, daß ich die Grube entdeckt hatte: jene Grube, deren Schrecken einem so verstockten Ketzer, wie ich es in ihren Augen war, bestimmt war — die Grube, dies Bild der Hölle, die, wie das Gerücht ging, das Grauenhafteste an Foltern barg, was die teuflische Grausamkeit der Mönche nur ausgeklügelt hatte. Durch einen bloßen Zufall war ich vor dem Sturz in diesen Abgrund bewahrt geblieben, und ich wußte, daß fürchterliche Überraschungen einen wichtigen Bestandteil der Ungeheuerlichkeiten des Foltertodes bildeten. Da ich selbst dem Sturz entgangen war, würde man mich nicht durch fremde Hand in den Abgrund schleudern; die Grube war so ein für allemal aus dem Marterplan ausgeschaltet. Es erwartete mich also eine andere, mildere Art der Vernichtung. Milder! Fast mußte ich in meiner Todesangst auflachen, einen solchen Gedanken unter solchen Umständen gedacht zu haben.

Doch was würde es nützen, von jenen langen, langen Schreckensstunden reden zu wollen, in denen ich die sausenden Schwingungen des scharf geschliffenen Stahles zählte! Zoll um Zoll, Linie um Linie, mit kaum erkennbaren, nur nach längeren Zeiträumen, die mir wie Jahrhunderte erschienen, merklichen Senkungen schwebte das entsetzliche Instrument auf mich herab! Tage vergingen — viele Tage mochten vergangen sein, bis es so dicht über mir hin und her sauste, daß mich die raschen Schwingungen wie ein glühender Atem anfächelten! Schon drang der Geruch des scharfen Stahles in meine Nase. Ich betete — ich schrie zum Himmel empor, daß er die Bewegungen des Pendels beschleunige. Ich wurde wie rasend, wie tollwütig und bäumte mich aufwärts, um mich dem gräßlichen Vernichter schneller anheimzugeben. Dann wurde ich plötzlich sehr ruhig, sank zurück und blickte den glitzernden Tod lächelnd an, wie ein Kind ein seltsames Spielzeug.

Es trat ein Zustand völliger Bewußtlosigkeit ein, der aber nicht lange gedauert haben konnte, denn als ich wieder zu mir kam, war keine wesentliche Senkung des Pendels zu bemerken. Doch bewies dies eigentlich nichts, denn ich mußte mir sagen, daß mich von oben herab meine teuflischen Quäler bewachten und während meiner Ohnmacht die Schwingungen nach Belieben aufgehalten haben konnten. Außerdem fühlte ich mich, als ich wieder zu mir kam, sehr elend — ach: unsagbar elend und matt, als hätte ich schon seit langer Zeit keine Nahrung mehr zu mir genommen. Selbst inmitten all dieser Todesqualen forderte die Natur gebieterisch ihr Recht. Mit schmerzhafter Anstrengung streckte ich meinen linken Arm aus, so weit es meine Fesseln erlaubten, und bemächtigte mich der geringen Speisereste, welche die Ratten übriggelassen hatten. Als ich ein Stückchen Fleisch zwischen meine Lippen schob, tauchte in meinem Geist etwas wie ein unbestimmter Gedanke der Freude und Hoffnung auf. Und doch, was hatte ich mit Hoffnung zu tun? Es war, wie ich sagte, nur das unbestimmte Dämmern eines Gedankens, wie es im Menschen so manchmal entsteht und spurlos wieder zerrinnt. Ich fühlte, daß es Freude und Hoffnung bedeutete — aber ich fühlte auch, daß diese Regungen im Entstehen schon wieder in nichts zerflossen. Vergebens, sie festzuhalten. Die lange Qual hatte meine geistigen Fähigkeiten fast vernichtet. Ich war beinahe zum Blödsinnigen, zum Idioten geworden.

Die Schwingungen des Pendels standen im rechten Winkel zu meiner Körperlänge. Ich sah, daß der Halbmond genau mein Herz durchschneiden müsse. Zuerst würde er den Stoff meines Gewandes schlitzen, bei der Rückschwingung den Einschnitt wiederholen — und dann wieder und wieder. — Trotz der entsetzlich weiten Schwingung, die jetzt wohl schon dreißig Fuß betrug, und trotz der sausenden Kraft, mit der das Pendel niederfuhr und die wohl genügt hätte, die eisernen Wände zu spalten, würde sich während einiger Minuten die ganze Wirkung darauf beschränken, mir die Kleider zu zerreißen. Bei diesem Gedanken verweilte ich lange, da ich nicht wagte, weiter darüber hinauszugehen. Ich verharrte bei ihm mit starrer Aufmerksamkeit, als könne ich dadurch den Stahl aufhalten. Ich zwang mich, über das Sausen des Halbmondes, wenn er meine Kleider durchschneiden würde, nachzugrübeln — an das eigentümliche Erschaudern zu denken, das meine Nerven bei dem Zerreißen des Gewandes überlaufen würde. Über all diese Nebensächlichkeiten grübelte ich nach, bis meine Zähne wie im Frost aufeinanderschlugen.

Tiefer, immer tiefer sank das Pendel. Ich fand ein irres Vergnügen daran, die Schnelligkeit der Schwingungen nach oben und nach unten miteinander zu vergleichen. Nach rechts, nach links — auf und ab sauste es, stöhnend, heulend wie ein Verdammter in der Hölle. Auf mein Herz ging es los, mit sicherem, beständigem Schleichtritt wie ein Tiger. Und ich lachte und heulte abwechselnd dazu, je nachdem die eine oder die andere Vorstellung in mir die Oberhand gewann.

Tiefer — immer tiefer, ohne Erbarmen! Nur noch drei Zoll über meinem Herzen sauste das Pendel dahin. Ich machte wilde, wütende Anstrengungen, meinen linken Arm, der bis zum Ellbogen gefesselt war, ganz zu befreien. Wäre es mir gelungen, so hätte ich das Pendel ergriffen und zum Stillstand zu bringen versucht. Doch hätte ich wohl ebensogut wagen können, den Sturz einer Lawine aufzuhalten.

Tiefer sauste es — unaufhörlich, unerbittlich tiefer. Ich rang nach Atem und bot alle Kräfte auf, um mich zu befreien. Bei jeder neuen Schwingung zuckte ich wie von einem Krampf geschüttelt zusammen; meine Blicke folgten dem sausenden Stahl nach oben und nach unten mit dem gierigen Eifer der sinnlosesten Verzweiflung. Wenn er niederfuhr, schlossen sich meine Augen vor irrer Angst, und doch wäre mir der Tod eine Erlösung, eine unaussprechlich heiß ersehnte Erlösung gewesen! Und andererseits schauderte ich bis in meine innersten Fibern bei der Vorstellung, wie wenig sich der fürchterliche Stahl nur noch zu senken brauchte, um meine Brust zu durchschneiden. Was mich so erschauern und meine Nerven erzittern ließ, das war *Hoffnung* —: ja, Hoffnung, die noch in den Kerkern der Inquisition die dem Tode Geweihten umflüstert. Ich sah, daß nach etwa zehn oder zwölf Schwingungen der Stahl in Berührung mit meinen Kleidern kommen müsse; und mit dieser Überzeugung überkam meinen Geist plötzlich die kalte Ruhe der Verzweiflung. Zum ersten Male seit vielen Stunden, ja seit vielen Tagen dachte ich wieder. Es fiel mir plötzlich auf, daß die Gurte, die mich fesselten, aus *einem* Stück bestanden. Ich war an keiner Stelle mit einem einzelnen Riemen festgebunden. Der erste Schnitt des haarscharfen Halbmondes durch irgendeinen Teil meiner Fesseln mußte dieselben so weit lösen, daß es mir gelingen konnte, mich mit meiner freien linken Hand ganz aus ihnen herauszuwickeln. Doch wie fürchterlich war selbst in diesem Falle die nahe Berührung des Stahles! Die geringste Zuckung konnte ja tödlich werden! Überdies war es leicht möglich, daß meine Quäler eine solche Möglichkeit vorausgesehen und ihr vorgebeugt hatten. Wie unwahrscheinlich war es, daß die quer über meine Brust laufende Fessel so angebracht war, daß das Pendel sie treffen würde? Voller Furcht, meine letzte schwache Hoffnung vernichtet zu sehen, reckte ich meinen Kopf, soweit es ging, in die Höhe, um einen Überblick über meine Brust zu erhalten. Meine Glieder und mein Körper waren nach allen Richtungen hin von den Gurten fest umwunden — ausgenommen da, wo der tödliche Halbmond vorüberstreifen mußte!

Kaum war ich in meine frühere Lage zurückgesunken, als in meiner Seele etwas aufblitzte, das ich nicht besser beschreiben kann, als wenn ich es die zweite Hälfte jenes unbestimmten Gedankens an Befreiung nenne, den ich schon vorhin erwähnte, der mir vage und undeutlich vorschwebte, als ich die Speise an meine brennenden Lippen führte. Jetzt stand er vor mir — noch schwach, von der Vernunft kaum gebilligt, doch vollständig und erkennbar. Mit der schaudernden Energie der Verzweiflung machte ich mich sogleich an seine Ausführung.

Seit mehreren Stunden wimmelte es dicht um den hölzernen Rahmen herum, auf dem ich lag, von Ratten. Sie schwärmten mit dreister, gieriger Zudringlichkeit heran und starrten mich mit ihren rötlich glühenden Augen an, als warteten sie nur darauf, mich, sobald ich regungslos daliegen würde, zu verzehren. ›Welcher Art‹, dachte ich mit Grausen, ›mag wohl ihre Nahrung im Brunnen gewesen sein?‹

Sie hatten, trotz all meiner Versuche, sie zu verscheuchen, den Inhalt der Schüssel bis auf einen kleinen Rest verzehrt. Unaufhörlich hatte ich die Hand über dem Speiserest hin und her bewegt, doch zum Schluß war die Bewegung durch ihre fortwährende

Gleichmäßigkeit wirkungslos geworden. Das scharfe Gebiß dieser gefräßigen Tiere hatte oft meine Finger berührt. Mit den kleinen Stückchen der fetten, stark gewürzten Speise, die noch vorhanden waren, rieb ich nun meine Fesseln, so weit ich nur reichen konnte, gründlich ein. Dann zog ich meine Hand zurück und blieb regungslos, mit zurückgehaltenem Atem, liegen.

Anfangs schienen die raubgierigen Tiere durch die Veränderung erschreckt, schienen der plötzlichen Bewegungslosigkeit zu mißtrauen. Sie eilten zum Brunnen zurück, und ich fürchtete schon, sie würden sich nicht mehr heranwagen. Doch dauerte ihre Angst nur einen Augenblick lang. Ich hatte nicht umsonst auf ihre Gefräßigkeit gerechnet. Als sie bemerkten, daß ich regungslos liegenblieb, sprangen ein oder zwei der zudringlichsten auf den Holzrahmen und schnüffelten an den Fesseln herum. Dies schien das Zeichen zu einem allgemeinen Sturm zu sein. In immer neuen Scharen schwärmten sie vom Brunnen heran. Sie klammerten sich an das Holz, stürzten auf den Rahmen und trieben sich zu Hunderten auf meinem Körper herum. Die regelmäßige Schwingung des Pendels beunruhigte sie nicht im mindesten. Sie wichen ihm aus und beschäftigten sich angelegentlichst mit den fettigen Gurten. Immer größere Schwärme wimmelten heran. Sie krochen über meine Kehle, ihre kalten Schnauzen berührten oft meine Lippen; ich war dem Ersticken nahe; ein Ekel, der sich nicht in Worte fassen läßt, krampfte mir den Magen zusammen und erfülllte mich mit eisiger Übelkeit. Doch hielt ich standhaft aus, da ich fühlte, daß der Kampf nicht mehr lange dauern könne. Deutlich spürte ich, wie meine Fesseln sich lockerten, sie mußten schon an mehr als einer Stelle zernagt sein. Mit übermenschlicher Willenskraft blieb ich still.

Ich hatte mich in meinem Berechnungen nicht geirrt, und meine Standhaftigkeit schien belohnt zu werden. Ich fühlte, daß ich frei war! Der Gurt hing in Fetzen um meinen Körper herum. Doch schon berührte das Pendel meine Brust. Der Stoff meines Gewandes war schon geschlitzt, selbst das Hemd darunter war schon durchschnitten worden. Noch zweimal schwang das Pendel, und durch jede Fiber meines Leibes zuckte ein schauerlich durchdringendes Schmerzgefühl. Doch der Augenblick der Rettung war gekommen. Auf eine feste Bewegung meiner Hand stürzten meine Befreier erschreckt von dannen. Vorsichtig, langsam, zusammengekrümmt machte ich eine seitliche Schwenkung und glitt aus meinen Fesseln und dem Bereich des fürchterlichen Stahls auf die Erde nieder. Für den Augenblick wenigstens war ich frei.

Frei! In den Klauen der Inquisition sein und von Freiheit reden! Kaum war ich von meinem hölzernen Schreckenslager auf den Steinboden meines Gefängnisses herabgeglitten, als die Bewegung der höllischen Maschinerie aufhörte. Ich sah, wie sie von einer unsichtbaren Kraft zur Decke emporgezogen wurde, und neue Verzweiflung zerriß mir das Herz. Man überwachte also jede meiner Bewegungen! Frei! — Ich war nur *einer* Art von Todesqual entgangen, um einer schlimmeren überliefert zu werden. Bei diesem Gedanken schweiften meine entsetzten Blicke unwillkürlich an den eisernen Mauern, die mich umschlossen, entlang. Irgendeine Veränderung, über die ich mir im ersten Augenblick noch nicht recht klar wurde, hatte stattgefunden, irgend etwas Ungewöhnliches war im Raum vor sich gegangen. Mehrere Minuten lang quälte ich mich, in einer grausenerfüllten, traumhaften Versunkenheit befangen, mit unmöglichen, irren Vermutungen ab. Dann bemerkte ich zum erstenmal den Ursprung des schwefeligen Lichtes, das meinen Kerker erfüllte. Es drang aus einem vielleicht einen halben Zoll breiten Spalt hervor, der am Fuß der Wände den ganzen Kerker entlanglief, so daß sie vollständig vom Fußboden getrennt waren. Ich bemühte mich, durch die Rinne hinunterzuspähen, jedoch vergeblich.

Als ich mich nach diesem Versuch wieder erhob, wurde mir plötzlich klar, worin die geheimnisvolle Veränderung meiner Zelle bestand. Ich sagte schon, daß die Umrisse der an den Wänden befindlichen Abbildungen deutlich hervortraten, die Farben hingegen matt und verblaßt erschienen. Diese Farben begannen jetzt von Augenblick zu Augenblick schreckhafter aufzuleuchten und verliehen den gespensterhaften, teuflischen Fratzen einen Anblick, der stärkere Nerven als meine zerquälten mit unerträglichem Grausen erfüllt haben würde. Dämonische Augen mit wilden, geisterhaften Blicken starrten mich plötzlich aus dunklen Ecken an und glühten mit so düsterem Feuerglanz zu mir her, daß ich mich nicht zwingen konnte, sie nur für eine Vorspiegelung meiner gemarterten Phantasie zu halten.

Vorspiegelung! — Schon drang beim Atemholen der Dunst von glühendem Eisen in meine Nase. Ein erstickender Qualm begann den Kerker zu erfüllen. Mit jeder Sekunde erglühten die Augen, die auf meine Todesqualen niedergrinsten, in wüsterem Feuerschein. Die gemalten blutigen Schauerszenen färbten sich blutiger. Schüttelnd riß ein Grausen an mir! Ich keuchte! Ich erkannte die Absicht meiner Quäler — dieser entmenschten Teufel! Ich floh vor dem glühenden Eisen in die Mitte der Zelle. In dem unsagbaren Grauen vor der feurigen Vernichtung, die mich erwartete, kam mir plötzlich wie lindernder Balsam der Gedanke an die Kühle des Brunnens. Ich beugte mich über seinen gefährlichen Rand und spähte scharf hinunter. Ein feuriger Schein fiel von der glühenden Decke und beleuchtete seine verborgensten Winkel. Doch sträubte sich mein Geist einen gräßlichen Augenblick lang, das, was ich da sah, für möglich zu halten. Endlich drängte sich die Wahrheit meiner Seele mit unwiderstehlicher Gewalt auf – brannte sich mit unerhörten Zügen in meine schaudernde Vorstellung. Wer könnte aussprechen, was ich sah? Jedes andere Schrecknis – nur nicht dies! Mit einem Schrei stürzte ich von dem Brunnenrand fort.

Die Hitze nahm rasch zu, und wie irrsinnig starrte ich noch einmal zur Decke empor. Eine zweite Veränderung hatte sich vollzogen, und zwar diesmal in der Form des Kerkers. Wie früher bemühte ich mich, zuerst vergeblich, ihren Zweck zu erkennen. Doch blieb ich nicht lange im Zweifel. Mein zweimaliges Entkommen hatte die Wut der Inquisitoren zum Äußersten getrieben, und sie zögerten nicht, all ihren Grausamkeiten noch die letzte, fürchterlichste folgen zu lassen.

Der Kerker war ursprünglich rechtwinkelig gewesen, jetzt sah ich, daß zwei seiner eisernen Ecken spitzwinkelig, die beiden anderen also stumpfwinkelig geworden waren. Mit leisem Knarren ging die furchtbare Verschiebung vor sich. Einen Augenblick später hatte der Raum die Gestalt eines verschobenen Quadrats. Doch hielt die Bewegung hier nicht an – ich hatte es auch weder gehofft noch gewünscht. Ich hätte ja die glühenden Wände wie ein Totenhemd, das mir die ewige Ruhe versprach, an meine Brust drücken mögen! »Tod!« rief ich sehnsüchtig aus; denn willkommen war mir jeder Tod – nur nicht der Tod in der Grube! Ich Narr! Begriff ich denn immer noch nicht, daß das glühende Eisen keinen anderen Zweck hatte, als mich in den Brunnen hineinzutreiben? Konnte ich die Glut ertragen? Und wäre dies auch möglich: mußte ich nicht der pressenden Gewalt der wandelnden Wände weichen? – Enger und enger und so schnell, daß mir keine Zeit zum Grübeln blieb, schob sich das Viereck zusammen. Schon stand sein Mittelpunkt, der breiteste Raum zwischen den Eisenwänden, gerade über dem gähnenden Abgrund des Brunnens. Ich schauderte zurück – die Wände drängten mich wieder vor. Endlich war für meinen zuckenden wunden Körper nur noch ein Zoll Raum auf dem Boden geblieben. Ich kämpfte nicht länger; die Todesangst meiner Seele schrie in einem einzigen lauten Schrei der Verzweiflung zum Himmel auf. Ich fühlte, daß ich auf dem Rande schwankte –

– ich hörte ein verworrenes Geräusch menschlicher Stimmen! Dann ein polterndes Rollen wie von tausend Donnern! Und jetzt ein lautes Signal wie von vielen Trompeten, die durcheinander schmetterten. Es krachte – dröhnte! Die feurigen Wände fuhren zurück! Ein ausgestreckter Arm ergriff den meinen, im Augenblick, da ich schon besinnungslos über dem Abgrund wankte. Es war General Lasalle. Die französische Armee war in Toledo eingezogen. Die Inquisition befand sich in den Händen ihrer Feinde.

WILLIAM WILSON

Gestatten Sie mir, mich heute William Wilson zu nennen. Die unbeschriebene reine Seite, die jetzt vor mir liegt, möchte ich nicht gern mit einem Namen beflecken, der schon zu oft meiner Familie Gelegenheit geboten hat, sich mit Abscheu von mir abzuwenden und mich mit Schrecken zu fliehen. Haben nicht die unwilligen Winde seine Schmach bis in die entlegensten Länder der Erde getragen? Oh, ich Verworfenster aller Verworfenen: bin ich nicht auf immer tot für die Welt, für ihre Ehren, ihre Freuden, ihre goldenen Sehnsüchte? Und hängt nicht eine undurchdringliche Wolke von nun an auf ewig zwischen meinen Hoffnungen und dem Himmel?

Selbst wenn ich es könnte, möchte ich diese Seiten nicht mit der Erinnerung an das unaussprechliche Elend und die unsühnbaren Verbrechen meiner letzten Jahre beschmutzen. Ich will nur erzählen, was mich zu all den Schändlichkeiten, die sich schließlich so erschreckend häuften, getrieben hat. Die Menschen sinken gewöhnlich nur nach und nach. Doch von mir fiel in *einem* Augenblick alle Tugend ab gleich einem Mantel; wie getroffen von dem Stoß eines Riesen stürzte ich aus einer immerhin noch menschlichen Bösartigkeit in die tiefsten Abgründe der Verworfenheit. Gestatten Sie mir, Ihnen ausführlich zu erzählen, welcher Zufall – welch seltsame Begebenheit diesen Fluch über mich brachte. Mir naht der Tod, und die Schatten, die er vor sich herwirft, breiten eine leise Beruhigung über meine Seele aus. Da ich nun das finstere Tal durchschreiten soll, verlangt mich nach dem Mitgefühl, fast hätte ich gesagt, nach dem Mitleid der Menschen. Ich möchte Ihnen gern zeigen, daß ich zum Teil der Sklave von Mächten gewesen bin, über die wir Menschen niemals Herr werden können. Ich möchte, daß Sie in den Einzelheiten, die ich gleich erzählen will, des Schicksals Unerbittlichkeit wie eine kleine Oase in der Wüste meiner Verirrungen entdecken. Ich möchte, daß Sie eingestehen, was Sie nicht verbergen können – daß auf der Welt, die doch schon viele Versuchungen gesehen hat, noch kein Mensch so wie ich versucht wurde, keiner wie ich unterlag. Hat deshalb auch noch niemand so gelitten wie ich? Habe ich vielleicht in einem Traum gelebt? Und sterbe ich als Opfer einer schreckhaften, geheimnisvollen Selbsttäuschung?

Ich bin der Abkömmling eines Geschlechtes, an dem von alters her eine starke Einbildungskraft und ein leicht erregbares Gefühlsleben auffiel; und schon meine erste Kindheit bewies, daß das Wesen meiner Voreltern vollständig auf mich übergegangen war. Je älter ich wurde, desto mehr prägte es sich aus und gab meinen Freunden tausend Gründe, besorgt um mich zu sein und mich mit einem gewissen Vorurteil zu behandeln. Ich wurde eigensinnig, überließ mich den wildesten Launen, wurde bald die Beute zügellosester Leidenschaftlichkeit. Meine Eltern, die ziemlich willensschwach waren und außerdem an den gleichen Erbfehlern litten, konnten nicht allzuviel tun, um meinen verderblichen Neigungen Einhalt zu gebieten. Ein paar schwache, schlechtüberlegte Versuche ihrerseits mißlangen gänzlich und verhalfen mir zu einem vollständigen Siege: meine Stimme wurde mehr und mehr Gesetz im Haus, und in einem Alter, in dem die meisten Kinder noch am Gängelband gehen, war ich in allem mein eigener Herr.

Die ersten Erinnerungen aus meinem Schülerleben sind mit der Vorstellung eines riesigen, seltsamen Hauses im Elisabethanischen Stil eng verbunden. Es lag in einem nebligen Städtchen in England, dem die alten Häuser und knorrigen Bäume ein ehrwürdiges, beruhigendes Aussehen verliehen. Noch jetzt, wenn ich zurückdenke, fühle ich die erquickende Kühle langer schattiger Alleen, atme ich den Duft von tausend Büschen und gerate in ein unerklärliches Entzücken über die tiefen dunklen Töne der Kirchenglocken, die allstündlich mit verschleiertem Brausen die ruhigen Nebel durchbrachen, in die der gezackte gotische Turm eingebettet ruhte.

Diese deutlichen Erinnerungen an meine Schulzeit und alles, was mit ihr zusammenhängt, bereiten mir heute vielleicht den einzigen Genuß, den ich noch empfinden kann. Da ich so tief ins Unglück geraten bin — in ein Unglück, das ich nur zu deutlich spüre —, wird man mir wohl verzeihen, daß ich in der Aufzählung jener unbedeutenden Einzelheiten eine kleine Erleichterung suche. So lächerlich sie vielleicht auch an sich sein mögen: in meiner Phantasie nehmen sie einen wichtigen Platz ein, da sie einem Lebensabschnitt und einem Ort angehören, die mich die ersten unklaren Äußerungen jenes Schicksals empfinden ließen, das mich später erbarmungslos zugrunde richten sollte. Gestatten Sie mir also diese kurzen Erinnerungen.

Das Haus, ich sagte es schon, war alt und unregelmäßig gebaut, das Grundstück selbst sehr groß und rings von einer hohen Ziegelsteinmauer umgeben, die oben mit Mörtel bedeckt war, in dem zahllose Glasscherben steckten. Diese Befestigung, die fast an ein Gefängnis erinnerte, bildete die Grenze unseres Reiches, die wir nur dreimal in der Woche überschreiten durften. Jeden Samstag nachmittag unternahmen wir nämlich in Begleitung zweier Unterlehrer einen kurzen Spaziergang in die umliegenden Felder, und zweimal des Sonntags gingen wir, in Reih und Glied wie Paradetruppen, zu dem vor- und nachmittägigen Gottesdienst in die einzige Kirche des Städtchens. Der Vorsteher unserer Schule war zugleich Pfarrer des Ortes. Mit welch tiefem Erstaunen betrachtete ich ihn von unseren Stühlen auf dem Chor aus, wenn er mit feierlichem und langsamem Schritt zur Kanzel hinaufstieg! Dieser ehrwürdige Mann, in dem leuchtenden, wallenden Priesterornat, mit dem demütigen, gottseligen Antlitz, der sorgfältig gepuderten, steifen, riesigen Perücke — konnte er derselbe sein, der noch gestern mit verbittertem Gesicht, in tabakbeschmutzten Kleidern, den Stock in der Hand, den drakonischen Gesetzen der Schule Geltung verschaffte? Mir war und blieb es ein Rätsel!

In einem Winkel der massiven Umfassungsmauer unseres Pensionats dräute ein noch massiveres Tor. Es war durch eisernes Gestänge fest verschlossen und lief oben in spitze Eisenzapfen aus. Welch tiefe Furcht flößte uns sein Anblick ein! Es öffnete sich nie, außer für die drei Aus- und Eingänge, von denen ich schon gesprochen habe; und dann tönte es uns aus jedem Knarren seiner mächtigen Angeln wie ein Geheimnis entgegen — es gab uns Anlaß zu einer ganzen Welt von feierlichen Bemerkungen, von noch feierlicheren Betrachtungen. Der weite, umfriedete Raum war von unregelmäßiger Ausdehnung und in mehrere große Teile geteilt, von denen drei oder vier unseren Spielplatz bildeten. Er war geebnet und mit feinem, hartem Kies bestreut. Ich erinnere mich genau, daß weder Bäume noch Bänke auf ihm standen. In öder Leere zog er sich hinter dem Haus her, vor dessen Vorderfront sich ein kleiner Rasenplatz befand, auf dem Buchsbaum und ähnliches Gesträuch wuchs; wir Schüler durchschritten dies geheiligte Land nur bei sehr seltenen Gelegenheiten, bei der ersten Ankunft in der Schule oder bei der endgültigen Abreise, oder vielleicht, wenn ein Freund oder ein Verwandter uns einlud und wir freudig in den Weihnachts- oder Sommerferien eine Reise zu ihm antraten.

Aber nun das Haus! — Welch sonderbares altes Gebäude! Mir erschien es immer wie ein Schloß voller Verzauberungen! Man konnte sich in seinen gewundenen Korridoren, in seinen zahllosen Nischen und Schlupfwinkeln verlieren. Wenn man plötzlich gefragt wurde, war es oft schwer zu sagen, auf welcher von den beiden Etagen man sich befand. Wollte man von einem Zimmer in ein anderes, so mußte man jedesmal drei oder vier Stufen hinauf-

oder hinuntersteigen. Dann gab es zahllose Seitengänge, die sich krümmten und wieder zurückkrümmten, so daß unsere Vorstellung von dem ganzen Gebäude der Idee merkwürdig nahe kam, die wir uns von der Unendlichkeit machten. Während der fünf Jahre meines Aufenthaltes in der Schule habe ich nie gewußt, in welchem Teil des Gebäudes eigentlich der kleine Schlafsaal lag, in dem ich mit achtzehn oder zwanzig Mitschülern schlief.

Das Schulzimmer war der größte Raum im Hause oder, wie ich damals glaubte, auf der ganzen Welt. Es war sehr lang, schmal, niedrig und finster, hatte spitze gotische Fenster und einen eichengetäfelten Plafond. In einer entfernten, Schreck einflößenden Ecke befand sich ein umgittertes Viereck von acht oder zehn Fuß Größe; es war während des Unterrichts das Allerheiligste unseres Schulleiters, Hochwürden Doktor Bransby. Eine mächtige Tür führte hinein, und ich glaube, jeder von uns hätte eher ein hochnotpeinliches Halsgericht über sich ergehen lassen, als gewagt, sie in Abwesenheit des Dominus zu öffnen. In den anderen Winkeln waren zwei ähnliche Verschläge, die wir mit geringerer Ehrfurcht, aber immerhin noch ängstlich genug, betrachteten. In dem einen befand sich das Katheder des Lehrers der klassischen Sprachen, in dem zweiten das des Mathematiklehrers. Im Saal standen unzählige Bänke und Pulte kreuz und quer und in der schönsten Unregelmäßigkeit durcheinander, mit zerlesenen Büchern beladen, schwarz, alt, abgenutzt, mit Initialen, ganzen Namen, grotesken Figuren und zahlreichen anderen Meisterwerken der Taschenmesserkunst bedeckt, so daß sie ihr bißchen eigenes Aussehen, das sie vielleicht in früheren, längstvergangenen Zeiten einmal besaßen, vollständig verloren hatten. An dem einen Ende des Saales stand immer ein riesiger Eimer mit Wasser, an dem anderen eine Uhr von ganz ungeheuren Dimensionen.

Hinter den massiven Mauern dieses ehrwürdigen Schulgebäudes verlebte ich also meine Knabenjahre, und zwar ohne Langeweile und Mißbehagen. Der überschäumend fruchtbare Geist des Kindes bedarf ja keiner Ereignisse der äußeren Welt, um Beschäftigung und Erheiterung zu finden. Die düstere Monotonie der Schule barg für mich einen Überfluß an Erregungen, die stärker waren als alle, die meine reifere Jugend der Wollust und meine volle Männlichkeit dem Verbrechen verdankte. Ich bin zu der Überzeugung gekommen, daß meine erste intellektuelle Entwicklung zum großen Teil ganz ungewöhnlich, ja sogar krankhaft gewesen sein muß. Im allgemeinen haben die Menschen im reifen Alter nur eine sehr undeutliche Erinnerung an die Ereignisse ihrer frühen Kindheit. Alles verschwimmt in ein Grau, aus dem sich nur schwach und undeutlich das Andenken an kleine Freuden und nebelhafte, unbestimmte Leiden abhebt. Bei mir war es nicht so. Ich muß schon als Kind mit dem ausgebildeten Empfindungsleben eines Erwachsenen alles das gefühlt haben, was ich jetzt in so bestimmten Linien und tief und unverwischbar wie die Inschrift auf karthagischen Denkmünzen in mein Gedächtnis eingeprägt finde.

Und doch, wie wenig — das heißt: wenig vom gewöhnlichen Standpunkt der Welt aus — Erinnerungswertes erlebte ich eigentlich! Für mich war das gemeinsame Aufstehen des Morgens, der Ruf zu Bett des Abends, die Unterrichtsstunden, die regelmäßigen halben Feiertage mit ihren Spaziergängen, der Spielplatz mit seinem Zeitvertreib, seinen kleinen Hinterlistigkeiten, seinen Streitereien — alles das, was ich wie durch Zauberei nun schon so lange Zeit vergessen hatte — eine überströmende Quelle von Erregungen, eine ganze ereignisreiche Welt wichtiger Geschehnisse, eine Unendlichkeit von tausendfältigen Bewegungen, von wühlenden Leidenschaftlichkeiten. *Oh! le bon temps, que ce siècle de fer!*

Mein glühendes, begeisterndes, gebieterisches Wesen verlieh mir bald eine Sonderstellung unter meinen Mitschülern und nach und nach natürlicherweise ein Übergewicht über alle, die nicht bedeutend älter waren als ich — über alle, einen einzigen ausgenommen! Es war ein Schüler, der, obwohl er nicht im mindesten mit mir verwandt war, doch den gleichen Tauf- und Familiennamen trug, ein Umstand, der an sich wenig Bemerkenswertes hatte, denn mein Name war, trotz seines adeligen Ursprungs, so landläufig, als sei er einmal vor undenklichen Zeiten durch Verjährung ein Freigut für die Menge geworden. In dieser Geschichte habe ich mich William Wilson genannt — dieser vorgeschobene Name ist dem wirklichen nicht allzu unähnlich.

Mein Namensvetter allein wagte es, mit mir zu wetteifern, in den Schulstunden sowohl wie in den Spielen und Streitreden während der Erholungszeit, er allein verweigerte meinen Behauptungen blinden Glauben und vollständige Unterwerfung unter meinen Willen, kurz — er lehnte sich in allen nur möglichen Fällen gegen meine Oberherrschaft auf. Wenn es aber jemals auf der Welt einen vollständigen, rücksichtslosen Despotismus gibt, so ist es der, den ein eigenartiges Kind über die weniger entwickelten Geister seiner Kameraden ausübt.

Die Unbotmäßigkeit Wilsons setzte mich oft in Verlegenheit — und zwar um so mehr, als ich trotz der Großspurigkeit, mit der ich ihn und seine Anmaßungen öffentlich behandeln zu müssen glaubte, im Grunde fühlte, daß ich ihn fürchtete. Und ich konnte nicht umhin, die Gleichberechtigung, die er sich mir gegenüber so leicht erworben hatte, für einen Beweis seiner Überlegenheit zu halten; überdies kostete es mich einen fortwährenden Kampf, meine Stellung ihm gegenüber zu behaupten. Doch fiel nur mir allein diese Überlegenheit oder vielmehr Gleichwertigkeit auf; unsere Kameraden schienen unerklärlicherweise nichts von ihr zu bemerken. Allerdings äußerte sich seine Nebenbuhlerschaft und vor allem sein zähes, heftiges Widerstreben gegen meine Herrschaft ebenso geheim wie bestimmt. Äußerlich schien es, als besitze er nicht im geringsten den Ehrgeiz, der mich zu herrschen antrieb, noch die leidenschaftliche Kraft, mit der ich mich durchsetzte. Man hätte glauben können, daß ihn einzig und allein ein phantastischer Wunsch antrieb, mir zuwiderzuhandeln, mich in Erstaunen zu setzen und zu quälen; obwohl ich nicht umhin konnte, hin und wieder mit einem Gefühl von Verwunderung, Demütigung und Zorn wahrzunehmen, daß seine Beleidigungen und Widerspenstigkeiten unter dem Mantel einer ganz unangebrachten und mir höchst unwillkommenen Zuneigung geschahen. Ich konnte mir sein sonderbares Betragen nur als die Frucht eines grenzenlosen Eigendünkels erklären, der sich hinter dem Scheingebaren liebenswürdigsten Wohlwollens versteckte.

Vielleicht war es gerade dieser Zug in Wilsons Betragen, der, bei der Gleichheit unseres Namens und dem Zufall, daß wir am selben Tag in die Schule eingetreten waren, in den oberen Klassen die Meinung verbreitet hatte, wir seien Brüder. Ich habe jedoch vorhin schon gesagt, daß Wilson nicht im entferntesten mit mir und meiner Familie verwandt war. Doch falls wir Brüder gewesen wären, hätten wir sogar Zwillinge sein müssen; denn beim Austritt aus der Schule erfuhr ich zufällig, daß mein Namensvetter am 19. Januar 1813 geboren war — ein wirklich merkwürdiger Umstand, denn auch ich hatte an diesem Tage das Licht der Welt erblickt.

Es mag seltsam erscheinen, daß ich Wilson trotz der fortwährenden Angst, die mir seine Nebenbuhlerschaft und sein unerträglicher Widerspruchsgeist bereiteten, doch eigentlich nicht hassen konnte. Wir hatten fast jeden Tag irgendeinen Streit miteinander, bei dem er mir immer zum Schluß öffentlich die Siegespalme überließ, freilich in einer Art und Weise, die mir klarmachen mußte, daß *er* sie eigentlich verdient habe. Doch ein Gefühl des Stolzes meinerseits und eine wirkliche Würde seinerseits ließen uns nie die Grenzen der Höflichkeit überschreiten. Überdies zeigten unsere Charaktere so viel gleiche Züge, daß nur die gegnerische Stellung meine Gefühle zu ihm nicht in wahre Freundschaft ausreifen ließ. Es ist sehr schwer, die Empfindungen, die er mir einflößte, zu erklären oder gar zu beschreiben. Es war ein buntscheckiges, widerspruchsvolles Gemisch, eine eigensinnige Feindseligkeit, die, wie gesagt, kein Haß war, etwas Achtung, mehr mißtrauische Bewunderung, viel Furcht und eine unendlich unruhige Neugierde. Hinzuzufügen, daß Wilson und ich die unzertrennlichsten Gefährten waren, ist eigentlich ganz unnötig.

Wahrscheinlich lag es an dieser so außergewöhnlichen Stellungnahme zueinander, daß alle meine Angriffe auf Wilson — die offenen sowohl wie die versteckten: sie waren gleich zahlreich — sich in das Gewand des Scherzes und der Ironie kleideten. Ich wußte ja zu gut, wie ausgezeichnet das verwunden konnte. Aber meine Anstrengungen waren durchaus nicht immer von Erfolg gekrönt, oft selbst dann nicht, wenn ich meinen Plan auf das schlaueste eingefädelt zu haben glaubte; denn mein Namensvetter hatte in seinem Charakter so viel strenge Ruhe und zurückhaltende Würde, daß er, der so gut die Früchte eigener Spöttereien zu ernten verstand, keine Achillesferse darbot und nicht lächerlich zu machen war. Ich fand bei ihm nur *einen* wunden Punkt, der noch dazu seinen Ursprung in einem physischen Übel hatte und den jeder Gegner, falls er nicht, wie ich, vollständig am Ende seiner Wissenschaft angekommen gewesen wäre, geschont hätte: mein Rivale litt an einer Schwäche der Sprachorgane, die ihn hinderte, seine Stimme über ein leises Flüstern zu erheben. Ich verfehlte nicht, aus diesem Defekt all den armseligen Vorteil zu ziehen, den er mir gewähren konnte.

Wilson rächte sich dafür in verschiedener Weise; doch reizte er mich vor allem durch eine ganz besondere Boshaftigkeit, die mich stets vollständig außer Fassung brachte. Es ist mir nie klargeworden, wie er es herausgefunden hatte, daß eine so bedeutungslose Kleinigkeit mich verletzen könne, aber nachdem er es einmal bemerkt hatte, wandte er die Tortur hartnäckig an. Ich hatte von jeher eine lebhafte Abneigung gegen meinen unglückseligen, uneleganten Familiennamen und noch trivialeren, ja fast plebejischen Taufnamen. Seine Silben waren Gift für meine Ohren, und als am Tage meiner Ankunft ein zweiter William Wilson in die Schule eintrat, wurde ich schon wütend auf ihn, bloß weil er diesen Namen trug, und doppelt abgestoßen von dem Namen, bloß weil ihn ein Fremder trug, der von nun ab beständig in meiner Nähe leben würde und schuld war, daß ich die verhaßten Laute, die obendrein noch oft veranlaßten, daß man meine Angelegenheiten mit den seinen verwechselte, nun doppelt so oft hören mußte.

Das Gefühl der Erbitterung, das dieser Umstand hervorgerufen hatte, wurde noch bei jeder Gelegenheit verstärkt, bei der wieder eine der vielen Ähnlichkeiten zwischen meinem Rivalen und mir zum Vorschein kamen. Damals war mir die sonderbare Tatsache, daß wir genau gleichaltrig waren, noch nicht bekannt; doch sah ich voll Zorn, daß wir die gleiche Größe hatten und daß sogar die Hauptumrisse unserer Gestalt und unseres Antlitzes eine auffallende Ähnlichkeit aufwiesen. Nicht weniger entrüstet war ich über das Gerücht, das uns als Verwandte bezeichnete und das in den oberen Klassen allgemein geglaubt wurde. Kurz — nichts konnte mich ernstlicher beunruhigen (obwohl ich meine Empfindungen mit größter Sorgfalt verbarg) als eine Anspielung auf die geistige oder persönliche Gleichartigkeit zwischen uns. Dabei hatte ich nicht den geringsten Grund, anzunehmen, daß diese Gleichartigkeit, abgesehen von dem schnell entstandenen Gerücht unserer Verwandtschaft, jemals von einem unserer Mitschüler zur Sprache gebracht oder auch nur bemerkt wurde; daß sie Wilson selbst jedoch, gerade so wie mir, mit all ihren Einzelheiten auffiel, war klar; doch daß er diesen Umstand so oft und so erfolgreich zu Quälereien zu benutzen wußte, kann ich nur seinem ungewöhnlichen Scharfsinn zuschreiben.

Wenn er mir antwortete, ahmte er meine Gesten und Worte in ganz bewundernswerter Weise nach, es war ihm ein leichtes, meine Kleidung zu kopieren, ohne Schwierigkeit eignete er sich alle Kennzeichen meines Ganges und meiner Haltung an; trotz seines organischen Fehlers imitierte er sogar meine Stimme. Natürlich konnte er nicht laut sprechen, aber das Timbre war das gleiche, und sein sonderbares Flüstern klang wie mein wahrhaftiges Echo.

Wie sehr mich dies merkwürdige Porträt (ich kann es nicht einmal eine Karikatur nennen) quälte, ist nicht zu sagen. Ich hatte nur einen Trost – eben den, daß seine Imitation anscheinend nur von mir bemerkt wurde und daß *mir* allein das geheimnisvolle und sonderbar wissende Lächeln meines Namensvetters auffiel. Zufrieden damit, seinen Zweck erreicht zu haben, schien er sich nur im geheimen an dem Anblick der Verwundungen, die er mir beibrachte, zu laben und den allgemeinen Beifall, den sich sein Scharfsinn leicht hätte verschaffen können, hochmütig zu verschmähen. Daß meine Kameraden seine Absicht und seine gelungene Schauspielerei tatsächlich nicht bemerkten und nicht an seinem Hohn teilnahmen, war mir manchen qualvollen Monat hindurch ein unauflösbares Rätsel. Vielleicht hatte dies seinen Grund in dem langsamen, gradweisen Entstehen der Kopie, oder noch wahrscheinlicher in der Meisterschaft meines Kopisten, der alles *Buchstäbliche* – an dem weniger scharfsinnige Menschen allein eine Imitation erkennen – verschmähte und dafür den Geist des Originals zu meinem größten Staunen und Verdruß auf das vollkommenste wiedergab.

Ich habe schon von seinem widerwärtig wohlwollenden Benehmen mir gegenüber gesprochen und von seinem beständigen Auflehnen gegen meine Beschlüsse, das noch dazu oft in der verhaßten Gestalt eines Rates geschah, den er nicht einmal offenherzig erteilte, sondern nur durchblicken ließ und unvermerkt suggerieren wollte. Ich nahm diese Ratschläge mit einem Abscheu entgegen, der mit den Jahren stetig wuchs. Doch heute, nach so langer Zeit, muß ich meinem Quäler wenigstens Gerechtigkeit widerfahren lassen, muß anerkennen, daß keine seiner Suggestionen zu den Torheiten und Irrtümern zu rechnen ist, die bei jungen Leuten seines unreifen Alters und seiner scheinbaren Unerfahrenheit nur zu erklärlich gewesen wären; daß sein sittliches Bewußtsein, vielleicht auch seine allgemeinen Kenntnisse weit fester gegründet waren als die meinigen und daß ich heute ein besserer und deshalb glücklicherer Mensch wäre, hätte ich die Ratschläge, die er mir in seinem bedeutungsvollen, verhaßten, verabscheuten Flüstern zukommen ließ, weniger häufig zurückgewiesen.

Nach und nach empörte ich mich immer heftiger gegen die widerwärtige Beaufsichtigung, die er mir angedeihen ließ, und wandte mich von Tag zu Tag offener gegen das, was ich für unerträgliche Anmaßung hielt. Ich habe auch schon gesagt, daß meine Gefühle während der ersten Jahre unseres Zusammenseins leicht in eine Freundschaft für ihn hätten ausreifen können; doch in den letzten Monaten meines Aufenthaltes in der Schule verwandelten sie sich fast in Haß, und zwar sonderbarerweise in demselben Verhältnis, in dem er von seinen lästigen Nachahmungen Abstand zu nehmen schien. Bei irgendeiner Gelegenheit bemerkte er es und mied mich von da an oder tat wenigstens so.

In dieser Zeit, wenn ich mich recht erinnere, gerieten wir einmal in einen Streit, bei dem ihn seine gewöhnliche Zurückhaltung verließ. Er sprach und bewegte sich mit einer Ungebundenheit, die seiner Natur sonst ganz fremd war, und ich entdeckte — oder bildete mir ein, es zu tun — in seinem Tonfall, in seinen Mienen, in seiner ganzen Erscheinung ein Etwas, das mich zuerst erschreckte und dann auf das tiefste interessierte, da es nebelhafte Visionen aus meiner ersten Kindheit in mir wachrief — seltsame, verwirrte, zusammengedrängte Vorstellungen aus einer Zeit, in der mein Gedächtnis noch nicht geboren war. Ich kann dies Gefühl, das mich bedrückte, nicht besser erklären, als wenn ich sage, daß ich mich des Gedankens nicht erwehren konnte, ich hätte das Wesen, das da vor mir stand, schon einmal — in lange vergangener Zeit, in einer lange verschwundenen Vergangenheit — gekannt. Diese Vorstellung erlosch jedoch so schnell wie sie gekommen war, und ich erwähne sie überhaupt nur, um den Tag der letzten Unterredung mit meinem eigentümlichen Namensgenossen näher zu bestimmen.

Das alte, riesige Gebäude mit seinen zahllosen Unterabteilungen enthielt mehrere große Zimmer, die miteinander in Verbindung standen. Es waren die Schlafsäle, die für den größten Teil der Schüler ausreichten. Außerdem gab es noch (dies war bei dem bizarren Bauplan, nach dem das Haus errichtet war, ja unausbleiblich) eine Menge Kämmerchen und Schlupfwinkel, die die kluge Sparsamkeit des Doktor Bransby ebenfalls zu Schlafzimmern hatte her-

richten lassen, obwohl sie nur für einen einzigen Raum enthielten. In einem dieser kleinen Kabinette schlief Wilson.

Eines Nachts, gegen Ende meines fünften Schuljahres und kurz nach dem Wortwechsel, von dem ich eben gesprochen habe, erhob ich mich, als alles in tiefstem Schlafe lag, von meinem Bett und stahl mich mit meiner Lampe durch eine Irrsal enger Gänge aus meinem Schlafzimmer in die Kammer meines Rivalen. Ich hatte mir seit langer Zeit einen Schabernack ausgedacht und wollte ihn einmal die ganze Bosheit, die mich erfüllte, auskosten lassen. Geräuschlos trat ich ein und ließ meine Lampe, deren Licht ich durch einen Schirm dämpfte, an der Tür stehen; dann kam ich einen Schritt näher und lauschte auf seine ruhigen Atemzüge. Da ich nun sicher war, daß er schlief, holte ich das Licht und näherte mich von neuem dem Bett. Es war von Vorhängen umgeben, die ich langsam und leise zurückschob. Die Lichtstrahlen fielen voll auf den Schläfer, und zu gleicher Zeit blieben meine Augen auf seinem Angesicht haften. Ich blickte ihn an — und ein Gefühl der Betäubung, der Erstarrung durchfuhr meinen ganzen Körper. Mein Herz schlug wie rasend, meine Knie zitterten, mein ganzes Wesen wurde von einem unerträglichen und unerklärlichen Schreck durchschüttelt. Ich rang nach Atem und näherte die Lampe noch mehr seinem Gesicht. Waren dies — *dies* die Züge William Wilsons? Ich sah ja, daß es die seinen waren, und doch zitterte ich wie im Fieberfrost, da ich mir einbildete, sie seien es *nicht*. Was war denn jetzt an ihnen, daß sich mein Urteil über sie verwirren konnte? Ich betrachtete sie von neuem — und tausend unzusammenhängende Gedanken durchwirbelten mein Gehirn. *So* sah er doch nicht aus, *so* erschien er mir doch nicht in den Stunden des Wachseins. Der gleiche Name! Dieselben Züge! Der gleiche Antrittstag in der Schule! Und dann seine bissige, unerklärlich richtige Nachahmung meiner Haltung, meiner Stimme, meiner Kleidung, meines ganzen Gebarens? War es menschlich denkbar, daß das, *was ich nun sah,* nur das Resultat seiner gewohnheitsmäßigen Nachahmung meiner Persönlichkeit war? Schauder überlief mich. Tief erschrocken löschte ich meine Lampe und schlich geräuschlos in mein Zimmer zurück. Bald darauf verließ ich die Hallen der alten Schule, um sie nie wieder zu betreten.

Nach Verlauf einiger Monate, die ich bei meinen Eltern in reinem Nichtstun verbracht hatte, kam ich auf die Universität nach Eton. Der kurze Aufenthalt zu Hause hatte genügt, um die Erinnerung an die Ereignisse im Hause des Doktors Bransby abzuschwächen oder doch wenigstens eine Wandlung in den Gefühlen, die mir diese Erinnerung einflößten, hervorzurufen. Das Tragische des ganzen Dramas war verschwunden. Ich zweifelte sogar zuweilen an der Verläßlichkeit meiner Sinne und erinnerte mich der

Sache meist nur mit lebhafter Verwunderung über die menschliche Leichtgläubigkeit und mit einem Lächeln über die lebendige Einbildungskraft, die ich von meinen Vätern geerbt hatte. Dieser Skeptizismus wurde durch meinen Lebenswandel in Eton auch durchaus nicht vermindert. Der Strudel gedankenloser Torheiten, in die ich mich Hals über Kopf hineinstürzte, schwemmte alles fort und ließ mir nur noch den Schaum der vergangenen Zeiten; er verschlang jeden tieferen, ernsten Eindruck, so daß mir nur noch Oberflächlichkeiten aus meinem früheren Leben im Gedächtnis blieben.

Ich habe nicht die Absicht, hier alle meine Ausschweifungen zu erzählen und meine Verworfenheit, die jeder Gesetze spottete und die jede Wachsamkeit zuschanden machte, zu enthüllen. Drei Jahre voll Verirrungen hatten mich bis in den Grund meines Wesens zum Verbrecher gemacht und sonderbarerweise meine physische Entwicklung ganz anormal begünstigt. Da lud ich einmal nach einer Woche unwürdiger Ausschweifungen eine Gesellschaft von sittenlosen Studenten zu einer geheimen Orgie in meine Wohnung ein. Wir kamen zu später Stunde zusammen, denn wir hatten die Absicht, die gottlose Feier bis zum Morgen auszudehnen. Der Wein floß in Strömen, und außerdem gab es noch andere und vielleicht gefährlichere Verführungen, so daß es im Osten schon zu dämmern begann, als unsere geräuschvolle Lustbarkeit ihren Höhepunkt erreicht hatte. Bis zum Wahnsinn erregt durch die Karten und meine Trunkenheit, bestand ich hartnäckig darauf, einen ganz ungewöhnlich lästerlichen Toast auszubringen, als meine Aufmerksamkeit plötzlich abgelenkt wurde, weil sich eine Tür ein wenig öffnete und ich von draußen die eifrige Stimme meines Dieners vernahm. Er trat ein und sagte mir, daß jemand, der offenbar in großer Eile sei, mich im Vorzimmer zu sprechen wünsche.

In meiner wilden Weinlaune empfand ich mehr Vergnügen als Überraschung über diese unerwartete Störung. Ich schwankte aus dem Zimmer und stand bald im Vestibül des Hauses. Der niedrige kleine Raum war von keiner Lampe erleuchtet, nur ein schwaches, graues Morgenlicht fiel durch ein halbrundes Fenster. Als ich über die Schwelle schritt, erblickte ich die Gestalt eines Jünglings, der ungefähr meine Größe hatte und in einen weißen, nach der neuen vornehmsten Mode geschnittenen Hausrock aus Kaschmir gekleidet war, wie ich ihn auch gerade in dem Augenblick trug. Doch dies war das einzige, was ich in dem schwachen Licht bemerken konnte, seine Gesichtszüge erkannte ich nicht deutlich. Als ich eintrat, kam er hastig auf mich zu, ergriff mit einem Ausdruck gebieterischer Ungeduld meinen Arm und flüsterte mir die Worte: »William Wilson« ins Ohr.

Im Augenblick wurde ich nüchtern.

In dem Wesen des Fremden, in dem nervösen Zittern seiner

Finger, das ich in dem grauen Licht deutlich bemerkte, lag etwas, das mich mit unerklärlichem Erstaunen erfüllte, und doch war es nicht dies, was mich so heftig erregte. Es war vielmehr die kurze feierliche Warnung, die in seinen sonderbaren, leisen, geflüsterten Worten gelegen hatte, und vor allem der Charakter, der Tonfall, das Timbre dieser wenigen simplen Silben, was tausend beängstigende Erinnerungen an lang vergangene Tage in mir wachrief und meine Seele eisig und heiß zugleich durchschoß. Ehe ich wieder vollständig zu mir selbst kam, war der Fremde verschwunden.

Obwohl dieses Ereignis einen lebhaften Eindruck auf meine zügellose Phantasie gemacht hatte, verschwand er doch bald wieder. Während einiger Wochen dachte ich zwar wieder ernsthafter über mein Leben nach, ja, ich versenkte mich oft in ein krankhaftes Grübeln. Ich machte keinen Versuch, mir die Identität des seltsamen Individuums, das sich so hartnäckig in meine Angelegenheiten mischte und mich mit seinen Ratschlägen belästigte, zu verhehlen. Aber wer und was war dieser Wilson? Woher kam er? Und zu welchem Zweck? Auf keine dieser Fragen konnte ich genügend antworten — ich wußte nur, daß eine Familienangelegenheit ihn am Nachmittag des Tages, an dem ich aus dem Hause des Doktor Bransby geflohen war, zu seinen Angehörigen zurückgerufen hatte. Doch nach kurzer Zeit hörte ich auf, über diese Sache nachzugrübeln, da der Plan einer Reise nach Oxford all meine Gedanken in Anspruch nahm. Ich siedelte dann auch wirklich bald dahin über, und die freigebige Eitelkeit meiner Eltern gewährte mir eine Ausstattung und eine jährliche Rente, die mir gestattete, mich von ganzem Herzen all den Lustbarkeiten, die mir schon fast unentbehrlich geworden waren, hinzugeben und in Prunk und Verschwendung mit den reichsten Erben der reichsten Grafschaften Großbritanniens zu wetteifern.

Durch meine Mittel zum Laster angespornt, brach mein angestammtes Temperament mit doppelter Kraft durch, und in dem wahnsinnigen Rausch meiner Ausschweifungen zerriß ich jede Fessel der Sitte und der Ordnung. Doch es würde absurd sein, mich bei Einzelheiten dieses abenteuerlichen Lebens aufzuhalten. Es mag genügen, wenn ich sage, daß ich als Verschwender jeden übertrumpfte und eine ganze Schar neuer Laster schuf und mit meinem Namen zierte, die keinen kleinen Anhang zu dem großen Katalog der Versündigungen ausmachte, die damals an der ausschweifendsten Universität Europas alltäglich waren.

Und trotz alledem ist es nur schwer zu glauben, daß ich so tief aus den Reihen ehrenwerter Menschen sank, meine Gesellschaft unter der niedrigsten Sorte professioneller Spieler zu suchen. Ich wurde ein Schüler ihrer verächtlichen Wissenschaft und gebrauchte diese nun gewohnheitsmäßig als Mittel, um meine enormen

Revenüen auf Kosten naiver Mitstudenten noch zu vergrößern. Die Ungeheuerlichkeit dieses Verstoßes gegen jedes Gefühl von Würde und Ehre war ohne Zweifel der hauptsächlichste, wenn nicht der einzige Grund, daß ich eine lange Zeit straflos ausging. Wer unter meinen verworfensten Gesellschaftern hätte nicht eher seinen eigenen Sinnen mißtraut, als den heiteren, freimütigen, großherzigen William Wilson einer solchen Handlungsweise für fähig gehalten — ihn, den vornehmsten und freigebigsten Studenten von ganz Oxford, ihn, dessen Ausschweifungen, wie die Parasiten sagten, nur Torheiten waren, die man seiner Jugendkraft und seiner schrankenlosen Phantasie zugute halten mußte, dessen Irrtümer nur graziösen Launen entsprangen, dessen schwärzeste Laster sorglose liebenswürdige Extravaganzen genannt wurden?

Schon zwei Jahre lang hatte ich dies Verbrecherleben erfolgreich geführt, als ein junger, neu geadelter Edelmann die Universität bezog. Er hieß Glendinning, war, wie die öffentliche Meinung sagte, reich wie keiner und hatte seine Reichtümer mit leichter Mühe erworben, nämlich geerbt. Ich entdeckte bald, daß er nicht allzuviel Verstand hatte, und erwählte ihn zum Opfer meiner Geschicklichkeit. Ich veranlaßte ihn oft zum Spielen und bediente mich der bekannten List der Falschspieler, ihn zuerst beträchtliche Summen gewinnen zu lassen, um ihn später dafür desto sicherer in meine Schlingen zu verwickeln. Als mir dann der richtige Zeitpunkt gekommen schien, traf ich mit ihm, in der festen Absicht, nun meinen Plan auszuführen, in der Wohnung eines unserer Kameraden zusammen, der in gleicher Weise mit uns beiden befreundet war, jedoch nicht die entfernteste Ahnung von meinem Vorhaben hatte. Um der ganzen Sache einen harmlosen Anstrich zu geben, hatte ich veranlaßt, daß eine Gesellschaft von acht oder zehn jungen Leuten geladen wurde und der Wunsch zu spielen nicht von mir, sondern von meinem Opfer selbst ausging. Um schnell über eine so niedrige Angelegenheit hinwegzugehen: ich verzichtete auf keine der kleinen unwürdigen Niederträchtigkeiten, die in den gleichen Situationen so gang und gäbe sind, daß es nur verwunderlich ist, wie ihnen noch immer Dumme zum Opfer fallen können.

Wir hatten unser Zusammensein schon bis tief in die Nacht ausgedehnt, ehe es mir gelang, Glendinning als alleinigen Partner zu bekommen. Wir spielten mein Lieblingsspiel, das Ecarté. Die übrige Gesellschaft hatte die Karten schon beiseite gelegt, und da sie sich für unsere Partie interessierte, stand sie als Zuschauer um uns herum. Der ›Parvenu‹, den ich im ersten Teil des Abends geschickt zu reichlichem Trinken animiert hatte, mischte, gab und spielte mit sonderbarer Nervosität, die nur zum Teil ihren Grund in seiner Berauschtheit haben konnte. In sehr kurzer Zeit hatte er eine beträchtliche Summe an mich verspielt, und nachdem er noch einen reichlichen Trunk Portwein genommen hatte, tat er das, was ich kühl vorausgeahnt hatte: er schlug vor, unsere an sich schon unsinnig hohen Einsätze zu verdoppeln. Mit gut gespieltem Widerstreben, und erst nachdem meine Weigerung ihn zu spitzen Worten getrieben hatte, erklärte ich mich dazu bereit. Das Resultat war natürlich, wie ich vorausgesehen hatte: die Beute fiel mir vollständig zu, in weniger als einer Stunde hatte er seine Schuld vervierfacht. Schon seit einiger Zeit war aus seinen Zügen die Farbe, die ihnen der Wein verliehen hatte, verschwunden; jetzt bemerkte ich mit Erstaunen, daß er erschreckend bleich geworden war. Ich sage mit Erstaunen. Man hatte mir auf meine eifrigen Nachforschungen geantwortet, daß Glendinning über ein unermeßliches Vermögen verfüge, und ich dachte nicht, daß ihn sein heutiger Verlust, obwohl er an sich ungeheuerlich war, ernsthaft beunruhigen oder gar so heftig erregen könne. Zuerst dachte ich, der Wein, den er so reichlich genossen, habe ihn überwältigt, und um meinen Charakter bei meinen Freunden nicht in ein schlechtes Licht zu setzen, weniger aus Uneigennützigkeit, bestand ich darauf, das Spiel sofort zu unterbrechen, als ein paar Bemerkungen meiner Kameraden und ein Ausruf vollendeter Verzweiflung von seiten Glendinnings mich überzeugten, daß ich seinen vollständigen Ruin herbeigeführt hatte und noch dazu unter Umständen, die ihn zum Gegenstand des allgemeinen Mitleides machten und selbst vor den Bosheiten des bösen Feindes hätten beschützen können.

Es ist schwer zu sagen, was ich unter diesen Umständen hätte tun sollen. Die bedauernswerte Situation meines Opfers hatte eine verlegene Niedergeschlagenheit über die Stimmung der Anwesenden gebreitet. Während einiger Augenblicke herrschte ein tiefes Stillschweigen, und ich konnte nicht verhindern, daß meine Wangen sich unter den vorwurfsvollen und verächtlichen Blicken der noch nicht ganz Verhärteten mit Schamröte bedeckten. Ich muß sogar gestehen, daß ich mich einen Augenblick lang durch die plötzliche und außergewöhnliche Unterbrechung, die jetzt ganz unvorhergesehen eintrat, wie von einer unerträglichen Last erleichtert fühlte. Die schweren Flügeltüren des Zimmers flogen auf einmal weit und mit solchem Ungestüm, solcher Heftigkeit auf, daß der Luftzug wie durch Zauberei alle Lichter in dem Raum verlöschte. In ihrem letzten Aufflackern bemerkten wir noch, daß ein Fremder, in meiner Größe und fest in einen Mantel gehüllt, eintrat. Die Dunkelheit war nun undurchdringlich geworden, und wir konnten nur noch *fühlen*, daß er in unserer Mitte stand. Ehe sich einer von uns von dem äußersten Erstaunen über das plötzliche Erscheinen des Fremden erholen konnte, begann er zu reden. »Meine Herren«, sagte er in leisem, deutlichem Flüstern, das mir durch

Mark und Bein ging, »meine Herren, ich will mich wegen meines Auftretens nicht entschuldigen, denn ich tat es, um eine Pflicht zu erfüllen. Sie sind ohne Zweifel nicht recht unterrichtet über den wahren Charakter der Person, die heute abend beim Ecarté dem Lord Glendinning eine große Summe abgewonnen hat. Ich will Ihnen deshalb einen Vorschlag machen, wie Sie diese höchst wichtige Erkundigung einziehen können. Untersuchen Sie nur, bitte, mit Muße das Futter des Aufschlags am linken Ärmel und die verschiedenen Pakete, die man in den sonderbar großen Taschen seines gestickten Hausrocks finden wird.«

Während er sprach, herrschte eine solche Stille, daß man eine Stecknadel hätte fallen hören können. Als er geendet hatte, schritt er so schnell wie er gekommen wieder hinaus. Kann ich — soll ich meine Gefühle beschreiben? Soll ich sagen, daß ich alle Qualen der Verdammten auskostete? Doch hatte ich wenig Zeit zum Nachdenken. Viele Hände packten mich auf der Stelle, man zündete sofort die Lichter wieder an und durchsuchte mich. In dem Futter meines Ärmels fand man alle wesentlichen Karten des Ecarté und in den Taschen meines Hausrocks erkenntlich gemachte Faksimile all der Spiele, die wir bei unseren Zusammenkünften zu spielen pflegten.

Jeder Ausbruch der Entrüstung nach dieser Entdeckung hätte mich weniger getroffen als die schweigende Verachtung, mit der man sie aufnahm.

»Herr Wilson«, sagte unser Gastgeber und hob einen kostbaren pelzgefütterten Mantel auf, der vor seinen Füßen lag, »er gehört wohl Ihnen.« (Es war kalt, und ich hatte beim Verlassen meines Hauses einen Mantel über meinen Hausrock gezogen und ihn auf dem Schauplatz meiner Heldentat wieder abgelegt.) »Ich halte es für überflüssig«, fügte er mit einem bitteren Lächeln auf die Falten des Kleidungsstückes hinzu, »hier nach neuen Beweisen zu suchen. Wir haben genug davon. Sie sehen hoffentlich die Notwendigkeit ein, Oxford den Rücken zu kehren und diese Wohnung augenblicklich zu verlassen.«

Wahrscheinlich hätte ich diese beleidigende, demütigende Sprache durch persönliche Gewaltanwendung gerächt, wenn nicht meine ganze Aufmerksamkeit in diesem Augenblick auf eine unerklärliche Tatsache gelenkt worden wäre. Der Mantel, den ich getragen hatte, war mit kostbarem seltenem Pelzwerk gefüttert; wie teuer er gewesen war, wage ich nicht zu sagen. Seinen Schnitt hatte ich selbst erfunden — ich war in dergleichen läppischen Sachen höchst peinlich und trieb einen ans Wahnsinnige grenzenden Kleiderkult. Als mir Herr Preston, der Gastgeber, den Mantel, den er in der Nähe der Flügeltür vom Boden aufgehoben hatte, überreichte, bemerkte ich mit einem Erstaunen, das fast schon Erschrecken war, daß ich den meinigen schon über dem Arm hängen hatte (ich hatte ihn wahrscheinlich schon unwillkürlich an mich genommen) und daß der, den mir Preston darbot, in allem, selbst in den unbedeutendsten Kleinigkeiten, sein vollkommenes Ebenbild war. Das unheimliche Wesen, das mich so entlarvt hatte, war in einen Mantel gehüllt hereingekommen; niemand aus der Gesellschaft, außer mir, hatte heute einen Mantel mitgebracht — dessen entsann ich mich ganz genau! Mit dem Rest von Geistesgegenwart, der mir noch geblieben war, nahm ich das Kleidungsstück aus Prestons Hand entgegen, legte es unauffällig über meinen eigenen Mantel und verließ mit drohenden herausfordernden Blicken das Zimmer. Noch vor Tagesanbruch floh ich in Todesqual, von Schreck und Scham gefoltert, aus Oxford und eilte dem Kontinent zu.

Ich floh vergebens. Mein böses Geschick verfolgte mich mit satanischem Frohlocken, ja, seine geheimnisvolle Gewalt schien erst jetzt recht zu beginnen. Kaum hatte ich meinen Fuß nach Paris gesetzt, als ich einen neuen Beweis von der verhaßten Aufmerksamkeit erhielt, die der andere Wilson meinen Angelegenheiten entgegenbrachte. Jahre flohen dahin, und ich verspürte noch keine Erleichterung. Der Elende! — Mit welch lästiger Hartnäckigkeit, mit welch gespensterhafter, verwünschter Dienstfertigkeit warf er sich in Rom zwischen mich und meinen Ehrgeiz. Und dann in Wien, in Berlin, in Moskau! Wo hatte ich einmal *nicht* bitteren Grund, ihm aus tiefstem Herzen zu fluchen? Wie von einer Panik ergriffen, floh ich vor seiner unerklärlichen Gewaltherrschaft — bis ans Ende der Welt floh ich *und floh vergebens.*

Und wieder und wieder stellte ich meiner Seele im geheimen Zwiegespräch die Frage: »Wer ist er, woher kommt er, was will er?« — Aber ich fand keine Antwort. Und nun erforschte ich mit peinlichster Sorgfalt die Art und Weise, die Methode, die hauptsächlichsten Züge seiner unverschämten Überwachung. Aber auch da fand ich nur sehr wenig, was eine sichere Vermutung hätte aufkommen lassen. Es war vielleicht bemerkenswert, daß er meine Pläne nur dann kreuzte, wenn ihre Ausführung mit Gefahr für mich verbunden war. Aber auch dies ist nur eine armselige Rechtfertigung für eine so gewaltsam angeeignete Machtbefugnis, eine armselige Entschädigung für den frechen Raub der natürlichen Rechte der Selbstbestimmung!

Ich hatte auch bemerkt, daß mein Peiniger (der meine Kleidung immer noch auf das genaueste und mit wunderbarer Geschicklichkeit nachahmte) es so einzurichten wußte, daß ich, wenn er wieder einmal vor mir erschien und meine Pläne vereitelte, nie seine Gesichtszüge sehen konnte.

Mochte Wilson nun sein, wer er wollte — diese Geheimnistuerei erschien mir als der Gipfelpunkt der Geziertheit und Dummheit.

Konnte er nur einen Augenblick glauben, daß ich in meinem Berater in Eton – in dem Mörder meiner Ehre zu Oxford, in dem Menschen, der meine ehrgeizigen Pläne in Rom durchkreuzt und meine Rache in Paris verhindert, meine leidenschaftliche Liebe in Neapel zerstört und in Ägypten dem, was er fälschlich Habgier nannte, gesteuert hatte – konnte er glauben, daß ich in diesem Wesen, meinem Erzfeinde und bösen Geiste, nicht den William Wilson meiner Schuljahre wiedererkennen würde, den Namensvetter und Nebenbuhler – den verhaßten und gefürchteten Rivalen im Haus des Doktor Bransby? Unmöglich? – Doch lassen Sie mich zu der schrecklichen Schlußszene meines Dramas eilen.

Bis jetzt hatte ich mich seiner angemaßten Herrschaft feige unterworfen. Das Gefühl tiefer Ehrfurcht, mit dem ich mich gewöhnt hatte, den tadellosen Charakter, die majestätische Weisheit, die scheinbare Allgegenwart und Allmacht Wilsons zu betrachten, sowie ein unbestimmter Schreck, den mir gewisse Züge seines Wesens einflößten, ließen mich meine Schwäche und Ohnmacht ihm gegenüber nur noch tiefer empfinden und bestimmten mich zu einer vollständigen, wenn auch von Bitterkeit und Widerwillen durchtränkten Unterwerfung unter seine Willkürlichkeiten. In letzter Zeit jedoch hatte ich mich vollständig dem Wein ergeben, und sein aufrührerischer Einfluß auf mein ererbtes Temperament machte mir nach und nach jede Beaufsichtigung unerträglich. Ich begann zu murren, zu zögern, Widerstand zu leisten. Und war es nur eine Einbildung, die mich glauben machte, daß die Macht meines Peinigers in demselben Maß abnahm, in dem sich meine Stärke befestigte? Doch sei dem, wie es wolle, jedenfalls fühlte ich in mir eine brennende Hoffnung erblühen, die im geheimen den finsteren, verzweifelten Entschluß nährte, mich vollständig aus meiner Sklaverei zu befreien.

Es war in Rom, während des Karnevals im Jahre 18 . .; ich besuchte den Maskenball, den der Herzog di Broglio in seinem Palast gab. Noch reichlicher als gewöhnlich hatte ich dem Wein zugesprochen, und die erstickende Atmosphäre der überfüllten Salons erregte mich auf das unerträglichste. Die Schwierigkeit, mit der ich mir einen Weg durch die Menge bahnte, trug auch nicht wenig dazu bei, mich in immer größere Erregung hineinzupeitschen, denn ich suchte angstvoll (ich will verschweigen, aus welch unwürdigem Grunde) die junge, schöne und fröhliche Gemahlin des alten extravaganten di Broglio. In allzu harmlosem Vertrauen hatte sie mir verraten, welches Kostüm sie tragen werde, und da ich es eben in der Ferne hatte aufleuchten sehen, beeilte ich mich, in ihre Nähe zu gelangen. In diesem Augenblick fühlte ich eine Hand auf meiner Schulter – und vernahm dann jenes unvergeßliche, leise, verfluchte Flüstern.

Von rasender Wut ergriffen wandte ich mich brüsk zu dem Störer um und packte ihn heftig am Kragen. Er trug, wie erwartet, ein genaues Gegenstück zu meinem Kostüm; einen spanischen Mantel aus blauem Sammet und einen karmesinroten Gürtel, in dem ein Rapier steckte. Eine schwarze Seidenmaske verbarg sein Gesicht vollständig. »Schurke!« schrie ich mit wutheiserer Stimme, und jede Silbe goß mir neues Öl auf das Feuer meines Zornes – »Schurke! Betrüger! Verfluchter Schuft! Du wirst mich nicht in den Tod hetzen! Folge mir, oder ich steche dich auf der Stelle nieder!« Ich bahnte mir einen Weg durch den Ballsaal in ein kleines angrenzendes Vorzimmer und schleppte meinen Feind mit Gewalt hinter mir her.

Als ich eintrat, schleuderte ich ihn wütend von mir fort. Er fiel gegen die Wand. Ich selbst aber schloß mit einem Fluch die Tür und befahl ihm, sich in Bereitschaft zu halten. Er zögerte einen Augenblick, dann zog er mit einem Seufzer schweigend den Degen und erwartete meinen Ausfall.

Der Kampf dauerte nicht lange. Ich war durch die maßlosesten Erregungen jeder Art vollständig außer mir und fühlte in meinem Arm die Wut und die Kraft, die genügt hätten, ein ganzes Heer zu besiegen. In wenigen Augenblicken hatte ich meinen Gegner bis an die Wand zurückgedrängt. Er war nun vollständig in meiner Gewalt, und ich stieß ihm mit wüster Wildheit meinen Degen mehrmals durch die Brust.

In diesem Augenblick versuchte jemand, das Türschloß zu öffnen. Ich stürzte vor, um jedem Eindringling den Eintritt zu verwehren, wandte mich dann aber sofort wieder nach meinem sterbenden Feinde um. Doch – welche menschliche Sprache kann jenes Erstaunen, jenes Erschrecken genügend wiedergeben, das sich meiner bei dem Schauspiel, das meine Augen nun erblicken mußten, bemächtigte? Der kurze Augenblick, während dessen ich meine Blicke abgewandt hatte, war ausreichend gewesen, um eine wesentliche Veränderung in der Beschaffenheit des Zimmers herbeizuführen. Ein riesiger Spiegel – so schien es mir wenigstens in meiner Verwirrung – hing jetzt dort, wo ich vorhin keinen bemerkt hatte; und als ich entsetzt auf ihn zutrat, kam mir mein eigenes Bild, mit bleichem, blutüberströmtem Antlitz und schwachen, schwankenden Schrittes, aus ihm entgegen.

So schien es mir, sage ich, doch war es nicht so. Es war mein Gegner, war William Wilson, der im Todeskampf vor mir stand. Seine Maske und sein Mantel lagen auf dem Boden; er hatte sie dort hingeworfen. Und so konnte ich jeden Faden seiner Kleidung, jede Linie seines eigentümlichen Gesichts deutlich und in genauester Übereinstimmung als die meinigen erkennen!

Und doch war's Wilson! Er flüsterte nicht mehr, und ich glaubte mich selbst sprechen zu hören, als er sagte:

»Du hast gesiegt, und ich bin unterlegen. Doch von nun ab bist auch du tot – tot für die Welt, den Himmel und die Hoffnung! In mir lebtest du – nun sieh in deinem eigenen Bild, wie du dich durch meinen Tod gemordet hast!«

DER GOLDKÄFER

Schau her! Schau her! Der Kerl dort tanzt wie toll!
Von der Tarantel gift'gem Biß getrieben.
All in the Wrong.

Vor vielen Jahren unterhielt ich mit einem gewissen Herrn William Legrand engere Beziehungen. Er stammte aus einer alten Hugenottenfamilie und war früher sehr vermögend gewesen, doch hatte eine Reihe von Unglücksfällen ihn zum bedürftigen Manne gemacht. Um all den Unannehmlichkeiten, die ein solch plötzliches Verarmen nach sich zieht, zu entgehen, verließ er New Orleans, die Stadt seiner Vorfahren, und schlug seinen Wohnsitz auf der Sullivans-Insel bei Charleston in Süd-Carolina auf.

Diese Insel ist ein sehr merkwürdiges Stück Land. Sie besteht fast nur aus Seesand und ist ungefähr drei Meilen lang und an keiner Stelle über eine Viertelmeile breit. Vom Festland ist sie durch eine kaum wahrnehmbare Bucht getrennt, die sich durch eine Wildnis von Ried und Sumpfboden hindurchwindet und zahllosen Marschhühnern ausgezeichnete Schlupfwinkel gewährt. Die Vegetation ist, wie aus dem Vorhergesagten leicht verständlich, höchst dürftig und verkrüppelt. Größere Bäume sieht man nirgendwo. Zwar gedeiht hin und wieder am Westende der Insel, in der Nähe der wenigen elenden Holzhäuser, die sich ein paar Leute erbaut haben, um im Sommer den Fiebern und dem Staub der Stadt zu entfliehen, der stachlige Palmetto. Der Boden der ganzen Insel mit Ausnahme jenes westlichen Teiles und des weißen harten Streifens um die Küste ist mit der wuchernden, süßduftenden Myrte bedeckt, die von den englischen Gärtnern so sehr geschätzt wird. Das Myrtengestrüpp erreicht oft eine Höhe von fünfzehn bis zwanzig Fuß und bildet ein fast undurchdringliches Dickicht, das die Luft mit schwerem Wohlgeruch belädt.

In dem innersten Schlupfwinkel eines solchen Dickichts am östlichen Ende des Eilandes hatte sich Legrand eine kleine Hütte erbaut, die er, als ich durch Zufall mit ihm bekannt wurde, im Sommer und Winter bewohnte. Unsere Beziehungen vertieften sich bald zu einer Freundschaft, denn viele Züge im Wesen des Einsiedlers erweckten mein Interesse und erfüllten mich mit Hochachtung für ihn. Ich fand in ihm einen gebildeten Mann von ganz ungewöhnlichen Geistesgaben; doch litt er an Misanthropie und war abwechselnd krankhaften Ausbrüchen von Begeisterung und Trübsinn ausgesetzt. Er besaß eine große Menge Bücher, las jedoch nur sehr selten in ihnen. Sein Hauptvergnügen bestand im Jagen und Fischen oder in ziellosem Umherstreifen durch das Myrtengestrüpp und am Ufer entlang, wo er Muscheln und Insekten für seine höchst reichhaltige Sammlung suchte. Bei diesen Ausflügen begleitete ihn gewöhnlich ein alter Neger namens Jupiter, der, bevor die Familie verarmte, seine Freiheit erhalten hatte, jedoch weder durch Drohungen noch durch Versprechen zu bewegen gewesen war, sein Recht, über jeden Schritt seines jungen ›Massa Will‹ zu wachen, aufzugeben. Es ist nicht unwahrscheinlich, daß die Verwandten Legrands die Hartnäckigkeit Jupiters noch bestärkten, damit sein Herr, den sie für nicht ganz zurechnungsfähig hielten, keinen Augenblick ohne Aufsicht und Schutz sei.

Der Winter ist auf der Sullivans-Insel gewöhnlich sehr milde, und selbst im tiefen Herbst kommt es nur sehr selten vor, daß man heizen muß. Mitte Oktober 18.. jedoch hatte man auf der Insel einen ungewöhnlich kalten Tag. Kurz vor Sonnenuntergang bahnte ich mir mühsam meinen Weg durch das Immergrün zu der Hütte meines Freundes, den ich seit mehreren Wochen nicht besucht hatte. – Ich wohnte zu jener Zeit in Charleston, also etwa neun Meilen von der Insel entfernt, und die Gelegenheiten, vom Festland auf die Insel und wieder zurückzukommen, waren weit weniger häufig als heutzutage. Als ich an der Hütte angelangt war, klopfte ich wie gewöhnlich an, und als ich keine Antwort bekam, holte ich den Schlüssel aus seinem mir bekannten Versteck und schloß auf. Im Kamin brannte ein lustiges Feuer. Das war etwas Neues, aber durchaus nichts Unangenehmes. Ich legte meinen Überrock ab, warf mich recht nahe bei den knisternden Holzblöcken in einen Armstuhl und erwartete die Ankunft meines Wirtes.

Es war eben dunkel geworden, als er mit seinem Diener zurückkam und mich herzlichst bewillkommnete. Jupiter grinste von einem Ohr zum anderen und beeilte sich, ein paar Marschhühner zum Abendessen zurechtzumachen. Legrand litt wieder unter einem Anfall – anders kann man die Sache wohl kaum benennen – von Begeisterung. Er hatte ein ihm bisher unbekanntes zweischaliges Tier gefunden und außerdem mit Jupiters Hilfe einen Käfer gefangen, den er für noch absolut unentdeckt hielt und über den ich ihm am nächsten Morgen meine Meinung sagen sollte.

»Weshalb nicht schon heute abend?« fragte ich, während ich meine Hände über dem hellbrennenden Feuer rieb und das ganze Geschlecht der Käfer zum Teufel wünschte.

»Ach, wenn ich nur gewußt hätte, daß Sie hier sind!« sagte Legrand, »aber es ist so lange her, daß ich Sie zum letzten Male gesehen habe, und wie konnte ich denn ahnen, daß Sie mich gerade heute abend besuchen würden? Auf dem Heimweg begegnete mir Leutnant G. — und ich habe ihm, Tor, der ich bin, den Käfer geliehen. Ich kann Ihnen meinen Fund also unmöglich vor morgen früh zeigen. Bleiben Sie die Nacht über hier, ich werde ihn durch Jupiter sofort nach Sonnenaufgang holen lassen. Er ist das reizendste Ding auf der Erde.«

»Was? — Der Sonnenaufgang?«

»Unsinn! Der Käfer. Er ist von glänzend goldener Farbe — etwa so groß wie eine Walnuß — und hat an dem einen Ende des Rükkens zwei gagatschwarze Flecken und an dem anderen einen einzelnen, etwas längeren. Die Fühlhörner sind —«

»Hat kein Horn, Massa Will, hab' es schon oft gesagt«, fiel ihm hier Jupiter in das Wort, »der Käfer ist Goldkäfer, alles, alles Gold, inwendig und alles, Flügel auch Gold, hab' noch nie so schweren Käfer getragen in mein Leben.«

»Nun, wie du willst, Jupiter«, erwiderte Legrand, wie mir schien in ernsterem Tone, als die Sache erforderte, »aber das ist doch kein Grund, um die Hühner anbrennen zu lassen? Die Farbe« — hier wandte er sich wieder an mich — »ist allerdings dazu angetan, um Jupiter auf solche Gedanken zu bringen. Man hat gewiß nie einen prächtigeren Metallglanz als den seiner Flügel gesehen; doch ich vergesse, daß Sie darüber erst morgen zu urteilen vermögen. Einstweilen kann ich Ihnen nur eine Vorstellung von seiner Gestalt geben.« Mit diesen Worten setzte er sich an einen kleinen Tisch, auf dem ich Tinte und Feder, jedoch kein Papier erblickte. Er suchte in einer Schublade herum, fand jedoch auch dort keins.

»Das schadet nichts!« meinte er endlich. »Dies genügt auch.« Dabei zog er einen Fetzen aus seiner Westentasche, den ich für schmutziges Pro-Patria-Papier hielt, und zeichnete mit der Feder flüchtig etwas darauf hin. Während er dies tat, blieb ich noch immer in meinem Armstuhl beim Feuer sitzen, denn mich fröstelte noch. Als die Zeichnung fertig war, reichte er sie mir, ohne von seinem Stuhl aufzustehen, herüber. Ich nahm sie entgegen und hörte zu gleicher Zeit ein Knurren an der Tür, dem bald ein heftiges Kratzen folgte. Jupiter öffnete, und ein großer Neufundländer, Legrands Eigentum, stürzte herein, sprang an mir empor und überhäufte mich mit Liebkosungen. Ich hatte mich bei meinen früheren Besuchen sehr viel mit dem Tier beschäftigt, und es schien mich nun voller Freuden wiederzuerkennen. Als sich seine frohen Sprünge etwas mäßigten, betrachtete ich das Papier und muß gestehen, daß ich aus dem, was mein Freund da gezeichnet hatte, nicht recht klug zu werden vermochte.

»Allerdings«, sagte ich nach ein paar Minuten, »das muß ein sonderbarer Käfer sein. Ich habe wahrhaftig nie etwas Ähnliches gesehen — vielleicht Schädel oder Totenköpfe ausgenommen, denn denen sieht meiner Ansicht nach Ihr Käfer ähnlicher als sonst einem Ding auf Gottes Welt.«

»Ein Totenkopf«, wiederholte Legrand. »O ja — allerdings — auf dem Papier gleicht er einem solchen ein klein wenig. Die zwei oberen schwarzen Punkte könnten wohl die Augen sein und der längere unten der Mund — das Ganze ist ja auch oval.«

»Vielleicht ja«, sagte ich, »doch ich fürchte, Legrand, Sie sind kein großer Künstler. Wenn ich mir eine Vorstellung von dem Aussehen des Käfers machen soll, muß ich warten, bis ich ihn selbst sehe.«

»Das weiß ich nicht!« entgegnete er ein wenig pikiert, »ich zeichne doch eigentlich erträglich, wenigstens *sollte* ich es tun, denn ich habe gute Lehrer gehabt und schmeichle mir, kein direkter Dummkopf zu sein.«

»Aber lieber Kerl, dann wollen Sie wohl scherzen«, antwortete ich ihm. »Das ist ein recht passabler, ja sogar ein ausgezeichneter Schädel, wenigstens nach den Anforderungen, die das große Publikum an dergleichen anatomische Abbildungen stellt — und Ihr Käfer muß der sonderbarste Käfer von der Welt sein, wenn er ihm ähnlich sieht. Wir können ja ein recht schönes, aufregendes Stück Aberglauben auf ihm aufbauen. Nennen Sie den Käfer doch Scarabaeus caput hominis oder so ähnlich — die Naturgeschichte ist ja reich an solchen Titeln. Doch wo sind die Fühlhörner, von denen Sie eben sprachen?«

»Die Fühlhörner«, rief Legrand mit einer Wärme, die ich mir nicht zu erklären wußte, »die Fühlhörner müssen Sie doch gesehen haben. Ich habe sie so deutlich hingezeichnet, wie sie an dem Tier selbst zu sehen sind, und ich glaube, das genügt.«

»Nun«, sagte ich, »vielleicht haben Sie diese hingezeichnet, doch sehe ich sie nicht«, und reichte ihm das Papier ohne weitere Bemerkung zurück, da ich ihn nicht in üble Laune bringen wollte. Doch war ich über die Wendung der Sache sehr verwundert; die Aufregung meines Freundes war mir absolut unerklärlich, und was die Zeichnung anbetraf, so waren *keine* Fühlhörner auf ihr zu sehen, doch glich sie bis ins kleinste der bekannten Abbildung eines Totenkopfes.

Mürrisch nahm Legrand das Papier entgegen, wollte es schon zerknittern und wahrscheinlich ins Feuer werfen, als ein zufälliger Blick auf die Zeichnung seine Aufmerksamkeit zu fesseln schien. Im selben Augenblick wurde sein Gesicht von glühendem Rot übergossen, gleich darauf wurde er totenbleich. Während einiger Augenblicke betrachtete er die Zeichnung auf das genaueste,

dann nahm er eine Kerze vom Tisch und ließ sich auf einer Kiste nieder, die in der entferntesten Ecke des Zimmers stand. Hier betrachtete er das Papier noch einmal mit angstvoller Aufmerksamkeit von allen Seiten. Dabei sprach er kein Wort, und obwohl mich sein Betragen aufs höchste überraschte, hielt ich es doch nicht für ratsam, seine wachsende Verstimmung durch irgendeine Bemerkung zu erhöhen. Endlich zog er ein kleines Schreibheft aus seiner Rocktasche, legte das Papier sorgfältig hinein und verschloß beides in seinem Schreibpult. Nun wurde er allmählich ruhiger, doch war seine anfängliche Begeisterung ganz geschwunden. Er schien weniger verdrießlich als vollständig in Gedanken versunken zu sein. Je mehr der Abend vorschritt, desto tiefer vergrub er sich in seine Träumereien, aus denen ihn auch scherzhafte Bemerkungen nicht aufzurütteln vermochten. Ich hatte die Absicht gehabt, wie schon oft vorher die Nacht in der Hütte zuzubringen, doch da ich meinen Wirt in dieser Stimmung fand, hielt ich es für angebracht, mich zu verabschieden. Er drängte mich auch nicht zum Bleiben, doch schüttelte er mir beim Abschied die Hand mit ungewöhnlicher Herzlichkeit.

Einen Monat später – ich hatte Legrand während der ganzen Zeit nicht mehr besucht – suchte mich sein Diener Jupiter in Charleston auf. Ich hatte den guten alten Neger noch nie so niedergeschlagen gesehen und fürchtete, daß seinem Herrn ein ernstliches Unglück zugestoßen sei.

»Nun, Jup?« fragte ich, »was gibt's? Was macht dein Herr?«

»Soll ich sagen die Wahrheit, Massa, er nicht so wohl, als er sollte.«

»Dein Herr befindet sich nicht wohl? Das tut mir wahrhaftig leid; worüber klagt er denn?«

»Ja, das ist es – er klagen nie – aber sein doch *sehr* krank!«

»Sehr krank, Jupiter? Warum hast du das nicht gleich gesagt? Liegt er zu Bett?«

»Nein, er nicht liegen – er nicht wissen, wo der Schuh drückt; mein Herz schwer sein, für arme Massa Will.«

»Ich bitte dich, Jupiter, drücke dich deutlicher aus. Du sagst, dein Herr sei krank; hat er dir denn nie gesagt, was ihm fehlt?«

»Nun, Massa nicht brauchen sich aufregen darüber. Massa Will sagen, daß ihm gar nichts fehlen; aber was denn machen ihn so den Kopf hängenlassen und dann wieder dastehen steif wie ein Soldat und weiß im Gesicht wie eine Gans? Und was machen ihn immer die Figuren ansehen auf die Tafel – die tollsten Figuren, die ich gesehen in mein Leben? Muß jetzt immer ein scharfes Auge haben auf ihn. Vor ein paar Tagen er fortgelaufen, ehe die Sonne aufgegangen, und nicht zurückgekehren den ganzen lieben Tag. Ich einen dicken Stock geschnitten, um ihm verdammte Schläge zu geben, wenn er kommen zurück; ich doch nicht getan haben, weil er aussehen so elend und krank.«

»Wie? – Was? Aber ja, du hast recht, sei nur nicht streng mit dem armen Mann; schlag ihn ja nicht; er kann Schläge nicht ertragen. Aber kannst du dir denn gar nicht denken, was diese Krankheit oder vielmehr diese Veränderung in seinem Benehmen verursacht hat? Ist ihm denn, seit ich ihn zuletzt gesehen habe, irgend etwas Mißliches zugestoßen?«

»Nein, Massa, nichts Schlimmes *seit* damals – ich fürchten, es *vor* damals – es war am selben Abend, an dem Sie bei uns gewesen sein.«

»Wie? Was meinst du?«

»Nun, Massa, ich meinen den Käfer – das ist's.«

»Wen?«

»Den Käfer! Ich sicher wissen, daß Massa Will gebissen worden an Kopf von dem Goldkäfer.«

»Und woher willst du das wissen?«

»Krallen genug, Massa, und Maul auch. Ich nie gesehen solch verdammten Käfer; er kratzen und beißen alles, was zu ihm hinkommen. Massa Will ihn rasch gefangen und mächtig rasch ihn wieder laufen lassen; da muß Massa Will Biß bekommen haben. Ich nicht mochte Käfer anfassen mit mein Finger, hab ihn gefangen mit ein Stück Papier, das ich hab' gefunden. Ich ihn hab' gewickelt in das Papier und ihm davon gesteckt ein Stück in das Maul – das war recht.«

»Und du glaubst also, dein Herr sei wirklich von dem Käfer gebissen und infolge des Bisses krank geworden?«

»Ich gar nix glauben – ich es wissen. Warum träumen er soviel von Gold, wenn ihn nicht gebissen der Goldkäfer? Ich schon oft gehört von Goldkäfer.«

»Wie weißt du denn, daß er von Gold träumt?«

»Wie ich es wissen? Er immer sprechen davon in sein Schlaf. So ich es wissen.«

»Nun Jup, vielleicht hast du recht, aber welch glücklichem Umstand verdanke ich die Ehre deines Besuches?«

»Was Massa meinen?«

»Hast du mir von Herrn Legrand irgend etwas auszurichten?«

»Nein, Massa, ich bringen bloß diesen Brief.«

Hier überreichte mir Jupiter ein Billett folgenden Inhaltes:

›Mein Lieber!

Wie kommt es, daß wir uns so lange nicht mehr gesehen haben? Hoffentlich haben Sie mir mein zerstreutes Wesen bei unserem letzten Zusammensein nicht übelgenommen. Ich glaube es wenigstens nicht. Seit Ihrem letzten Hiersein hatte ich oftmals

Grund, unruhig zu sein. Ich habe Ihnen etwas zu sagen und weiß doch kaum wie, ja, ob ich es überhaupt sagen soll.

Ich befinde mich schon seit ein paar Tagen nicht ganz wohl, und der arme alte Jupiter plagt mich ganz unerträglich mit seiner wohlgemeinten Beaufsichtigung. Würden Sie es für möglich halten – er hatte sich neulich einen dicken Stock geschnitten, mit dem er mich züchtigen wollte, weil ich ohne ihn den ganzen Tag allein auf dem Festland in den Bergen umhergestreift war. Ich glaube, nur meinem jämmerlichen Aussehen habe ich es zu verdanken, daß ich ohne Prügel davonkam.

Meine Sammlung hat sich seit unserem letzten Beisammensein nicht vergrößert.

Wenn es Ihnen irgendwie möglich ist, so kommen Sie mit Jupiter herüber. Bitte, kommen Sie doch! Ich möchte Sie noch heute abend in einer wichtigen Angelegenheit sprechen. Ich versichere Ihnen, daß das, was ich Ihnen mitteilen will, von *außerordentlicher* Wichtigkeit ist.

Ganz der Ihrige.

William Legrand.‹

In dem Ton dieses Briefes lag etwas, das mich unruhig machte. Ich erkannte Legrands gewohnten Stil absolut nicht wieder. Worüber mochte er nur wieder nachgrübeln? Welche neue Grille spukte in seinem leicht erregbaren Hirn? Was konnte das für eine ›außerordentlich wichtige‹ Angelegenheit sein, die *er* mit *mir* besprechen wollte? Jupiters Bericht ließ auf nichts Gutes schließen. Ich fürchtete schon, das andauernde Mißgeschick hätte meinen Freund um den letzten Rest seines Verstandes gebracht. Ohne einen Augenblick zu zögern, machte ich mich bereit, dem Neger zu folgen.

Als wir das Ufer erreichten, bemerkte ich auf dem Boden des Kahnes, den wir besteigen mußten, eine Sense und drei Spaten, alles dem Anschein nach ganz neu.

»Was soll das, Jup?« fragte ich.

»Die Sense, Massa, und die Spaten?«

»Ja, was tun die hier?«

»Die Sense und die Spaten ich haben gekauft in der Stadt für Massa Will und haben geben müssen dafür verteufelt viel Geld.«

»Aber so sag mir doch im Namen alles Geheimnisvollen, was denn dein Massa Will mit den Spaten und der Sense vorhat?«

»Das sein mehr, als ich weiß, und der Teufel soll mich holen, wenn Massa Will es selbst wissen. Aber alles gekommen von dem Käfer.«

Da ich sah, daß aus dem Alten nichts herauszubringen war, weil all seine Gedanken um den Käfer zu kreisen schienen, stieg ich ins Boot und zog das Segel auf. Mit günstigem starkem Wind liefen wir bald in die kleine Bucht nördlich vom Fort Moultrie ein und erreichten von dort zu Fuß nach zwei Meilen die Hütte. Es war ungefähr drei Uhr nachmittags, als wir ankamen. Legrand hatte uns mit verzehrender Ungeduld erwartet. Er ergriff meine Hand mit einem nervösen Eifer, der mich beunruhigte und meine Meinung über seinen Gesundheitszustand nur bestärkte. Eine geisterhafte Blässe lag über seinen Zügen, und seine tiefliegenden Augen sprühten in unnatürlichem Glanz. Nachdem ich mich nach seinem Befinden erkundigt hatte, fragte ich, da mir nichts Besseres einfiel, ob er den Käfer schon von Leutnant G. zurückerhalten habe.

»O ja«, antwortete er, und ein heftiges Rot stieg in sein Gesicht. »Ich bekam ihn am folgenden Morgen zurück. Von diesem Käfer würde ich mich niemals wieder trennen. Wissen Sie auch, daß Jupiter mit seiner Ansicht vollkommen recht hatte?«

»Mit welcher Ansicht?« fragte ich, von traurigen Ahnungen erfüllt.

»Daß der Käfer von wirklichem Gold sei«, entgegnete er mir mit solch tiefem, ernstem Ton, daß mir unaussprechlich bange dabei wurde. »Dieser Käfer wird mich zum reichen Mann machen«, fuhr er mit triumphierendem Lächeln fort, »er wird mir wieder zu den Besitzungen meiner Familie verhelfen. Ist es also zu verwundern, daß ich ihn so hochschätze? Ich brauche ihn bloß richtig anzuwenden, um all das Gold, das er andeutet, zu bekommen. Jupiter, geh und hole den Käfer.«

»Was? Den Käfer, Massa? Will nix haben zu tun mit dem Käfer, Massa müssen ihn holen selbst.«

Darauf stand Legrand ernst und würdevoll auf und brachte den Käfer, den er in einem Glasbehälter eingeschlossen gehalten hatte.

Es war ein wundervolles Insekt, zu jener Zeit in der Naturgeschichte noch unbekannt und deshalb vom wissenschaftlichen Standpunkt aus von hohem Wert. An dem einen Ende des Rükkens befanden sich zwei runde Flecken, am entgegengesetzten ein länglicher. Die Flügeldecken waren ungemein hart und glänzend und glichen brüniertem Golde. Das Insekt hatte ein ganz beträchtliches Gewicht, und als ich alle diese Umstände erwog, mußte ich mir sagen, daß Jupiters Ansicht nur zu erklärlich sei; wie jedoch Legrand dazu kam, diese zu teilen, war mir absolut unverständlich.

»Ich habe zu Ihnen geschickt«, fuhr er, als ich den Käfer genug betrachtet hatte, in stolzer Beredsamkeit fort, »um Sie um Ihren Rat und Beistand zu bitten, wenn ich dem Wink des Schicksals und des Käfers folge . . .«

»Mein lieber Legrand«, unterbrach ich ihn rasch, »Sie fühlen sich gewiß unwohl und täten besser daran, sich ein wenig zu schonen. Legen Sie sich zu Bett; ich werde ein paar Tage bei Ihnen bleiben, bis Sie wiederhergestellt sind. Sie fiebern ja und . . .«

»Fühlen Sie mir doch nur einmal den Puls«, sagte er.

Ich tat es und fand wirklich keine Spur von Fieber.

»Aber Sie können auch ohne Fieber krank sein. Erlauben Sie mir doch, Ihnen etwas zu verschreiben. Fürs erste legen Sie sich zu Bett. Dann wollen wir . . .«

»Sie irren sich«, fiel er mir ins Wort. »Ich befinde mich so wohl, wie es bei der Aufregung, unter der ich leide, nur möglich ist. Wenn Sie mir wirklich wohlwollen, so befreien Sie mich von der Aufregung.«

»Und wodurch könnte ich es?«

»Durch eine Kleinigkeit. Jupiter und ich wollen einen Ausflug in die Berge auf dem Festland unternehmen und bedürfen dabei der Hilfe einer Person, der wir vertrauen können. Sie sind der einzige, zu dem ich Zutrauen habe. Und ob unsere Bemühungen erfolgreich sein werden oder nicht, jedenfalls würde sich die Aufregung, die Sie jetzt an mir bemerken, legen.«

»Es soll mir eine Freude sein, Ihnen jeden Gefallen zu erweisen«, erwiderte ich, »aber wollten Sie vielleicht sagen, daß jener unglückselige Käfer mit dem Ausflug in die Berge in irgendeiner Verbindung steht?«

»Allerdings!«

»Dann muß ich Ihnen leider erklären, Legrand, daß ich mit einer solch absurden Geschichte nichts zu tun haben will!«

»Das tut mir leid – sehr leid, denn so müssen wir die Sache allein ausführen.«

›Allein ausführen!‹ dachte ich, ›der Mann ist ganz von Sinnen.‹ »Wie lange wird wohl Ihre Abwesenheit dauern?« fragte ich dann.

»Wahrscheinlich die ganze Nacht. Wir werden sogleich aufbrechen und unter allen Umständen bei Sonnenaufgang wieder zurück sein.«

»Und wollen Sie mir auf Ihr Ehrenwort versprechen, daß Sie, wenn Sie diese Grille befriedigt und die ganze Käferaffäre erledigt haben, nach Hause zurückkehren und meinem Rat als dem eines Arztes unbedingt Folge leisten werden?«

»Ja, ich verspreche es; aber nun wollen wir aufbrechen und keine Minute Zeit verlieren.«

Mit schwerem Herzen entschloß ich mich, meinen Freund zu begleiten. Es mochte gegen vier Uhr sein, als wir uns auf den Weg machten, Legrand, Jupiter, der Hund und ich. Jupiter führte die Sense und die beiden Spaten mit und bestand darauf, alles allein zu tragen, allerdings, wie mir schien, mehr aus Furcht, sein Herr könne mit den Werkzeugen irgendein Unheil anrichten, als aus einem Übermaß von Fleiß und Gefälligkeit. Er sah im höchsten Grade bissig aus, und auf dem ganzen Weg kam kein anderes Wort über seine Lippen als hin und wieder der Fluch: »Der verdammter

Käfer!« Ich selbst trug ein paar Blendlaternen, während sich Legrand nur mit dem Käfer beschäftigte, den er an das Ende einer Peitschenschnur gebunden hatte und mit der Miene eines Beschwörers hin und her drehte. Als ich diesen letzten klaren Beweis von Geistesverwirrung meines Freundes erhielt, konnte ich mich der Tränen fast nicht mehr erwehren. Ich hielt es jedoch für das beste, einstweilen auf seine Ideen einzugehen, bis sich mir Gelegenheit bot, energischere Maßregeln anzuwenden. Mittlerweile versuchte ich, jedoch vergebens, den Zweck dieses Ausfluges aus ihm herauszulocken. Nachdem es ihm einmal gelungen war, mich zum Mitgehen zu bewegen, schien er nicht geneigt, über irgendeinen unwichtigeren Gegenstand zu reden, und antwortete auf alle meine Fragen nur mit den Worten: »Werden schon sehen.«

Am oberen Ende der Insel setzten wir in einem Kahn über die Bucht, erkletterten das hohe Ufer des Festlandes und schritten in nordwestlicher Richtung durch eine ungemein wilde und öde Gegend weiter, in der auch nicht eine einzige menschliche Fußspur zu entdecken war. Legrand führte uns sicher und blieb nur dann und wann einen Augenblick stehen, um nach Wegzeichen zu spähen, die er selbst bei einem seiner früheren Ausflüge gemacht hatte.

Wir waren ungefähr zwei Stunden geschritten, und die Sonne neigte sich schon dem Untergang zu, als wir in eine Gegend gelangten, wie ich sie trauriger und trüber noch nie gesehen hatte. Es war eine Art Tafelland nahe dem Gipfel eines anscheinend unzugänglichen Berges, der vom Fuß bis zur Spitze bewaldet und mit riesigen Felsblöcken dicht besät war, die lose umherzuliegen schienen und manchmal nur deshalb nicht in die Tiefe hinabrollten, weil sie zufälligerweise gegen einen Baum lehnten. Wilde Schluchten, die den Berg nach allen Seiten hin durchfurchten, erhöhten noch die starre Feierlichkeit der Landschaft.

Die natürliche Plattform, die wir mit vieler Mühe erklommen, war so dicht mit Brombeergebüsch bewachsen, daß wir uns nur mit Hilfe der Sense einen Weg hindurchbahnen konnten. Jupiter ging voran und ebnete uns nach Anweisung seines Herrn den Pfad zu einem ungeheuer hohen Tulpenbaum, der mit acht oder zehn Eichen auf einer ebenen Fläche stand und sie alle sowie alle anderen Bäume, die ich je in meinem Leben gesehen, an Schönheit seines Laubwerks, Majestät der Form und Ausdehnung seiner Zweige bei weitem übertraf. Als wir zu diesem Baum gekommen waren, wandte sich Legrand an Jupiter und fragte, ob er sich hinaufzuklimmen getraue? Den alten Mann schien diese Frage etwas zu befremden, denn es verstrichen einige Augenblicke, ehe er antwortete. Endlich näherte er sich dem ungeheuren Stamm, ging langsam um ihn herum und prüfte ihn aufs eingehendste. Als er damit fertig war, sagte er bloß:

»Ja, Massa, Jup klettern auf jeden Baum, den er sehen in sein Leben.«

»Dann hinauf mit dir, so schnell wie möglich; es wird sowieso bald zu dunkel sein für unsere Angelegenheit.«

»Wie weit ich müssen hinauf?« fragte Jup.

»Klettere zuerst den Hauptstamm hinauf, dann sage ich dir, welche Richtung du einschlagen sollst und hier — warte — nimm den Käfer mit!«

»Den Käfer, Massa Will? — Den Goldkäfer?« rief der Neger und wich entsetzt zurück. »Warum müssen der Käfer auf den Baum? Will sein verdammt, wenn ich das tun!«

»Wenn du zu bange bist, Jup, du großer, starker Neger, einen harmlosen, toten kleinen Käfer in die Hand zu nehmen, dann kannst du ihn ja an der Schnur halten. Wenn du ihn aber auch dann nicht mitnehmen willst, bleibt mir nichts anderes übrig, als dir mit dieser Schaufel den Schädel einzuschlagen.«

»Was denn zornig, Massa?« sagte nun Jupiter, offenbar beschämt und willens, zu gehorchen. »Massa immer müssen zanken mit alten Neger. Jup haben gemacht Spaß. Jup nicht fürchten Käfer. Jup nicht scheren um Käfer.« Und vorsichtig nahm er das äußerste Ende der Schnur in die Hand, hielt das Insekt, soweit es nur die Umstände gestatteten, von seinem Körper entfernt und machte sich bereit, den Baum zu erklettern.

Der Tulpenbaum, Liriodendron tulipiferum, der schönste aller amerikanischen Bäume, hat, wenn er noch jung ist, einen eigentümlich glatten Stamm, von dem sich die Seitenäste erst in ziemlicher Höhe abzweigen. Wird er älter, so wird seine Rinde uneben und rauh, und viele kleine Ästchen schießen aus dem Stamm hervor. Seine Ersteigung bietet dann eigentlich eine mehr scheinbare als wirkliche Schwierigkeit. Jupiter klammerte sich mit seinen Armen und Knien möglichst fest an den ungeheuren Zylinder, ergriff mit den Händen die Vorsprünge, ließ dann und wann seine nackten Zehen auf einigen anderen ausruhen, zog sich so bis zur ersten Gabel hinauf und schien nun seine Aufgabe in der Hauptsache für vollendet zu halten. Das Gefährlichste hatte er in der Tat auch überstanden, obschon der Kletterer einige sechzig oder siebzig Fuß über dem Boden schwebte.

»Welchen Weg müssen ich gehen, Massa Will?« fragte er.

»Den größten Ast hinauf — an dieser Seite!« rief ihm Legrand zu. Der Neger vollführte den Befehl anscheinend ohne allzu große Anstrengung. Er stieg höher und höher, bis man keinen Zoll seiner zusammengekauerten Gestalt durch das dichte Laubwerk mehr erblicken konnte. Nach einer kurzen Zeit vernahmen wir ein kurzes »Hallo!« von ihm.

»Wie weit müssen ich noch gehen?«

»Wie hoch bist du?« fragte Legrand zurück.

»Ganz ganz hoch!« rief der Neger herunter, »kann sehen die Himmel von die Spitze von der Baum.«

»Laß den Himmel zufrieden und tu, was ich dir sage. Blick einmal den Baum entlang nach unten und zähl die Äste, die du unter dir hast. Über wie viele bist du geklettert?«

»Eins, zwei, drei, vier, fünf — ich geklettert über fünf große Äste an diese Seite.«

»So klettere noch einen Ast höher.«

Nach einigen Minuten hörten wir die Stimme abermals, die uns meldete, daß der siebente Ast erreicht sei.

»Und nun, Jup«, schrie Legrand, offenbar in höchster Erregung, »mußt du auf diesen Ast hinausklettern, so weit du nur kannst, und sobald du etwas Seltsames siehst, laß es mich wissen.«

Hatte ich bis jetzt noch etwa gezweifelt, daß mein armer Freund wirklich wahnsinnig sei, so mußte mich sein Benehmen in diesen letzten Augenblicken vollständig davon überzeugen. Ich dachte mit Schrecken daran, was ich beginnen sollte, um ihn in seine Hütte zurückzuführen, als ich Jupiters Stimme von neuem vernahm.

»Jup fürchten, weit herauszuklettern auf diesen Ast — ist tot, ganz tot.«

»Sagtest du, der *Ast* ist *tot?*« fragte Legrand mit zitternder Stimme.

»Ja, Massa, tot wie ein Türnagel, ganz tot, nie mehr wachsen in sein Leben!«

»Was um Himmels willen soll ich tun?« fragte Legrand, anscheinend in größter Verlegenheit.

»Was Sie tun sollen?« rief ich, froh darüber, endlich Gelegenheit zu haben, einen Rat anzubringen. »Lassen Sie uns nach Hause gehen, damit Sie sich zu Bett legen können. Kommen Sie, Sie sind doch ein vernünftiger Mensch! Es wird spät, und überdies erinnern Sie sich an Ihr Versprechen.«

»Jupiter«, schrie er, ohne sich im geringsten um meine Worte zu kümmern, »verstehst du mich?«

»Ja, Massa, ich verstehen ganz deutlich.«

»So prüfe das Holz mit deinem Messer genau und sieh zu, ob es *sehr* verfault ist.«

»Holz verfault, Massa, gewiß verfault«, erwiderte der Neger nach einigen Augenblicken, »aber doch nicht *ganz* verfault — will allein hinausklettern auf den Ast.«

»Allein? Was soll das heißen?«

»Nun, Jup meinen den Käfer, den schweren Käfer. Will ihn herunterfallen lassen, dann wird Ast nicht brechen mit alten Neger.«

»Du höllischer Schurke«, schrie Legrand, augenscheinlich höchlichst erleichtert, »was soll dieser Unsinn bedeuten? Wenn du den Käfer fallen läßt, breche ich dir das Genick. Schau her, Jupiter, hörst du mich?«

»Ja, Massa brauchen nicht so zu schreien über armen Neger.«

»Also hör zu. Wenn du auf den Ast hinauskletterst, so weit du eben glaubst, daß er dich trägt, so schenke ich dir einen Silberdollar, sobald du wieder herunterkommst.«

»Ich tun es, Massa Will«, antwortete der Neger prompt, »bin jetzt ganz am Ende.«

»Ganz am Ende?« schrie hier Legrand aus Leibeskräften. »Sagst du die Wahrheit? Bist du ganz am Ende?«

»Jetzt am Ende, Massa — oh, oh, oh: meine Güte, was ist das da auf dem Baum?«

»Nun«, rief Legrand, wie freudig erschrocken, »was ist es?«

»Nix als ein Schädel, Massa — hat einer Kopf gelassen auf dem Baum, haben Krähen alles Fleisch abgebissen von.«

»Ein Schädel, sagst du? Sehr gut, wie ist er an dem Zweig befestigt? Was hält ihn fest?«

»Jupiter müssen nachsehen — das sein aber kurios, sehr kurios, wahrhaftig! Großer Nagel sein in Schädel und halten es fest an die Ast.«

»Nun, paß auf, Jupiter, und tue alles genauso, wie ich es dir sage. Hörst du?«

»Jawohl, Massa.«

»Also — such das linke Auge des Schädels.«

»Hu hu! Das sein gut! Aber da sein nicht mehr Auge.«

»Verfluchter Dummkopf, weißt du denn nicht, was rechts und links ist?«

»Ja, Jupiter das wissen — wissen das alles — Jupiter hauen Holz mit seine linke Hand.«

»Ganz recht, du arbeitest linkshändig; dein linkes Auge ist auf derselben Seite wie deine linke Hand. Nun wirst du auch das linke Auge des Schädels finden oder wenigstens die Stelle, wo es gewesen ist. Hast du es gefunden?«

Hier trat eine lange Pause ein. Endlich fragte der Neger:

»Ist linkes Auge auf die Seite wie linke Hand von Schädel? Jupiter fragen, weil Schädel hat kein Stück von einer Hand. Aber tut nix, hab jetzt gefunden linkes Auge; hier ist linkes Auge; was müssen Jupiter tun damit?«

»Laß den Käfer durch die Höhlung hinabfallen, so weit die Schnur reicht — aber gib Obacht und laß nicht etwa die Schnur selbst fallen.«

»Alles getan, Massa Will. Mächtig leichtes Ding, Käfer durch das Loch stecken. Sehen ihn schon unten!«

Während dieses Zwiegesprächs war von Jupiters Person nicht

das geringste zu sehen gewesen; doch der Käfer, den er an der Schnur herabgelassen hatte, wurde nun sichtbar und schimmerte in den letzten Strahlen der untergehenden Sonne wie eine kleine Kugel brünierten Goldes. Er hing ganz frei und wäre, wenn man losgelassen hätte, dicht vor unseren Füßen niedergefallen.

Legrand ergriff nun unverzüglich die Sense und mähte einen Kreis von drei bis vier Ellen im Durchmesser, gerade unter dem Insekt, frei. Dann befahl er dem Neger, die Schnur fallen zu lassen und von dem Baum herabzukommen.

Mein Freund schlug nun mit vieler Sorgfalt genau an der Stelle, auf welche der Käfer niedergefallen war, einen Pflock in den Boden und zog ein Maß aus Zwirnband aus seiner Tasche. Eines der Enden des Maßes befestigte er an dem Punkt des Stammes, der dem Pflock am nächsten war, und entfaltete es dann so lange, bis es an den Pflock reichte, und vom Pflock ab in der durch Baum und Pflock nun einmal angezeichneten Richtung noch etwa fünfzig Fuß weiter — Jupiter mußte das dabei im Wege stehende Brombeergebüsch abmähen. An dem so erreichten Ort wurde ein zweiter Pflock in die Erde geschlagen und um diesen als Mittelpunkt ein roher Kreis von ungefähr vier Fuß Durchmesser gezogen. Legrand ergriff nun selbst einen Spaten, gab Jupiter und mir ebenfalls einen in die Hand und bat uns, so rasch wie nur möglich zu graben.

Ich habe nie in meinem Leben Vergnügen an dergleichen Arbeit gehabt und hätte in diesem Augenblick ganz besonders gern auf sie verzichtet, denn die Nacht kam heran, und ich war von den voraufgegangenen Anstrengungen ziemlich müde geworden. Doch fand ich keine Ausrede und fürchtete, meinen armen Freund durch eine einfache Weigerung in unnötige Aufregung zu versetzen. Hätte ich mich auf Jupiter verlassen können, so hätte ich keinen Augenblick gezögert, den Irrsinnigen mit Gewalt nach Hause zu bringen, doch kannte ich den alten Neger zu gut, um hoffen zu dürfen, daß er mir unter irgendwelchen Umständen *gegen* seinen Herrn beistehen werde. Ich zweifelte keinen Augenblick mehr, daß Legrand, wie so viele Südländer, dem Aberglauben an vergrabenes Gold zum Opfer gefallen und daß er durch den gefundenen unbekannten Käfer oder vielleicht durch Jupiters hartnäckige Behauptung, derselbe sei von wirklichem Golde, in seiner fixen Idee bestärkt worden war. Ein an sich schon zu Phantastereien neigender Mensch konnte durch solche Vorstellungen nur zu leicht noch mehr verwirrt werden, besonders wenn diese Vorstellungen mit seinen früheren Lieblingsideen in Einklang standen. Überdies erinnerte ich mich der Worte des armen Kerls, der Käfer bedeute großen Reichtum. Im großen und ganzen war ich sehr verstimmt und ärgerlich, doch beschloß ich zum Schluß, aus der Not eine Tugend zu machen und aus vollen Kräften zu graben, um dem Irren recht bald durch den Augenschein zu beweisen, wie töricht seine Hoffnungen gewesen waren.

Wir zündeten die Laternen an und begannen mit einem Eifer zu arbeiten, der einer vernünftigeren Sache wert gewesen wäre. Als der Schimmer der Laternen auf uns und unsere Werkzeuge fiel, drängte sich mir der Gedanke auf, welch malerische Gruppe wir bildeten und wie seltsam und verdächtig unsere Arbeit jedem Menschen erscheinen mußte, der uns vielleicht zufällig gewahrte.

Wir gruben ohne Unterbrechung zwei Stunden lang; gesprochen wurde wenig, denn wir hatten genug zu tun, um dem Gebell des Hundes, den unsere Arbeit außerordentlich zu interessieren schien, durch häufige Zurufe ein Ende zu machen. Zum Schluß bellte das aufgeregte Tier jedoch so ungestüm, daß wir fürchten mußten, die Aufmerksamkeit etwaiger später Wanderer zu erregen — oder vielmehr Legrand fürchtete es; *mir* wäre jede Störung nur angenehm gewesen. Endlich machte Jupiter dem Lärm ein Ende, indem er mit verbissener Entschlossenheit aus der Grube herausstieg, dem Tier mit einem seiner Hosenträger das Maul zuband und mit zufriedenem Grinsen wieder an seine Arbeit ging.

Nach Verlauf von zwei Stunden hatten wir eine Tiefe von fünf Fuß erreicht, ohne daß das geringste Anzeichen eines vergrabenen Schatzes zutage gekommen wäre. Wir machten alle eine Pause, und schon gab ich der Hoffnung Raum, daß sich die Komödie ihrem Ende nähere. Legrand jedoch wischte sich, obgleich ein wenig irre gemacht, die Stirn ab und begann von neuem zu graben. Wir hatten den ganzen, vier Fuß im Durchmesser großen Kreis ausgegraben und gruben nun ein wenig über die Grenze hinaus und noch zwei Fuß tiefer. Der Goldsucher, den ich eigentlich herzlich bemitleidete, kletterte endlich aus der Grube heraus. Bitterste Enttäuschung malte sich in all seinen Zügen, und zögernd und widerwillig zog er seinen Überrock, den er zur Arbeit ausgezogen hatte, wieder an. Ich enthielt mich aller Bemerkungen, Jupiter aber begann auf ein Zeichen seines Herrn die Gerätschaften zusammenzupacken. Als dies geschehen und der Hund seiner Fesseln entledigt worden war, machten wir uns in tiefer Stille auf, nach Hause zu gehen.

Wir hatten etwa zwölf Schritte gemacht, als Legrand mit einem lauten Fluch auf Jupiter zustürzte und ihn am Kragen packte. Der erstaunte Neger riß Augen und Mund auf, so weit er nur konnte, ließ die Spaten fallen und sank auf die Knie.

»Du Schuft«, schrie Legrand und zischte die Silben zwischen den zusammengepreßten Zähnen hervor, »du infernalischer schwarzer Hund — sprich, sage ich dir! Antworte mir im Augenblick und ohne Umschweife: welches — welches ist dein linkes Auge?«

»O lieb gut Massa Will, sein nicht dies gewiß mein linkes Auge?« brüllte der erschrockene Neger, legte seine Hand auf sein rechtes Sehorgan und ließ sie mit solch verzweifelter Hartnäckigkeit auf demselben liegen, als fürchte er, sein Herr werde es ihm im Augenblick ausreißen.

»Dacht ich's doch! – Wußt ich's doch – hurra!« schrie Legrand, ließ den Neger los und führte zum Erstaunen des Dieners eine Reihe von Courbetten und Pirouetten aus, während Jupiter sich von seinen Knien erhob und stumm von seinem Herrn auf mich und von mir auf seinen Herrn blickte.

»Kommen Sie, wir müssen zurückgehen«, sagte dieser endlich, »das Spiel ist noch nicht aus«, und schritt wieder auf den Tulpenbaum zu.

»Jupiter«, rief er, als wir an seinem Fuß angekommen waren, »komm her. War der Schädel mit dem Gesicht nach außen oder in das Laubwerk hinein angenagelt?«

»Gesicht nach außen, Massa, daß Krähen konnten ohne Mühe an die Augen.«

»Gut! Hast du nun den Käfer durch dieses oder dieses Auge herabfallen lassen?«

Hier berührte Legrand jedes von Jupiters Augen.

»Durch dies Auge, das linke Auge, genau wie Massa haben gesagt«, beeilte sich Jupiter zu antworten und legte die Hand auf sein rechtes Auge.

Jetzt entfernte mein Freund, in dessen Irrsinn ich nun eine Methode zu entdecken glaubte, den Pflock, der die Stelle bezeichnete, an welcher der Käfer heruntergefallen war, und schlug ihn etwa drei Zoll weiter westlich wieder ein. Dann führte er das Maßband vom nächsten Punkt des Stammes wieder an den Pflock und von dort in gerader Richtung fünfzig Fuß weiter bis an einen Punkt, der von dem ersten, an dem wir gegraben hatten, mehrere Ellen entfernt war.

Um diesen Punkt beschrieb er nun einen etwas größeren Kreis als den vorherigen und ermunterte uns, von neuem tapfer zu graben. Ich war entsetzlich müde, und dennoch fühlte ich zu meinem eigenen Erstaunen keinen Widerwillen mehr gegen die mir aufgedrungene Arbeit. Unerklärlicherweise hatte ich plötzlich Interesse für die Sache bekommen, ja, ich fühlte mich von einer mir selbst unerklärlichen Aufregung ergriffen. Vielleicht lag in dem extravaganten Wesen Legrands etwas, das Eindruck auf mich machte. Ich grub mit Eifer darauf los und ertappte mich hin und wieder dabei, wie ich mit einem Gefühl, das der Erwartung sehr ähnlich sah, nach dem eingebildeten Schatz spähte, der meinem unglückseligen Freunde den Verstand geraubt hatte. Als wir ungefähr anderthalb Stunden gegraben hatten und mich solch unbestimmte Gedanken gerade besonders stark beschäftigten, wurden wir durch das heftige Heulen unseres Hundes in unserem Schweigen unterbrochen. Seine frühere Lebhaftigkeit war offenbar nur Übermut und Tollheit gewesen, diesmal jedoch klang sein Gebell aufgeregt und wütend. Als Jupiter abermals den Versuch machte, ihm das Maul zu verbinden, leistete er verzweifelten Widerstand, sprang in das Loch und kratzte mit größter Heftigkeit die Erde zur Seite. In wenigen Sekunden hatte er eine Menge menschlicher Gebeine bloßgelegt, die sich zu zwei vollständigen Skeletten zusammensetzen ließen und zwischen denen verschiedene Metallknöpfe sowie Flokken, die wie vermoderte Wolle aussahen, verstreut lagen. Ein oder zwei Spatenstiche förderten die Klinge eines großen spanischen Messers zum Vorschein, ein paar weitere drei oder vier Gold- und Silbermünzen.

Bei ihrem Anblick bemächtigte sich Jupiters eine kaum zu bezähmende Freude, während sich in den Zügen seines Herrn äußerste Enttäuschung malte. Dennoch drängte er uns, mit der Arbeit fortzufahren, und hatte kaum ausgeredet, als ich stolperte und nach vorwärts fiel, weil ich mit meiner Stiefelspitze in einen großen Eisenring geraten war, der noch halbbegraben im Boden lag. Nun arbeiteten wir mit verdoppeltem Eifer weiter — niemals in meinem Leben durchlebte ich aufregendere zehn Minuten. Nach Verlauf dieser Zeit war es uns gelungen, eine längliche hölzerne Kiste freizumachen, die, nach ihrer vollkommenen Erhaltung und wunderbaren Härte zu schließen, einen chemischen Prozeß, vielleicht einer Behandlung durch Bichlorid und Quecksilber unterworfen worden war. Die Kiste war drei und einen halben Fuß lang, drei Fuß breit und zwei und einen halben Fuß hoch. Sie war durch Bänder aus Schmiedeeisen, die sie wie ein Gitter ganz umgaben, wohl verschlossen. An jeder Seite der Kiste, ziemlich hoch oben, befanden sich drei Ringe — im ganzen sechs —, so daß sechs Personen sie mit Leichtigkeit aus der Grube herausheben konnten. Unseren vereinigten äußersten Anstrengungen gelang es jedoch nur, die Kiste ein ganz klein wenig von der Stelle zu rükken, und wir sahen ein, daß es ganz unmöglich sei, eine so ungeheure Last weiterzubewegen.

Glücklicherweise bemerkten wir jedoch, daß der Deckel nur durch zwei verschiebbare Bolzen befestigt war. Vor Aufregung bebend und keuchend schoben wir sie zurück. Einen Augenblick später glitzerte uns ein Schatz von unberechenbarem Wert entgegen. Als die Strahlen der Laterne in die Grube fielen, blitzte und glühte es von Gold und Juwelen, so daß wir vollständig geblendet wurden.

Ich will nicht versuchen, die Gefühle, mit denen ich den Schatz anstarrte, zu beschreiben. Zuerst wurde ich mir eines endlosen

Erstaunens bewußt. Legrand schien vor Erregung ganz erschöpft und sprach nur sehr wenig. Jupiter war so bleich geworden, wie es einem Neger überhaupt nur möglich ist. Er stand ganz entgeistert da — wie vom Donner gerührt. Dann sank er in der Grube auf die Knie, begrub seine beiden Arme bis an die Ellbogen in dem Gold und ließ sie darin ruhen, als wolle er die Wollust eines solchen Bades ganz auskosten. Endlich rief er, tief aufseufzend, als rede er nur mit sich selbst:

»Und alles sein gekommen von Goldkäfer. Der hübschen Goldkäfer! Der armen, kleinen Goldkäfer. Schämen du dich nicht vor dich selbst, Nigger? Sag mich das!«

Da kam mir plötzlich der Gedanke, daß ich Herrn und Diener antreiben müsse, an die Bergung des Schatzes zu denken. Es wurde spät, und wir mußten alles aufbieten, um die Kostbarkeiten vor Tagesanbruch auf die Insel zu schaffen. Wie dies jedoch zu bewerkstelligen sei, war schwer zu sagen, und wir verloren mit dem Überlegen viel Zeit, denn wir waren alle ziemlich aufgeregt und verwirrt. Endlich erleichterten wir die Kiste, indem wir zwei Drittel ihres Inhalts herausnahmen, und konnten sie nun mit einiger Mühe aus dem Loch herausheben. Die herausgenommenen Gegenstände verbargen wir unter den Brombeersträuchern und ließen sie unter der Obhut des Hundes zurück, dem Jupiter strengsten Befehl gegeben hatte, sich nicht von der Stelle zu rühren noch einen Laut von sich zu geben. Nun hasteten wir mit der Kiste nach Hause und kamen nach unsäglichen Mühen dort gegen ein Uhr morgens an. Wir waren jedoch zu erschöpft, um sogleich wieder an die Arbeit zu gehen, ruhten uns bis zwei Uhr aus, stärkten uns an einem kleinen Abendessen und brachen dann wieder nach dem Festland hin auf. Drei starke Säcke, die wir zum Glück in der Vorratskammer vorgefunden hatten, nahmen wir mit. Ein paar Minuten vor vier Uhr langten wir an der Grube an, teilten den Rest des Fundes gleichmäßig unter uns, füllten die Löcher gar nicht wieder aus, sondern traten den Heimweg nach der Hütte an, in der wir unsere goldene Bürde gerade in dem Augenblick niederlegten, als die ersten schwachen Morgenschimmer durch die Baumwipfel drangen.

Jetzt waren wir vollständig erschöpft; doch ließ uns die heftige Aufregung nicht lange ruhen. Nach einem unruhigen drei- oder vierstündigen Schlaf erhoben wir uns wie auf Verabredung wieder und begannen, den Schatz zu untersuchen.

Die Kiste war bis zum Rand gefüllt gewesen, und wir brachten den ganzen Tag und auch den größten Teil des folgenden noch damit zu, ihren Inhalt in Augenschein zu nehmen. Es lag alles bunt durcheinander; von Ordnung oder System beim Einpacken war keine Rede gewesen.

Nachdem wir alles sorgfältig sortiert hatten, sahen wir erst, daß wir im Besitze eines größeren Reichtums waren, als wir bisher vermutet hatten. An Münzen waren, wenn wir die Stücke nach dem jetzigen Kurs berechneten, etwa vierhundertfünfzigtausend Dollars vorhanden. Es war nur altes, in den verschiedensten Ländern kursierendes Gold — von französischem, spanischem und deutschem Gepräge, doch fanden wir auch ein paar englische Guineen und ein paar Spielmarken, die wir nie zuvor gesehen hatten. Einige der Münzen waren groß und schwer, jedoch so abgenützt, daß wir ihre Inschrift nicht mehr erkennen konnten. Amerikanisches Geld war keins vorhanden.

Der Wert der Juwelen war nicht so leicht abzuschätzen. Wir fanden im ganzen einhundertundzehn Diamanten, von denen mancher außerordentlich groß und schön und keiner unter Mittelgröße war; ferner achtzehn Rubine von bemerkenswertem Feuer, dreihundertundzehn Smaragde von besonderer Schönheit und einundzwanzig Saphire sowie einen Opal. Diese Steine hatte man aus ihren Fassungen gebrochen und lose in die Kiste verstreut. Die Fassungen selbst, die wir unter dem anderen Golde fanden, schienen mit Hämmern zusammengeschlagen worden zu sein, um jedes Wiedererkanntwerden unmöglich zu machen. Überdies fanden wir eine große Menge gut erhaltener Schmucksachen — fast zweihundert massive Ohr- und Fingerringe, wenn ich mich recht erinnere, dreißig schwere Ketten, dreiundachtzig große, durch und durch echte Kruzifixe, fünf goldene Weihrauchfässer von großem Werte, eine riesige goldene Punschbowle, mit prachtvollem getriebenem Rebenlaub und Figuren aus einem Bacchuszuge geschmückt, dann zwei wundervoll gearbeitete Degengriffe und noch eine Unzahl kleinerer Gegenstände, deren ich mich nicht recht mehr entsinne.

Diese Dinge wogen im ganzen über dreihundertundfünfzig Pfund, ohne eine große Anzahl prächtiger goldener Uhren — es waren hundertsiebenundneunzig —, von denen drei wohl jede ihre fünfhundert Dollar unter Brüdern wert war. Viele von ihnen waren sehr alt und als Chronometer wohl wertlos, doch waren sie alle reichlich mit Juwelen besetzt und saßen in wertvollen Gehäusen. Wir schätzten den Gesamtinhalt der Kiste in jener Nacht auf ein und eine halbe Million Dollar, doch stellte sich beim späteren Verkauf der Schmucksachen und Juwelen — wir behielten nur einige wenige für uns — heraus, daß wir ihren Wert bedeutend unterschätzt hatten.

Als wir endlich mit unserer Prüfung zu Ende waren und unsere heftige Aufregung sich zu beruhigen begann, bemerkte Legrand wohl, mit welcher Spannung ich der Lösung des ganzen Geheimnisses entgegensah, und begann, mich in alle Einzelheiten desselben einzuweihen.

»Sie erinnern sich wohl noch an jenen Abend«, sagte er, »an welchem ich Ihnen die flüchtige Skizze des Käfers zeigte, und an meinen Ärger, als Sie fortwährend behaupteten, meine Zeichnung sähe einem Totenkopf ähnlich. Als Sie es zum ersten Male sagten, glaubte ich, Sie wollten einen Scherz machen. Doch erinnerte ich mich bald der sonderbaren Flecken auf dem Rücken des Insekts und mußte zugeben, daß Ihre Bemerkung ein wenig begründet sein konnte. Dennoch kränkte mich der Hohn über meine Fähigkeiten, denn ich gelte im allgemeinen als ein tüchtiger Zeichner; ich wollte deshalb das Stück Pergament zerknittern und zornig ins Feuer werfen . . .«

»Sie meinen das Papierstückchen?« fragte ich.

»Nein«, fuhr er fort, »der Schnitzel sah nur aus wie Papier, und anfänglich hielt ich ihn selbst dafür. Doch als ich auf ihm zeichnete, entdeckte ich, daß er ein Stück außerordentlich dünnen Pergaments sei. Er war, wie Sie sich erinnern werden, ziemlich beschmutzt. In dem Augenblick nun, in dem ich ihn zusammenknitterte, fiel mein Blick auf die Skizze, die Sie eben betrachtet hatten, und Sie können sich mein Staunen vorstellen, als ich die Figur eines Totenkopfes wirklich gerade da erblickte, wo ich, wie mir schien, den Käfer hingezeichnet hatte. Einen Augenblick lang war ich zu bestürzt, um ernstlich nachdenken zu können. Ich wußte, daß *meine* Zeichnung im Detail von dieser hier merklich abwich — obgleich im allgemeinen Umriß eine Ähnlichkeit nicht zu verkennen war. Ich ergriff darauf eine Kerze, setzte mich in die andere Ecke des Zimmers und begann, das Pergamentstück genauer zu untersuchen. Als ich es umwandte, bemerkte ich auf der Rückseite meine Skizze, sie war noch genauso, wie ich sie gemacht hatte. Meine erste Empfindung war nur ein Staunen über die wirklich bemerkenswerte Ähnlichkeit des Umrisses — über das sonderbare Zusammentreffen, daß, ohne daß ich es gewußt, auf der anderen Seite des Pergamentes ein Totenschädel stand, der nicht nur im Umriß, sondern auch in der Größe mit meiner Käferzeichnung vollständig übereinstimmte. Also, wie gesagt, das Sonderbare dieses Zusammentreffens verwirrte mich ein paar Minuten lang. So geht es einem ja gewöhnlich in derlei Fällen. Der Geist müht sich ab, einen Zusammenhang, eine Folge von Ursache und Wirkung herauszufinden, und da ihm dies nicht gelingt, erleidet er eine Art vorübergehender Lähmung. Doch als ich mich von meiner Verblüffung langsam wieder erholte, dämmerte in meinem Geist eine Überzeugung auf, die noch viel überraschender war als dies Zusammentreffen. Ich erinnerte mich plötzlich deutlich und gewiß, daß auf dem Pergament, als ich meinen Käfer hinskizzierte, *keine* Zeichnung gestanden hatte. Dessen war ich vollständig gewiß, denn ich wußte, daß ich das Blatt auf beiden Seiten betrachtet hatte, um die reinste Stelle ausfindig zu machen. Wäre die Zeichnung des Totenkopfes damals schon vorhanden gewesen, ich hätte sie unbedingt sehen müssen. Ich stand also vor einem Geheimnis, das ich mir vergebens zu erklären suchte; aber selbst damals schon glomm in den untersten, verborgensten Kammern meines Geistes glühwurmgleich eine Erkenntnis jener Wahrheit auf, die das Ereignis der letzten Nacht so glorreich bewiesen hat. Ich stand auf, verschloß das Pergament in ein sicheres Fach und gab alles Nachdenken auf, bis ich allein sei.

Als Sie sich verabschiedet hatten und Jupiter fest schlief, fing ich an, die Sache etwas methodischer zu untersuchen. Zuerst sann ich nach, auf welche Weise das Pergamentstück in meinen Besitz gekommen. Die Stelle, an der wir den Käfer entdeckt hatten, befand sich am Ufer des Festlandes, etwa eine Meile östlich von der Insel und nur wenig über dem Merkzeichen für den höchsten Wasserstand zur Flutzeit. Als ich ihn fing, versetzte er mir einen ziemlich heftigen Biß, so daß ich ihn wieder fallen ließ. Jupiter jedoch suchte mit seiner gewohnten Vorsicht nach einem Blatt oder irgend etwas Ähnlichem, um das Tier, das nun ihm zugeflogen war, damit zu fangen. In dem Augenblick bemerkten wir gleichzeitig jenen Pergamentbogen, den ich für ein Stück Papier hielt. Er lag halb im Sande vergraben, nur eine Ecke ragte heraus. An demselben Ort, an dem wir ihn fanden, erblickte ich auch die Überreste eines Schiffsrumpfes, wahrscheinlich eines Langbootes. Jedenfalls hatten sie schon lange Zeit hier gelegen, denn sie waren eigentlich kaum noch als Schiffsholz zu erkennen.

Jupiter hob also das Pergamentstück auf, wickelte den Käfer hinein und überreichte ihn mir in seiner Umhüllung. Bald darauf traten wir den Heimweg an und begegneten unterwegs Leutnant G., dem ich den Käfer zeigte. Er bat mich, ihm das Insekt zu leihen, ich willigte ein, und er steckte den Käfer in seine Westentasche, während ich das Stück Pergament in der Hand hielt. Vielleicht fürchtete der Leutnant, ich werde anderen Sinnes werden, und wartete gar nicht ab, bis ich die Beute wieder eingepackt hatte — Sie wissen ja, wie sehr er sich für alles, was Naturgeschichte angeht, interessiert. Mittlerweile muß ich wohl, ganz unbewußt, das Pergamentstückchen wieder eingesteckt haben.

Sie erinnern sich, daß ich, um den Käfer zu zeichnen, auf dem Tisch nach Papier suchte, jedoch keines fand. Ich forschte dann in meinen Taschen nach, in der Hoffnung, einen alten Brief zu finden, und entdeckte das Pergament. Ich erzähle Ihnen dies alles absichtlich so genau, weil mich die sonderbaren Umstände, unter denen ich in seinen Besitz gelangte, besonders frappierten.

Sie werden mich sicher für einen stark phantastischen Menschen halten, wenn ich Ihnen sage, daß ich mir schon damals eine Art

Zusammenhang ausgedacht hatte. Ich hatte zwei wichtige Glieder einer großen Kette miteinander verbunden: an der Seeküste lagen die Überreste eines Bootes, und nicht weit von dem Boot ein Stück Pergament — kein Papier —, auf dem ein Schädel gezeichnet stand. Sie werden nun natürlich fragen: ›Wo ist da der Zusammenhang?‹ Ich antworte Ihnen, daß ein Schädel oder Totenkopf das wohlbekannte Sinnbild der Piraten ist. Sobald es zum Kampf kommt, ziehen die Seeräuber die Flagge mit dem Totenkopf auf.

Ich betonte schon, daß der gefundene Fetzen kein Papier, sondern Pergament war, das dauerhaft, ja fast unzerstörbar ist. Unwichtige Dinge schreibt man selten auf Pergament, denn es ist zum Schreiben und Zeichnen absolut nicht so gut geeignet wie Papier. Dieser Gedanke ließ mich in dem Totenkopf irgend etwas Bedeutsames erblicken und veranlaßte mich, die Form des ganzen Pergamentstückes näher ins Auge zu fassen. Obgleich eine der Ecken durch irgendeinen Zufall abgerissen worden war, konnte man doch leicht erkennen, daß die ursprüngliche Form des Pergamentes eine längliche gewesen war. Ein solcher Streifen mochte sehr wohl gewählt worden sein, um irgendeine merkwürdige Tatsache aufzuzeichnen — oder um zu verhindern, daß irgendein Umstand der Vergessenheit anheimfalle.«

»Aber Sie sagten doch«, warf ich ein, »daß sich der Schädel *nicht* auf dem Pergament befand, als Sie den Käfer zeichneten. Wie können Sie dann nur einen Zusammenhang zwischen dem Boot und dem Schädel sehen, da Ihrer eigenen Ansicht nach dieser doch — weiß Gott durch wen — *später* als der Käfer aufgezeichnet wurde?«

»Ach, sehen Sie, hierum dreht sich eben das ganze Geheimnis, obgleich gerade dieser Punkt nicht schwer zu lösen ist. Ich schloß also: Als ich den Käfer zeichnete, war auf dem Pergament kein Schädel zu sehen. Als ich mit meiner Zeichnung fertig war, überreichte ich sie Ihnen und beobachtete Sie genau, bis Sie mir diese zurückgaben. Sie zeichneten den Schädel auch nicht, und außer uns war niemand zugegen, der es hätte tun können. Die Zeichnung war also nicht von Menschenhänden gemacht und dennoch war sie da.

Als ich mit meinen Gedanken so weit gekommen, suchte ich mich, und zwar mit Erfolg, jeder Kleinigkeit genau zu erinnern, die um die betreffende Zeit vorgefallen war. Das Wetter war sehr kalt gewesen (ein ebenso seltenes wie für mich glückliches Ereignis im Oktober), auf dem Herd brannte ein Feuer. Ich war durch die Bewegung warm geworden und hatte mich an den Tisch gesetzt; Sie hatten sich den Armstuhl ganz nah ans Feuer gerückt. In dem Augenblick, als ich Ihnen meine Zeichnung überreichte, kam Wolf, der Neufundländer, hereingestürmt und sprang an Ihnen empor. Mit Ihrer linken Hand liebkosten Sie ihn und suchten ihn abzuwehren, während Ihre Rechte, die das Pergament hielt, achtlos zwischen den Knien hinabsank und in unmittelbare Nähe des Feuers geriet. Einen Augenblick lang fürchtete ich schon, die Zeichnung werde in Brand geraten, und wollte Sie warnen; im nächsten Moment jedoch hatten Sie sich des Hundes erwehrt und begannen das Bild zu betrachten. Als ich mich an all dies erinnerte, wurde mir plötzlich klar, daß die Hitze die Ursache war, welche den Schädel auf dem Pergamentstück zum Vorschein gebracht hatte. Es ist Ihnen jedenfalls bekannt, daß es chemische Präparate gibt und schon immer gegeben hat, vermittels derer man auf Papier oder Pergament so schreiben kann, daß die Schriftzüge erst dann sichtbar werden, wenn man sie der Wirkung des Feuers aussetzt. Ist das beschriebene Material kalt geworden, so verschwinden sie und kommen erst bei erneuter Erwärmung wieder zum Vorschein. Nun unterwarf ich den Totenkopf einer sorgfältigen Betrachtung. Seine äußeren Ränder, das heißt diejenigen, welche dem Rand des Pergaments zunächst lagen, waren deutlicher als die anderen. Offenbar war die Wirkung der Wärme unvollkommen und ungleich gewesen. Ich zündete sofort ein Feuer an und setzte jeden Teil des Pergamentstückes einer Glühhitze aus. Dies hatte anfänglich keine andere Wirkung, als die schwachen Linien des Schädels zu verstärken, doch als ich längere Zeit bei dem Experiment verharrte, erschien in einer Ecke des Fetzens, dem Totenkopf schräg gegenüber, eine Figur, die ich anfänglich für eine Geiß hielt. Bei näherer Prüfung erkannte ich jedoch, daß es ein junger Bock sein sollte.«

»Haha!« lachte ich auf, »ich habe gewiß kein Recht, Sie auszulachen — ein und eine halbe Million Gold ist gewiß eine zu bedeutende Sache, als daß man seinen Spott damit treiben sollte — doch wie wollen Sie nun ein drittes Glied in Ihrer Kette nachweisen, wie wollen Sie den Zusammenhang zwischen den Piraten und der Geiß herstellen? Seeräuber haben doch eigentlich mit diesen Tieren nichts zu tun; für die interessiert sich doch höchstens ein Landmann.«

»Aber ich habe Ihnen doch schon gesagt, daß das Bild *keine* Geiß vorstellte.«

»Also meinetwegen einen jungen Bock — das ist doch fast dasselbe.«

»Fast dasselbe, aber doch nicht ganz«, antwortete Legrand. »Sie haben sicher schon von einem Kapitän Kidd* gehört; jedenfalls sah ich das Abbild dieses Tieres als eine Art Wortspiel oder vielmehr hieroglyphisches Zeichen für diesen Namen an, denn seine

* *Kidd bedeutet Böcklein, junger Bock.*

Stellung auf dem Papier legte einen solchen Gedanken sehr nahe. Der Totenkopf in der schräg gegenüberliegenden Ecke sah aus wie ein Gepräge oder Siegel. Doch erklärte dies alles gar nichts, und mit den paar Anhaltspunkten konnte ich eigentlich nichts weiter anfangen.«

»Ich glaube, Sie erwarteten, zwischen dem Siegel und dem hieroglyphischen Zeichen einen Brief zu finden?«

»Ja, oder wenigstens etwas Ähnliches. Jedenfalls verfolgte mich die Ahnung, es stände mir irgendein großes Glück bevor. Weshalb, vermag ich nicht recht zu sagen. Vielleicht war es zum Schluß auch mehr nur ein Wunsch als eine wirkliche Vorahnung, aber Sie werden sich jedenfalls erinnern, daß Jupiters törichte Worte, der Käfer bestehe ganz aus Gold, einen merkwürdigen Eindruck auf meine Phantasie gemacht hatten. Und dann jene merkwürdige Folge von Zufällen und Zusammentreffen – bedenken Sie doch nur, welch sonderbarer Zufall es war, daß ich das Pergament an jenem *einzigen* kalten Tage fand, an dem ein Feuer im Kamin brannte, und daß ich es Ihnen in dem Augenblick überreichte, in dem der Hund hineingestürzt kam und Sie, um ihn abzuwehren, Ihre rechte Hand mit der Zeichnung den Flammen nahe brachten! Daß ich ohne diesen Umstand den Totenkopf niemals erblickt und den Schatz niemals gefunden hätte!«

»Erzählen Sie nur weiter, ich bin voller Spannung!«

»Also, Sie haben ohne Zweifel die vielen Geschichten und unbestimmten Gerüchte gehört, nach denen Kidd und dessen Spießgesellen irgendwo an der Küste des Atlantischen Ozeans eine Unmasse Gold vergraben haben sollen. In dergleichen Gerüchten ist gewöhnlich ein Körnchen Wahrheit verborgen, und daß sich diese Geschichte vom Kapitän Kidd so lange erhielt, hatte meines Erachtens seinen Grund nur in dem Umstand, daß der vergrabene Schatz noch irgendwo *unaufgefunden* lag. Hätte Kapitän Kidd seine Schätze eine Zeitlang verborgen und später wieder in Besitz genommen, so würden die Gerüchte diese letzte Tatsache gewiß nicht verschwiegen haben. Sie wären in der Folge, als nicht mehr interessant, aus dem Gedächtnis des Volkes geschwunden. Sie haben wahrscheinlich schon bemerkt, daß man überall von Goldsuchern, fast nie jedoch von Goldfindern erzählt. Mir kam nun der Gedanke, daß irgendein Zufall – nehmen wir an: der Verlust des Schriftstückes, das die Lage des vergrabenen Schatzes ankündigte – dem Kapitän die Möglichkeit genommen habe, sich wieder in Besitz seines Eigentums zu setzen. Dieser Zufall wurde seinen Genossen bekannt und gab Anlaß zu all den Gerüchten, die jetzt so allgemein geworden sind. Haben Sie jemals gehört, daß man früher einmal an der Küste einen Schatz gehoben habe?«

»Niemals!«

»Doch ist es bekannt, daß Kidd ungeheure Schätze aufgespeichert hat. Ich hielt deshalb für gewiß, daß sie noch immer in der Erde verborgen lägen; und Sie werden kaum noch überrascht sein, wenn ich Ihnen sage, daß ich die Hoffnung, ja, fast die Gewißheit in mir aufsteigen fühlte, das unter so sonderbaren Umständen gefundene Pergament enthalte die verlorene Nachricht über den Ort, an dem der Schatz vergraben lag.

Ich hielt das Pergament nochmals über ein noch stärkeres Feuer, doch kam nichts weiter zum Vorschein. Da fiel mir ein, daß die dicke Lage von Schmutz vielleicht schuld daran sei, und ich reinigte das Pergamentstück sorgfältig mittels warmen Wassers. Dann legte ich es, den Schädel nach unten, in eine zinnerne Pfanne über ein Steinkohlenfeuer. Schon nach einigen Minuten war die Pfanne heiß, ich ergriff das Pergament und fand es zu meiner unaussprechlichen Freude mit Zahlen bedeckt, die in Linien geordnet zu sein schienen. Darauf legte ich es noch eine Minute lang in die Pfanne zurück und nahm es in dem Zustand heraus, in dem Sie es jetzt hier erblicken.«

Hier zeigte mir Legrand das Pergamentstück, das er eben wieder erwärmt hatte. Zwischen dem Totenkopf und dem jungen Bock erblickte ich folgende, anscheinend von ungeübter Hand geschriebene Zeichen:

53 # # † 305)) 6 * ; 4826) 4 # .) 4 #) ; 806 * ; 48 † 8]/ 60))
85 ; 1 # (; : # * 8 † 83 (88) 5 * † ; 46 (; 88 * 96 * ? ; 8) * # (;
485) ; 5 * † 2 : * # (; 4956 * 2 (5 * — 4) 8]/8 * ; 40 69 285) ;) 6 †
8) 4 # # ; 1 (# 9 ; 48 0 81 ; 8 : 8 # 1 ; 48 † 85 ; 4) 485 † 52
8806 * 81 (# 9 ; 4 8 ; (88 ; 4 (# ? 34 ; 48) 4 # ; 161 ; : 188 ; # ? ;

»Ich bin allerdings noch gerade so im unklaren wie früher«, antwortete ich und gab Legrand das Blatt zurück. »Und verspräche mir jemand für die Lösung des Rätsels alle Edelsteine von Golconda, ich könnte sie nicht verdienen.«

»Und doch ist sie keineswegs so schwierig«, meinte Legrand, »wie diese Zeichen auf den ersten Blick vermuten lassen. Sie bilden, wie leicht zu erraten ist, eine Chiffre, das heißt, sie drücken einen Sinn aus. Alles, was ich jedoch von Kapitän Kidd gehört hatte, ließ darauf schließen, daß er kein allzu gewandter Kryptograph gewesen ist. Ich nahm also an, daß diese Chiffre ziemlich einfach sein müsse und nur dem ungebildeten Seemann, solange ihm der Schlüssel fehlte, unverständlich bleiben konnte.«

»Und Sie haben den Sinn vollständig erraten?«

»Ohne allzu große Mühe! Habe ich doch Geheimschriften gelesen, die tausendmal schwieriger waren. Es reizte mich immer sehr, solche Rätsel zu lösen, und außerdem ist es sehr zu bezweifeln, ob der menschliche Scharfsinn ein Rätsel ersinnen könnte, das menschlicher Scharfsinn bei gehörigem Fleiß nicht wieder zu lösen vermöchte! Und in der Tat dachte ich, nachdem ich dem Pergament die Zeichen einmal entlockt hatte, kaum mehr daran, es könnte irgendwie schwierig sein, ihren Sinn zu enträtseln.

In meinem Fall, ja, wohl in allen Fällen, in denen es sich um Geheimschrift handelt, ist die erste Frage die, in welcher Sprache die Chiffre geschrieben ist, denn die Prinzipien der Lösung hängen, besonders wenn es sich um einfachere Chiffren handelt, fast allein von dem Geist der betreffenden Sprache ab. Im allgemeinen bleibt jemandem, der eine solche Geheimschrift lesen will, nichts übrig, als mit allen ihm bekannten Sprachen die Experimente anzustellen, die ihm am ehesten Erfolg zu versprechen scheinen, bis er endlich das Richtige findet. Jedoch die Unterschrift unserer Chiffre enthob mich jeder Schwierigkeit. Das Wortspiel ›Kidd‹ wies mich klar und deutlich auf die englische Sprache. Wäre dies nicht der Fall gewesen, so hätte ich mit der spanischen oder französischen Sprache begonnen, da sich die Piraten aus den spanischen Gewässern ihrer wohl am ehesten bedient haben würden. So jedoch mußte ich annehmen, die Chiffre beziehe sich auf die englische Sprache.

Sie sehen, daß die Worte nicht voneinander getrennt sind; in diesem Fall wäre meine Arbeit bedeutend leichter gewesen. Ich hätte dann damit begonnen, die kürzeren Worte zu analysieren und miteinander zu vergleichen, und hätte ich ein aus einem einzigen Buchstaben bestehendes Wort gefunden – ein ›a‹ oder ›J‹ zum Beispiel –, so hätte ich die Lösung als gelungen ansehen können. Doch da die Worte eben nicht abgeteilt waren, beschränkte ich mich darauf, die am häufigsten sowie die am seltensten vorkommenden Buchstaben ausfindig zu machen. Als ich alle gezählt hatte, fertigte ich folgende Tabelle an:

Die	Chiffre	8	kommt	33	mal	vor
„	„	;	„	26	„	„
„	„	4	„	19	„	„
„	„	#)	„	16	„	„
„	„	*	„	13	„	„
„	„	5	„	12	„	„
„	„	6	„	11	„	„
„	„	†]	„	8	„	„
„	„	0	„	6	„	„
„	„	92	„	5	„	„
„	„	:3	„	4	„	„
„	„	?	„	3	„	„
„	„	]/	„	2	„	„
„	„	–.	„	1	„	„

Nun kommt in der englischen Sprache der Vokal e am öftesten vor. Dann folgen a, o, i, d, h, n, r, s, t, u, y, c, f, g, l, m, w, b, k, p, q, x, z. Der Buchstabe e jedoch herrscht so auffallend vor, daß man überhaupt kaum einen längeren Satz trifft, in dem er nicht *bedeutend* öfter als alle übrigen Buchstaben enthalten ist.

Wir haben also hier gleich am Anfang die Grundlage zu einer sicheren Vermutung. Wie nützlich im allgemeinen eine Tabelle wie die unsrige ist, liegt auf der Hand, bei unserer Geheimschrift jedoch werden wir sie nur teilweise nötig haben. Unsere vorherrschende Chiffre ist 8, und wir wollen damit beginnen, sie als das e des natürlichen Alphabetes anzusehen. Um uns von der Richtigkeit unserer Vermutung zu überzeugen, forschen wir noch nach, ob die Zahl 8 oft paarweise vorkommt — ein doppeltes e findet man im Englischen sehr häufig, man denke nur an meet, fleet, speed, seen, been, agree usw. Wir finden denn auch die Zahl nicht weniger als fünfmal doppelt vor, obwohl die ganze Mitteilung nur sehr kurz ist.

Nehmen wir also an, 8 bedeute e. Nun aber kommt von allen englischen Wörtern der Artikel ›the‹ am häufigsten vor; wir müssen also nachforschen, ob wir nicht Wiederholungen von drei Zahlen in derselben Reihenfolge finden, deren letzte eine 8 ist. Gelingt uns dies, so können wir mit ziemlicher Sicherheit annehmen, daß sie das Wort ›the‹ bedeuten. Bei genauer Untersuchung finden wir nicht weniger als sieben solcher Zeichenstellungen, und zwar die Chiffren ; 4 8. Wir können also annehmen, daß ; t bedeutet, 4 das Zeichen für h und 8 das Zeichen für e ist, und hätten damit schon einen großen Schritt nach vorwärts getan.

Nachdem wir dies eine Wort gefunden haben, können wir einen anderen unendlich wichtigen Punkt feststellen, nämlich verschiedene Wortanfänge und Endungen. Sehen wir uns die Stelle an, wo die Kombination ; 4 8 zum vorletztenmal vorkommt — nicht weit vom Ende der ganzen Schrift. Wir wissen, daß das ;, welches unmittelbar darauf folgt, den Anfang eines neuen Wortes bildet, und von den sechs Zeichen, die auf dieses ›the‹ folgen, sind uns nicht weniger als fünf bekannt. Diese Zeichen wollen wir in die Buchstaben des gewöhnlichen Alphabetes übersetzen und für die uns noch unbekannten einen leeren Raum lassen —

t eeth

Das ›th‹ können wir bald fallen lassen, weil es kein Teil des t anfangenden Wortes sein kann; denn wenn wir das ganze Alphabet nach einem passenden Buchstaben durchsuchen, so würde sich doch keiner finden, der mit den vorhandenen ein Wort bildete. So sind wir also auf

t ee

beschränkt, und wenn wir noch einmal wie zuvor das Alphabet durchsuchen, finden wir einzig und allein den Buchstaben r, der in Verbindung mit t ee einen Sinn, das Wort tree nämlich ergibt. So haben wir einen neuen Buchstaben erkannt, der durch das Zeichen (dargestellt ist, und zwei nebeneinander stehende Worte ›the tree‹. Sehen wir etwas weiter, so finden wir bald wieder die Kombination ; 4 8 und wollen sie diesmal als Endung für das, was unmittelbar voransteht, gebrauchen. Wir haben dann folgende Anordnung:

the tree ; (# ? 3 4 the

oder in die uns bekannten Buchstaben übersetzt:

the tree thr # ? 3 h the

Lassen wir nun für die unbekannten Schriftzeichen freien Raum oder setzen wir Pünktchen, so erhalten wir folgende Lesart:

the tree thr . . . h the

und denken sofort unwillkürlich an das Wort through. Diese Entdeckung jedoch verschafft uns drei neue Buchstaben, o, u und g, die sich unter den Zeichen #? und 3 verbargen.

Durchsuchen wir nun die Chiffre von neuem, um Verbindungen bekannter Zeichen herauszufinden, so entdecken wir ziemlich am Anfang die Anordnung:

8 3 (8 8 oder egree

was offenbar den Schluß des Wortes degree bildet. Auf diese Weise haben wir wieder einen neuen Buchstaben gefunden, nämlich d unter dem Zeichen †.

Vier Zeichen hinter dem Wort degree sehen wir die Kombination ; 4 6 (; 8 8 *

Übersetzen wir die bekannten Zeichen in Buchstaben und stellen die unbekannten durch Pünktchen dar, so lesen wir

tr . rtee .

und werden unbedingt an das Wort ›thirteen‹ erinnert und mit zwei neuen Buchstaben – i und n unter den Zeichen 6 und * – bekannt gemacht.

Betrachten wir nun den Anfang des Kryptogramms, so finden wir die Verbindung:

5 3 # # †

Übersetzen wir dies nach unserem vorherigen Schema, so erhalten wir

. good

und kommen leicht zu der Überzeugung, daß das erste Zeichen A bedeutet, der Anfang der Chiffre also lautet:

A good

Doch müssen wir nun unseren Schlüssel, soweit wir ihn fanden, in einer Tabelle ordnen, um größere Klarheit zu erhalten. Wir wissen, daß

5 = a	4 = h	(= r
† = d	6 = i	; = t ist.
8 = e	* = n	
3 = g	# = o	

Wir kennen also bis jetzt nicht weniger als zehn der wichtigsten Buchstaben, und es ist unnötig, auf die Details der Lösung noch weiter einzugehen. Ich habe Ihnen genügend gezeigt, daß Chiffren dieser Art sehr leicht lösbar sind und auf welchen Prinzipien man ihre Lösung aufbaut. Doch glauben Sie mir, daß die vorliegende Geheimschrift wohl die einfachste ist, die ich je kennengelernt habe.

Ich will Ihnen nun eine vollständige Übersetzung der Zeichen geben, die das Pergament enthielt:

›A good glass in the bishop's hostel in the devil's seat forty-one degrees and thirteen minutes northeast and by north main branch seventh limb east side shoot from the left eye of the death's head a bee line from the tree through the shot fifty feet out.‹

Ein gutes Glas im Bischofshotel in des Teufels Sitz einundvierzig Grad und dreizehn Minuten nordöstlich und nördlich Hauptast siebenter Ast Ostseite schieße von dem linken Auge des Totenkopfes eine kerzengerade Linie von dem Baum durch den Schuß fünfzig Fuß hinaus.«

»Aber«, warf ich ein, »das Rätsel erscheint mir noch immer so unlösbar wie vorher. Wie konnten Sie nur aus dem Kauderwelsch von ›Teufelssitz‹, ›Totenkopf‹ und ›Bischofshotel‹ einen Sinn entnehmen?«

»Ich gestehe gern«, erwiderte Legrand, »daß die Sache noch immer schwierig aussieht, wenn man sie nur oberflächlich betrachtet. Ich bemühte mich also weiter, den Satz so einzuteilen, wie er im Sinn des Kryptographen eingeteilt gewesen ist.«

»Sie haben ihn mit Interpunktion versehen?«

»Ja, wenigstens tat ich ähnliches.«

»Aber wie war dies zu bewerkstelligen?«

»Ich war zu der Ansicht gekommen, daß der Schreiber die Worte absichtlich ineinander geschoben hatte, um ihr Verständnis zu erschweren. Nun wird jeder nicht allzu scharfsichtige Mann — und für einen solchen halte ich den Verfasser dieser Chiffre — bei solcher Gelegenheit leicht übertreiben, das heißt in unserem Fall dort, wo ein Abschnitt im Satz stehen müßte, die Zeichen auffallend dicht zusammendrängen. Tatsächlich ist dies bei unserer Chiffre an fünf Stellen geschehen, an denen ich dann den Satz wie folgt abteilte:

A good glass in the bishop's hostel in the devil's seat — forty-one degrees and thirteen minutes — northeast and by north — main branch seventh limb east side — shoot from the left eye of the death's-head — a bee line from the tree through the shot fifty feet out.

Ein gutes Glas im Bischofshotel in des Teufels Sitz — einundvierzig Grad und dreizehn Minuten — nordöstlich und nördlich — Hauptast, siebenter Ast Ostseite — schieße von dem linken Auge des Totenkopfes — eine kerzengerade Linie von dem Baume durch den Schuß fünfzig Fuß hinaus.«

»Aber selbst dies Abteilen«, warf ich ein, »hat mich um nichts klüger gemacht.«

»Auch ich tappte einige Tage noch ganz im dunkeln«, erwiderte Legrand. »Zunächst erkundigte ich mich eifrig in der Umgegend der Sullivans-Insel, ob vielleicht irgendein Haus den Namen Bischofshotel führte. Als ich jedoch nicht das geringste erfahren konnte, wollte ich den Kreis meiner Nachforschungen schon erweitern und systematischer vorgehen, da fiel mir plötzlich ein, dies ›Bischofshotel‹ könne seinen Namen vielleicht von einer alten Familie Bessop herleiten, die vor langen, langen Jahren etwa vier Meilen nördlich von der Insel einst ein großes Farmhaus besessen hatte. Ich ging also auf diese Plantage hinüber und setzte meine Erkundigungen unter den älteren Negern fort. Endlich hörte ich von einem uralten Weibe, daß sie das Bischofs- oder Bessopskastell wohl kenne und mich dahinführen könne, doch sei es weder ein Schloß noch ein Wirtshaus, sondern ein hoher Felsen.

Ich versprach ihr eine gute Bezahlung für ihre Mühe, worauf sie sich nach einigem Besinnen bereit erklärte, mich an den betreffenden Ort zu bringen. Wir fanden ihn ohne weitere Schwierigkeit; ich entließ meine Führerin und begann meine Untersuchungen anzustellen. Das ›Kastell‹ bestand aus unregelmäßig aufeinandergetürmten Klippen und Felsen, von denen einer sowohl durch seine Höhe wie durch seine isolierte, fast künstliche Stellung auffiel. Ich kletterte auf seine höchste Spitze und wußte dann nicht recht, was ich nun weiter beginnen sollte.

Als ich noch darüber nachsann, fielen meine Blicke auf einen schmalen Vorsprung an der Ostseite des Felsens, vielleicht eine Elle unter dem Gipfel, auf dem ich stand. Dieser Vorsprung stand etwa achtzehn Zoll von dem Felsen ab und war nicht mehr als einen Fuß breit; eine Nische im Felsen gerade über dem Vorsprung gab diesem eine ungefähre Ähnlichkeit mit einem jener Stühle mit gewölbtem Rücken, derer sich unsere Vorväter bedienten. Ich zweifelte nun nicht mehr, daß dies der Teufelssitz sei, von dem das Pergament sprach, und glaubte nun, die ganze Lösung des Rätsels in der Hand zu haben. Das ›gute Glas‹ konnte sich meines Erachtens auf nichts anderes als auf ein Teleskop beziehen, da das Wort ›Glas‹ bei Seeleuten selten in anderem Sinne gebraucht wird. Ich mußte mir also ein Teleskop verschaffen sowie einen Standpunkt aufsuchen, der nicht der *geringsten Veränderung* unterlag, während ich meine Beobachtungen anstellte. Auch nahm ich sofort als sicher an, daß die Worte: ›einundvierzig Grad und dreizehn Minuten‹ und ›nordöstlich und nördlich‹ die Richtung beim Einstellen des Glases angeben sollten. Ziemlich erregt über diese Entdeckungen eilte ich nach Hause, verschaffte mir ein Teleskop und kehrte in kürzester Zeit zu dem Felsen zurück.

Vorsichtig glitt ich auf den Vorsprung hinab und fand, daß man nur in einer einzigen Stellung einen sicheren Sitz auf ihm einnehmen konnte. Diese Tatsache bestärkte mich nur noch in meiner vorgefaßten Meinung, und ich schickte mich an, das Glas zu gebrauchen. Die Worte ›einundvierzig Grad und dreizehn Minuten‹ konnten natürlich keinen anderen Sinn haben, als die Höhe über dem sichtbaren Horizont anzugeben, da die horizontale Richtung durch die Worte ›nordöstlich‹ und ›nördlich‹ deutlich genug bezeichnet worden war. Diese Richtung stellte ich mittels meines Taschenkompasses fest und bewegte dann das Teleskop, nachdem ich es, so genau ich nur konnte, auf einen Winkel von einundvierzig Grad Höhe eingestellt hatte, behutsam auf und ab, bis meine Aufmerksamkeit durch die kreisrunde Öffnung im Laubwerk eines Baumes erregt wurde, der über alle seine Nachbarn weit hervorragte. Im Mittelpunkt dieser Öffnung gewahrte ich einen weißen Punkt, konnte aber anfänglich nicht erkennen, was es war. Ich stellte das Teleskop schärfer ein, schaute abermals angestrengt hin und erkannte einen Totenschädel.

Nach dieser Entdeckung hielt ich höchst erfreut das Rätsel schon für gänzlich gelöst, denn der Satz: Hauptast, siebenter Ast, Ostseite konnte sich nur auf die Lage des Schädels auf dem Baum beziehen, und die weitere Bemerkung: ›Schieß von dem linken Auge des Totenkopfes‹ ließ ebenfalls nur *eine* Auslegung betreffs des Versteckes des Schatzes zu. Ich verstand die Worte so, daß aus dem linken Auge des Schädels eine Kugel hinabgelassen oder geschossen werden sollte, und eine ›kerzengerade Linie‹ von dem nächsten Punkt des Stammes durch den ›Schuß‹ oder den Punkt, auf den die Kugel fiel, gezogen und bis auf fünfzig Schritt verlängert werden müsse, um den Platz anzuzeigen, unter dem meiner Meinung nach Gegenstände von Wert verborgen liegen *konnten.*«

»Alles dies«, sagte ich, »ist ungemein klar, sinnreich und dabei doch einfach. Jedoch was taten Sie, als Sie das Bischofskastell verließen?«

»Nun, ich merkte mir den Baum genau und trat den Heimweg an. In dem Augenblick jedoch, in dem ich den ›Teufelssitz‹ verließ, verschwand auch die kreisförmige Öffnung, und ich konnte sie, wie ich auch das Teleskop drehen und wenden mochte, nicht mehr erblicken. Wiederholte Versuche haben mich überzeugt, daß sie tatsächlich einzig und allein nur von dem erwähnten Felsvorsprung aus sichtbar ist.

Auf der Expedition zum Bischofskastell hatte mich Jupiter begleitet. Wahrscheinlich war ihm schon seit ein paar Wochen mein tiefsinniges Wesen aufgefallen, denn er ließ mich keinen Augenblick allein. Am folgenden Morgen jedoch stand ich sehr früh auf, entwischte ihm und begab mich in die Berge, um den Baum aufzusuchen. Ich fand ihn nach langem Wandern. Als ich spät des Abends zurückkam, wollte mein Diener mich durchprügeln, und mit dem Rest des Abenteuers sind Sie, wie ich glaube, selbst so gut bekannt wie ich.«

»Sie trafen vermutlich beim ersten Nachgraben die rechte Stelle nicht«, warf ich ein, »weil Jupiter in seiner Dummheit den Käfer durch das rechte statt durch das linke Auge des Schädels fallen ließ?«

»So ist es. Dieser Irrtum verlegte den Schuß zwei und einen halben Zoll von der richtigen Stelle weg. Hätte der Schatz unter dem ›Schuß‹ gelegen, so hätte dies nicht viel zu bedeuten gehabt, aber der ›Schuß‹ und der nächstliegende Punkt des Baumes waren nur die Angaben für eine weitere Richtungslinie, bei deren Verlängerung wir natürlich immer weiter von der richtigen Stelle abkamen, bis wir in der Entfernung von fünfzig Fuß die Spur ganz und gar verloren hatten. Wäre ich nicht so felsenfest überzeugt gewesen, es *müsse* in der Nähe ein Schatz begraben sein, so hätten wir all die Arbeit wohl umsonst verrichtet.«

»Aber Ihr stolz beredtes Benehmen und die merkwürdigen Manipulationen mit dem Käfer – wie höchst seltsam! Ich dachte bestimmt, Sie hätten den Verstand verloren. Und weshalb bestanden Sie darauf, statt einer Kugel den Käfer durch das Auge des Totenkopfes fallen zu lassen?«

»Nun, um die Wahrheit zu gestehen, ich ärgerte mich etwas darüber, daß Sie an meiner Zurechnungsfähigkeit zweifelten, und beschloß deshalb, Sie unmerklich auf meine Weise zu strafen, indem ich ein wenig mystifizierte. Nur deshalb schwang ich den Käfer hin und her und ließ ihn vom Baum herabgleiten. Übrigens hat mich erst Ihre Bemerkung, wie auffallend schwer er sei, auf diesen letzten Gedanken gebracht.«

»Nun habe ich nur noch eine Frage zu stellen: Was sollen wir mit den Skeletten anfangen, die wir in der Grube gefunden haben?«

»Das weiß ich ebensowenig wie Sie selbst. Ich kann mir überhaupt kaum erklären, wie sie je an diesen Ort gekommen sind. Die einzige Möglichkeit weist auf ein scheußliches Verbrechen hin, an das zu glauben schwer ist. Wenn es wirklich Kidd war, der den Schatz vergraben hat – und ich zweifle keinen Augenblick, daß er es gewesen ist –, so muß er Helfershelfer bei der Arbeit gehabt

haben. Nachdem sie vollbracht war, hielt er es vielleicht für angemessen, sich der Mitwisser dieses Geheimnisses zu entledigen. Vielleicht genügten ein paar Schläge mit einer Hacke auf die ahnungslos Arbeitenden, vielleicht waren auch ein Dutzend nötig — wer kann das wissen!«

DER DOPPELMORD IN DER RUE MORGUE

Sie ist zwar etwas verblüffend, die Frage: welches Lied die Sirenen gesungen oder welchen Namen Achilles angenommen, als er sich bei den Frauen verbarg, doch liegt ihre Beantwortung nicht außerhalb des Bereiches der Möglichkeit.

Sir Thomas Browne

Die geistigen Fähigkeiten, welche man gewöhnlich die analytischen nennt, sind selbst, ihrem ganzen Wesen nach, der Analyse sehr schwer zugänglich. Wir beurteilen sie nur nach ihren Wirkungen. Unter anderem wissen wir von ihnen, daß sie, wenn sie in ungewöhnlich hohem Grade vorhanden sind, ihrem Besitzer ein Born außerordentlicher Genüsse sein können. Wie ein starker Mann sich an seiner physischen Tüchtigkeit berauscht und Übungen, die seine Muskeln in Tätigkeit setzen, vor allem liebt, so hat der Analytiker seine höchste Freude an jener geistigen Tätigkeit, die entwirrt und löst. Selbst die trivialsten Beschäftigungen, sofern sie ihm nur Gelegenheit geben, sein Talent zu entfalten, bereiten ihm Vergnügen. Er ist ein Freund von Rätseln, Hieroglyphen und Geheimnissen und zeigt bei der Lösung derselben einen Grad von Scharfsinn, der dem gewöhnlichen Verstande übernatürlich erscheint. Und seine Resultate, zu denen er doch durch rein methodisches Vorgehen gelangt ist, haben in der Tat den Anschein von Intuition.

Die Fähigkeit zur Auflösung wird unter Umständen durch mathematische Studien noch bedeutend geschärft; besonders durch das Studium jener höchsten Mathematik, die man ungerechterweise und nur wegen ihrer rückwärts schließenden Tätigkeit Analyse, gleichsam Analyse par excellence genannt hat. Aber bloßes Rechnen heißt noch nicht analysieren. Ein Schachspieler zum Beispiel tut das eine, ohne das andere auch nur zu versuchen. Daraus folgt, daß das Schachspiel in seinen Wirkungen auf den Geist vollkommen falsch beurteilt wird. Doch will ich hier keine Abhandlung schreiben, sondern lediglich eine etwas sonderbare Erzählung durch ein paar aufs Geratewohl hingeworfene Bemerkungen einleiten. Ich möchte an dieser Stelle nur noch bemerken, daß die höheren Kräfte des überlegenden Geistes durch das bescheidene Damespiel viel lebhafter und nutzbringender angestrengt werden als durch die anspruchsvollen Nichtigkeiten des Schachspiels. Bei diesem Spiel, in dem die Figuren verschiedene und absonderliche Bewegungen von verschiedenem und veränderlichem Werte ausführen können, hält man sehr oft für tief, was nur kompliziert ist. Hier wird die Aufmerksamkeit auf das lebhafteste angespannt. Wenn sie einen Augenblick erlahmt, unterläuft einem ein Versehen, das zu Verlust oder gar zur Niederlage führt. Da die möglichen Züge nicht allein sehr zahlreich, sondern auch von ungleichem Werte sind, liegt die Möglichkeit eines solchen Versehens sehr nahe, und in neun von zehn Fällen wird der aufmerksamere Spieler über den geschickteren den Sieg davontragen. Beim Damespiel hingegen, bei dem es nur *eine* Art von Zügen mit wenig Veränderungen gibt, ist die Wahrscheinlichkeit eines Versehens geringer; und da die bloße Aufmerksamkeit verhältnismäßig wenig ausrichtet, kann man die Vorteile, die sich eine Partei vor der anderen verschafft, nur ihrem größeren Scharfsinn zuschreiben.

Um weniger abstrakt zu sein —: Stellen wir uns ein Damespiel vor, dessen Steine bis auf vier Könige zusammengeschmolzen sind, so daß kein Versehen mehr stattfinden kann. Es liegt auf der Hand, daß hier der Sieg, vorausgesetzt, daß die Spieler gleich tüchtig sind, nur durch irgendeinen ganz geschickten Zug, der das Ergebnis einer starken Anstrengung des Verstandes ist, herbeigeführt werden kann. Seiner gewöhnlichen Hilfsquellen beraubt, versetzt sich der Analytiker in den Geist seines Gegners, identifiziert sich mit demselben und erkennt nicht selten auf den ersten Blick die einzige Möglichkeit — sie ist oft ganz absurd einfach —, durch die er seinen Partner irreführen und zu falscher Berechnung verleiten kann.

Lange Zeit war der Whist wegen seines Einflusses auf die Fähigkeit der Berechnung berühmt; und man kennt Männer von höchster Intelligenz, die ein anscheinend unerklärliches Vergnügen an diesem Spiele fanden, während sie das Schachspiel als kleinlich verschmähten. Ohne Zweifel gibt es nichts Ähnliches in der Art, was die analytischen Fähigkeiten so gründlich übte. Der beste Schachspieler der Christenheit *braucht* nichts weiter zu sein als eben der beste Schachspieler, aber die Tüchtigkeit im Whistspiel läßt auch in allen anderen und wichtigeren Unternehmungen, in denen der Geist mit dem Geiste kämpft, auf Tüchtigkeit und Erfolge schließen. Ich meine mit dem Worte ›Tüchtigkeit‹ jene vollkommene Beherrschung des Spiels, die *alle* Quellen, aus denen rechtmäßiger Vorteil gezogen werden kann, kennt. Sie sind nicht allein zahlreich, sondern auch vielartig und entspringen häufig in Gedankenklüften, die einer durchschnittlichen Begabung vollständig unzugänglich sind.

Aufmerksam beobachten heißt: sich bestimmter Dinge gut erinnern können; deshalb wird sich ein Schachspieler, der an Konzentration gewöhnt ist, sehr gut zum Whist eignen, zumal die Regeln des Hoyle — die selbst nur auf dem bloßen Mechanismus des Spiels basieren — allgemein verständlich und ausreichend sind.

Ein gutes Gedächtnis haben und regelrecht nach dem Buche spielen, hält man in den meisten Fällen für die Summe aller Erfordernisse zu gutem Spiel. Doch die Kunst des Analytikers zeigt sich in den Dingen, die außerhalb der Regel liegen. Stillschweigend macht er eine Menge Beobachtungen, aus denen er seine Schlüsse zieht. Die Mitspielenden tun vielleicht desgleichen, und der Unterschied in der Tragweite der erhaltenen Kenntnis liegt nicht so sehr in der Gültigkeit des Schlusses als in dem Wert der Beobachtung. Das wichtigste ist, zu wissen, *was* man zu beobachten hat. Der Spieler, den ich hier im Sinne habe, beschränkt sich nicht auf das Spiel allein und verwirft keine Schlüsse, die außerhalb desselben liegen, aus dem bloßen Grunde, weil das Spiel der hauptsächlichste Gegenstand seiner Aufmerksamkeit ist. Er studiert den Gesichtsausdruck seines Partners und vergleicht ihn sorgfältig mit dem der Gegner. Er beachtet die Art und Weise, in der die Karten in der Hand geordnet werden, und zählt oft Trumpf auf Trumpf, Honneurs auf Honneurs an den Blicken nach, mit denen ihr Besitzer sie betrachtet. Während das Spiel seinen Lauf nimmt, beobachtet er jede Veränderung des Gesichtes und sammelt aus dem verschiedenen Ausdruck von Sicherheit, Überraschung, Triumph oder Ärger eine Fülle von Gedanken über das jeweilige Spiel. Aus der Art und Weise, wie jemand einen Stich aufnimmt, schließt er, ob die betreffende Person noch einen anderen in derselben Farbe machen kann. Er erkennt an der Miene, mit der jemand die Karte auf den Tisch wirft, ob er mogelt. Ein gelegentliches oder unbedachtes Wort, das zufällige Fallen oder Umwenden einer Karte, die Ängstlichkeit oder Sorglosigkeit, die diesen Vorgang begleitet, das Zählen der Stiche, ihre Anordnung, ferner Verwirrung, Zögern, Hast, Bestürzung, alles dient seiner scheinbar intuitiven Erfassung vom Stande der Dinge als Symptom und Erkennungszeichen. Wenn die zwei oder drei ersten Runden gespielt worden sind, kennt er die Karten von jedem Mitspielenden und gibt von da ab seine eigenen mit so unfehlbar sicherer Berechnung aus, als spiele die übrige Gesellschaft offen.

Die Fähigkeit zur Analyse darf nicht mit bloßer Klugheit verwechselt werden; denn während der Analytiker unbedingt klug ist, hat der kluge Mann oft auffallend wenig Begabung für Analyse. Die aufbauende und berechnende Kraft, durch welche sich die Klugheit gewöhnlich äußert — und der die Phrenologen, ich glaube irrtümlicherweise, ein besonderes Organ zugeschrieben haben, da sie dieselbe für eine *eingeborene* Fähigkeit hielten —, ist so oft bei den Menschen, deren Verstand im übrigen an Blödsinn grenzte, beobachtet worden, daß diese Tatsache unter Moralschriftstellern Aufsehen erregte. Zwischen Klugheit und analytischer Fähigkeit besteht ein viel größerer Unterschied als zwischen Phantasie und Einbildungskraft, obwohl er von vollständig analogem Charakter ist. Man wird in der Tat immer finden, daß die klugen Menschen phantasiereich und die mit wirklicher Einbildungskraft begabten stets Analytiker sind. Die folgende Erzählung wird dem Leser vielleicht in mancher Beziehung eine Erläuterung zu den eben aufgestellten Behauptungen sein.

Während meines Aufenthaltes in Paris im Frühling und Sommer des Jahres 18 . . machte ich die Bekanntschaft eines Herrn August Dupin. Der junge Mann stammte aus einer guten, ja aristokratischen Familie, doch war er durch verschiedene widrige Ereignisse in solche Armut geraten, daß seine ganze Willenskraft in ihr unterging und er gar keine Anstrengungen mehr machte, sich wieder in glücklichere Verhältnisse heraufzuarbeiten. Seine Gläubiger ließen aus Anständigkeit einen kleinen Teil seines väterlichen Erbteils in seinen Händen, von dessen Zinsen er gerade sparsam leben konnte. Bücher waren der einzige Luxus, den er sich erlaubte; und in Paris kann man sich diesen leicht gestatten.

Wir trafen uns zum erstenmal in einer kleinen Buchhandlung in der Rue Montmartre, wo uns ein Zufall — wir suchten beide dasselbe sehr seltene und merkwürdige Buch — in nähere Beziehung brachte. Wir sahen uns des öfteren wieder. Ich interessierte mich lebhaft für die kleine Familiengeschichte, die er mir mit der ganzen Aufrichtigkeit, mit welcher der Franzose von seinem eigenen Ich spricht, erzählte. Auch war ich über seine große Belesenheit erstaunt, und vor allem fühlte ich, wie meine Seele von der urwüchsigen Kraft und seltenen Üppigkeit seiner Phantasie mit entflammt wurde. Ich verfolgte damals ganz bestimmte Ziele in Paris und sagte mir, daß die Gesellschaft eines solchen Mannes zur Erreichung derselben von unermeßlichem Nutzen sein mußte. Ich teilte ihm dies auch offenherzig mit. Schließlich kamen wir überein, während meines Aufenthaltes in Paris zusammen zu wohnen; und da meine Verhältnisse weniger beschränkt waren als die seinen, war es mir möglich, ein wetterzerstörtes, grotesk anzuschauendes Haus, das wegen eines Aberglaubens, dem wir jedoch nicht weiter nachforschten, verödet stand und in einem abgelegenen, einsamen Teil des Faubourg St. Germain seinem Verfall entgegenging, zu mieten und in einem Stil zu möblieren, welcher der phantastischen Düsterkeit unserer beider Gemütsart wohl entsprach.

Wäre die Lebensweise, die wir in dieser Wohnung führten, der Welt bekannt geworden, man hätte uns für Wahnsinnige gehalten — wenn auch für harmlose. Besucher ließen wir jedoch niemals ein. Unseren Zufluchtsort hatte ich vor all meinen früheren Bekannten sorgfältig geheimgehalten. Dupin hatte schon seit Jahren jeglichen Verkehr in Paris aufgegeben. So lebten wir nur für uns allein.

Mein Freund hatte die wunderliche Grille — wie sollte ich es anders nennen? —, in die Nacht um ihrer selbst willen verliebt zu sein; bald teilte ich diese Sonderbarkeit wie alle seine übrigen und überließ mich rückhaltlos solchen seltsamen Eigenarten. Die schwarze Gottheit wollte zwar nicht immer bei uns wohnen, doch schafften wir uns Ersatz für ihre Gegenwart. Beim ersten Morgendämmern schlossen wir all die schweren Fensterläden des alten Hauses und zündeten ein paar stark parfümierte Kerzen an, die nur einen gespenstisch schwachen Schimmer um sich verbreiteten. Bei ihrem Lichte versenkten wir unsere Seelen in Träume, lasen, schrieben, unterhielten uns, bis die Uhr den Anbruch der wahren Dunkelheit ankündigte. Dann eilten wir Arm in Arm hinaus in die Straßen, fuhren in den Gesprächen des Tages fort oder streiften bis spät in die Nacht umher und genossen in den seltsamen Licht- und Schattenseiten, wie sie jede volkreiche Stadt aufweist, jene Unendlichkeit von geistigen Anregungen, die sie dem ruhigen Beobachter allzeit gewähren.

Bei solchen Gelegenheiten mußte ich immer wieder und wieder Dupins hervorragende Fähigkeiten zu analysieren, auf die mich sein reiches Geistesleben schon vorbereitet hatte, bemerken und bewundern. Die Ausübung derselben schien ihm — selbst wenn niemand Kenntnis davon nahm — lebhaftes Vergnügen zu bereiten, und er gestand dies auch offen ein. Mit leisem, kicherndem Lachen rühmte er sich einstmals mir gegenüber, daß die meisten Menschen für ihn Fenster in der Brust hätten, und oft unterstützte er derartige Behauptungen durch sofortige und erschreckend deutliche Beweise, die mir zeigten, daß er mich selbst und meine Gedanken auf das genaueste errate.

In solchen Augenblicken war sein Wesen kalt und wie zerstreut, seine Augen blickten ausdruckslos vor sich hin, seine Stimme, die sonst einen Tenorklang hatte, schraubte sich zu einem Diskant hinauf, den man für Ausgelassenheit gehalten haben könnte, wenn einem nicht die Bedachtsamkeit und Deutlichkeit der Aussprache aufgefallen wäre. Wenn ich ihn in solchen Stimmungen sah, mußte ich immer an die alte Philosophie von dem Zweiseelensystem denken und amüsierte mich mit der Vorstellung eines doppelten Dupin, eines schöpferischen und eines auflösenden. Es wäre jedoch falsch, wenn man hieraus schließen wollte, daß ich beabsichtigte, ein Geheimnis zu entschleiern oder einen Roman zu schreiben. Was ich von dem Franzosen erzählte, war nur einfache Tatsache und als solche das Ergebnis einer übererregten, vielleicht krankhaften Intelligenz. Die beste Vorstellung von der Art seiner Beobachtungen in jener Zeit wird folgendes Beispiel geben.

Eines Abends schlenderten wir eine lange, schmutzige Straße in der Nähe des Palais Royal hinunter. Da wir beide tief in Gedanken waren, hatten wir wohl eine Viertelstunde lang kein Wort miteinander gesprochen, bis Dupin ganz plötzlich ausrief:

»Er ist wirklich ein sehr kleiner Kerl und würde besser ins Varietétheater passen.«

»Zweifellos«, erwiderte ich unwillkürlich und bemerkte zuerst gar nicht (so tief war ich in Nachdenken versunken gewesen), auf welch sonderbare Art diese Worte meine Träumereien fortsetzten. Gleich darauf besann ich mich und geriet natürlich in Erstaunen. »Dupin«, sagte ich ernst, »das geht über meine Begriffe. Ich sage Ihnen offen, daß ich sehr überrascht bin und meinen Sinnen kaum trauen kann. Wie konnten Sie wissen, daß meine Gedanken gerade bei . . .« Ich hielt inne, um mich ganz und gar zu überzeugen, ob er wisse, an wen ich gedacht hatte.

». . . bei Chantilly waren«, vollendete er. »Weshalb hielten Sie inne? Sie dachten doch vorhin darüber nach, daß ihn seine kleine Statur zum Tragöden untauglich mache!?«

Über diesen Punkt hatte ich allerdings soeben nachgesonnen. Chantilly war ein ehemaliger Schuhflicker aus der Rue St. Denis, der in einem Anfall von Theaterwut versucht hatte, die Rolle des Xerxes in Crébillions gleichnamiger Tragödie zu spielen und für seine Mühe nur bitteren Hohn geerntet hatte.

»Erklären Sie mir um Himmels willen«, rief ich aus, »die Methode — wenn Sie methodisch vorgegangen sind —, mit der Sie meine Seele derart erforschen konnten.« Ich war in Wirklichkeit noch verblüffter, als ich zeigen wollte.

»Der Fruchthändler«, versetzte mein Freund, »veranlaßte Sie zu dem Schluß, der Sohlenflicker sei nicht groß genug für einen Xerxes und die ganze Reihe ähnlicher Rollen.«

»Der Fruchthändler? Wieso? Ich kenne gar keinen.«

»Ich meine den Mann, der Sie beim Einbiegen in die Straße anrannte. Es ist vielleicht eine Viertelstunde her —«

Jetzt erinnerte ich mich, daß ich in der Tat von einem Fruchthändler, der einen großen Korb Äpfel auf dem Kopfe getragen hatte, fast umgerannt worden wäre, als wir aus der Rue C . . . in den Durchgang eingebogen, in dem wir jetzt standen. Aber was dies mit Chantilly zu tun hatte, war mir nicht klar.

Dupin war jedoch so wenig Scharlatan wie nur irgend jemand. »Ich will Ihnen die Sache erklären«, sagte er, »und damit Sie alles recht verstehen, wollen wir den Lauf Ihrer Gedanken zurückverfolgen, von dem Augenblick an, da ich Ihre Betrachtungen unterbrach, bis zu dem Zusammenstoß mit dem Fruchthändler. Die Hauptglieder der Kette sind folgende: — Chantilly, Orion, Dr. Nichols, Epikur, Stereotomie, das Straßenpflaster, der Fruchthändler.«

Es gibt wenig Leute, die sich nicht zuweilen damit amüsiert hätten, die Schritte zurückzuverfolgen, durch die ihr Verstand zu irgendwelchen Schlüssen gekommen ist. Die Beschäftigung kann sehr interessant sein; und mancher, der sich zum erstenmal in ihr versucht, ist höchst erstaunt über die scheinbar unendliche Entfernung zwischen dem Ausgangspunkt und dem Endpunkt seiner Gedanken und die Unzusammengehörigkeit beider. Groß war auch mein Erstaunen, als ich nun die Ausführungen des Franzosen vernahm und zugeben mußte, daß er die Wahrheit sprach.

Er fuhr fort:

»Wir hatten, wenn ich mich recht erinnere, kurz ehe wir die Rue C... verließen, von Pferden geredet. Das war unser letzter Gesprächsstoff. Als wir in diese Straße einbogen, eilte ein Fruchthändler mit einem großen Korbe Äpfel auf dem Kopfe rasch an uns vorüber und drängte Sie dabei auf einen Haufen Pflastersteine, die an einer Stelle, wo der Fußsteig ausgebessert wird, aufgeschüttet lagen. Sie traten auf einen der losen Steine, glitten aus, verstauchten sich ganz leicht den Fuß, schienen verärgert oder verstimmt, murmelten ein paar Worte, blickten sich nach dem Steinhaufen um und gingen dann schweigend weiter. Ich schenkte Ihnen keine weitere Aufmerksamkeit, nur ist mir seit einiger Zeit das Beobachten zur Notwendigkeit geworden: Ich nahm also wahr, daß Sie Ihre Blicke zu Boden gesenkt hielten, mit unmutigem Ausdruck die Löcher und Spalten im Pflaster betrachteten, woraus ich schließen mußte, daß Sie noch an die Steine dachten, bis wir die kleine Lamartinestraße erreichten, die versuchsweise mit gerippten, fest übereinandergreifenden Steinen gepflastert ist. Hier hellte sich ihr Gesicht auf, und als ich sah, daß Sie die Lippen bewegten, konnte ich nicht zweifeln, daß Sie das Wort ›Stereotomie‹ flüsterten, — übrigens ein ziemlich anspruchsvoller Name für diese einfache Art von Pflasterung. Ich wußte, daß Sie das Wort nicht aussprechen konnten, ohne an Atome und weiter an die Lehre Epikurs denken zu müssen, und da ich zu Ihnen, als wir vor kurzem über diesen Gegenstand redeten, bemerkt hatte, wie wunderbar die vagen Vermutungen dieses edlen Griechen von den neueren Entdeckungen der Nebular-Kosmogonie bestätigt worden seien, erwartete ich mit Gewißheit, daß Sie zu dem großen Nebel im Orion aufblicken würden. Sie taten es, und ich war sicher, Ihrem Gedankengange richtig gefolgt zu sein. In dem bitteren Spottartikel über Chantilly, der gestern im ›Musée‹ erschien, machte der Satiriker einige verächtliche Anspielungen auf die Namensveränderung, die der Schuhflicker beim Besteigen des Kothurn vorgenommen, und führte einen lateinischen Vers an, über den wir oft gesprochen hatten, nämlich:

›Perdidit antiquum litera prima sonum.‹

Ich sagte Ihnen, daß sich dies auf den Orion bezöge, den man früher Urion schrieb, und war sicher, daß Sie die Erklärung wegen gewisser Einzelheiten, die mit ihr verbunden waren, nicht vergessen hatten. Ich konnte also mit Sicherheit schließen, daß Sie die beiden Begriffe Orion und Chantilly unwillkürlich miteinander verbinden würden. Daß dies auch wirklich der Fall war, erkannte ich aus der Art des Lächelns, das jetzt um Ihre Lippen zuckte. Sie dachten an die Abschlachtung des armen Schusters. Bis dahin waren Sie ein wenig gebückt einhergegangen, nun sah ich, daß Sie sich zu Ihrer vollen Höhe aufrichteten. Ich war überzeugt, daß Sie an die kleine Statur Chantillys dachten. An dieser Stelle unterbrach ich Ihren Gedankengang mit der Bemerkung, daß er wirklich ein kleines Kerlchen sei und besser täte, zum Varieté zu gehen.«

Kurze Zeit später lasen wir zusammen die ›Gazette des Tribunaux‹ durch und wurden auf folgende Notiz aufmerksam:

›*Sensationeller Mord!!!* Heute morgen gegen drei Uhr wurden die Bewohner des Quartiers St. Roch durch anhaltendes gräßliches Geschrei aus dem Schlafe geschreckt. Die Hilferufe drangen anscheinend aus dem vierten Stockwerk eines Hauses in der Rue Morgue hervor, welches, wie man wußte, nur von einer Madame L'Espanaye und ihrer Tochter, Mademoiselle L'Espanaye, bewohnt war. Nach einigen Verzögerungen, die dadurch entstanden waren, daß man versucht hatte, sich auf gewöhnlichem Wege Eingang zu verschaffen, wurde die Haustür mit einer Eisenstange erbrochen, und acht oder zehn Nachbarn traten, von zwei Gendarmen begleitet, ein. Mittlerweile waren die Schreie verstummt, aber als die Leute die erste Treppe hinaufstürzten, unterschieden sie zwei oder mehr rauhe Stimmen, die sich ärgerlich stritten und aus dem oberen Teil des Hauses hervorzudringen schienen. Als man den zweiten Treppenabsatz erreichte, hörten auch die *Töne* auf, und alles blieb totenstill. Die Leute verteilten sich und eilten von einem Zimmer ins andere. Ein großes Hinterzimmer im vierten Stock fanden sie von innen verschlossen und brachen die Tür auf. Da bot sich ein Anblick dar, der die Anwesenden mit Grauen und nicht geringem Erstaunen erfüllte.

Das Zimmer war in der wildesten Unordnung: die Möbel zertrümmert und nach allen Seiten umhergeworfen. Aus einer Bettstelle waren die Betten herausgerissen und in die Mitte des Zimmers geschleppt worden. Auf einem Stuhl lag ein mit Blut beflecktes Rasiermesser. Auf dem Kamin fand man zwei oder drei lange, dichte Flechten von grauem Menschenhaar, die auch mit Blut besudelt waren und mit den Wurzeln herausgerissen zu sein schienen. Auf dem Boden lagen vier Napoléons, ein Ohrring mit einem

Topas, drei große silberne Löffel, drei kleinere von ›métal d'Alger‹ und zwei Beutel, die beinahe viertausend Francs in Gold enthielten. Die Schubfächer eines Schreibtisches standen offen und waren ohne Zweifel geplündert worden, obgleich sie noch eine Menge Gegenstände enthielten. Eine kleine eiserne Geldkiste wurde unter den Betten (nicht unter der Bettstelle) gefunden. Sie stand ebenfalls offen, der Schlüssel steckte noch im Schloß. Ihr Inhalt bestand aus alten Briefen und einigen anderen unwichtigen Papieren.

Von Madame L'Espanaye war keine Spur zu entdecken, aber da man auf dem Kamin eine ungewöhnliche Menge Ruß bemerkte, forschte man im Kaminrohr nach und zog — es ist grauenhaft, nur daran zu denken — den Leichnam der Tochter aus ihm hervor, der mit dem Kopf nach unten ziemlich hoch in den Schlot hinaufgezwängt worden war. Der Körper war noch ganz warm. Bei der Untersuchung entdeckte man zahlreiche Hautabschürfungen, die ohne Zweifel durch die Heftigkeit, mit welcher man den Leichnam hinaufgeschoben und wieder herausgezogen hatte, verursacht worden waren. Das Gesicht wies viele schwere Kratzwunden auf, und an der Kehle waren tiefe Fingerabdrücke und dunkle Quetschungen zu sehen, als sei die Tote erwürgt worden.

Nachdem man alle Teile des Hauses auf das gründlichste untersucht hatte, ohne Näheres zu entdecken, begaben sich die Leute in einen gepflasterten Hof an der Rückseite des Hauses. Hier fand man den Körper der alten Dame mit so vollständig durchschnittenem Halse, daß der Kopf, bei dem Versuch, die Leiche aufzurichten, abfiel. Der Körper sowohl wie der Kopf waren auf das gräßlichste verstümmelt, letzterer in einer Weise, daß er kaum noch etwas Menschlichem ähnlich sah.

Man hat unseres Wissens bis jetzt noch nicht den geringsten Anhalt zu einer Aufklärung dieser entsetzlichen Mordtat gefunden.‹

Am nächsten Tage brachte die Zeitung weitere Einzelheiten über den grauenhaften Fall.

›*Das Trauerspiel in der Rue Morgue!!!* — Man hat viele Personen über dies außergewöhnliche, fürchterliche Ereignis verhört, ohne das geringste zu entdecken, das Licht in die Sache bringen könnte.

Wir geben in Untenstehendem die Aussagen der Zeugen wieder:

Pauline Dubourg, Wäscherin, sagt aus, daß sie die beiden Verstorbenen seit drei Jahren kenne, da sie während dieser Zeit für dieselben gewaschen habe. Die alte Dame und ihre Tochter schienen in gutem Einvernehmen miteinander zu leben und behandelten sich gegenseitig liebenswürdig und rücksichtsvoll. Sie bezahlten ausgezeichnet. Sie könne nicht sagen, wie oder wovon sie lebten. Sie glaube, daß Madame L'Espanaye von Beruf Wahrsagerin gewesen sei. Dieselbe habe im Ruf gestanden, sich ein Vermögen erspart zu haben. Sie, die Zeugin, habe nie einen Menschen dort getroffen, wenn sie Wäsche abgeholt oder gebracht hätte. Sie sei sicher, daß die Damen keinen Dienstboten gehalten hätten. Anscheinend sei kein Teil des Hauses außer dem vierten Stockwerk ausmöbliert gewesen.

Pierre Moreau, Tabakhändler, sagt aus, daß er seit beinahe vier Jahren kleine Partien Rauch- und Schnupftabak an Madame L'Espanaye verkauft habe. Er sei in der Nachbarschaft geboren und immer dort ansässig gewesen. Die Verstorbene und ihre Tochter bewohnten das Haus, in dem man die Leichen gefunden habe, schon seit mehr als sechs Jahren. Früher habe es ein Juwelier besessen, der die oberen Zimmer an verschiedene Personen vermietet hatte. Das Haus war das Eigentum der Madame L'Espanaye. Sie war unzufrieden über den Mißbrauch, den die Mieter mit den Räumlichkeiten trieben, zog selbst hinein und weigerte sich, die nicht von ihr bewohnten Teile anderweitig zu vermieten. Die alte Dame war kindisch. Der Zeuge hat die Tochter im Laufe von sechs Jahren etwa fünf- bis sechsmal gesehen. Die beiden Damen führten ein außerordentlich zurückgezogenes Leben, man hielt sie für wohlhabend. Er habe von Nachbarn gehört, Madame L'Espanaye sei Wahrsagerin, habe es aber nicht geglaubt. Er habe niemals jemand anders in das Haus eintreten sehen als die alte Dame und ihre Tochter, ein- oder zweimal einen Portier und acht- oder zehnmal einen Arzt.

Das Zeugnis mehrerer anderer Personen aus der Nachbarschaft lief auf dasselbe hinaus. Man kannte niemanden, der das Haus selbst betreten hatte, und wußte nicht, ob Madame L'Espanaye und ihre Tochter noch lebende Verwandte hatten. Die Läden der vorderen Fenster wurden selten geöffnet. Die nach dem Hof hinaus gingen, waren immer geschlossen mit Ausnahme derer des großen Hinterzimmers im vierten Stock. Das Haus war gut gebaut und noch nicht alt.

Isidore Muset, Gendarm, sagt aus, daß er gegen drei Uhr des Morgens nach dem Haus gerufen worden sei und einige zwanzig oder dreißig Personen vor der Haustür angetroffen habe, die sich bemühten, sich Eingang zu verschaffen. Er öffnete schließlich die Tür mit einem Bajonett, nicht mit einer Eisenstange. Es habe nur wenig Mühe gekostet, da es eine Doppel- oder Flügeltür gewesen sei, die weder nach oben noch nach unten zugeriegelt worden war. Das Geschrei ertönte fort, bis die Tür erbrochen war, und verstummte dann plötzlich. Es schien von einer Person oder von mehreren in größter Todesangst ausgestoßen zu werden, war laut und gedehnt, nicht kurz und rasch. Der Zeuge führte den Zug die Treppe hinauf. Als er den ersten Treppenabsatz erreichte, vernahm er zwei Stimmen, offenbar in lautem, ärgerlichem Wortwechsel –

die eine rauh und barsch, die andere eine ganz sonderbare Stimme, kreischend und schrill. Er konnte ein paar Worte der ersten Stimme, die offenbar einem Franzosen angehörte, verstehen. Er behauptete mit Bestimmtheit, daß es keine Frauenstimme war. Er unterschied die Worte »sacré« und »diable«, die schrille Stimme war die eines Fremden. Er könne nicht gewiß sagen, ob es die Stimme eines Mannes oder einer Frau gewesen sei. Auch habe er nicht zu unterscheiden vermocht, was gesprochen wurde, meine jedoch, es sei Spanisch gewesen. Der Zustand des Zimmers und der Leichen wurde von dem Zeugen so beschrieben, wie wir gestern berichtet haben.

Henri Duval, ein Nachbar, von Beruf Silberschmied, sagt aus, daß er unter den ersten war, die das Haus betraten. Bestätigt in der Hauptsache das Zeugnis Musets. Sobald die Leute sich den Eintritt erzwungen hatten, schlossen sie das Haus wieder, um die Menge, die sich trotz der späten Stunde ansammelte, abzuhalten. Der Zeuge hält die schrille Stimme für die eines Italieners. Er erklärt mit Bestimmtheit, daß der Sprecher kein Franzose gewesen sein könne, wisse jedoch nicht bestimmt, ob die Stimme eine Männerstimme gewesen, hält es nicht für ausgeschlossen, daß es eine Frauenstimme war. Er versteht kein Italienisch und konnte deshalb keine Worte unterscheiden, glaubt jedoch nach dem Klang schließen zu dürfen, daß es wohl Italienisch gewesen sei. Zeuge kannte Frau L'Espanaye und ihre Tochter. Hat häufig mit ihnen gesprochen. Ist sicher, daß die schrille Stimme keiner der beiden Verstorbenen angehört hat.

Odenheimer, Restaurateur. — Zeuge war nicht geladen und gab sein Zeugnis freiwillig ab. Da er nicht französisch sprach, wurde er durch einen Dolmetscher vernommen. Er ist aus Amsterdam gebürtig. Kam während des Geschreis am Hause vorüber. Das Schreien dauerte mehrere — vielleicht zehn — Minuten lang. Es klang langgezogen und laut, grauenhaft, nervenerschütternd. War unter denen, die das Haus betraten. Bestätigte alle vorhergegangenen Aussagen, eine einzige ausgenommen. Er sei sicher, daß die schrille Stimme die eines Mannes — und zwar eines Franzosen — gewesen sei. Konnte die einzelnen Worte nicht unterscheiden. Die Stimme habe laut und schnell geklungen — ungleich, anscheinend sowohl von Furcht als von Ärger in die Höhe getrieben. Er könne sie eigentlich nicht schrill nennen. Die barsche Stimme habe wiederholt »sacré«, »diable« und einmal »Mon Dieu« gesagt.

Jules Mignaud, Bankier, Inhaber der Firma Mignaud & Söhne, Rue Deloraine — er ist der ältere Mignaud — sagt aus: Frau L'Espanaye hätte etwas Vermögen besessen und vor acht Jahren ihr Kapital bei ihm angelegt. Sie habe auch häufig kleinere Summen bei ihm hinterlegt, doch nie Kapital zurückgezogen außer am dritten Tage vor ihrem Tode, an dem sie persönlich die Summe von 4000 Francs abhob. Das Geld wurde in Gold ausbezahlt und ein Kassenbote mit demselben in ihr Haus geschickt.

Adolphe Lebon, Kassenbote bei Mignaud & Söhne, sagt aus, daß er an dem fraglichen Tage gegen Mittag Frau L'Espanaye mit den in zwei Beuteln verteilten 4000 Francs in ihre Wohnung begleitet habe. Als die Tür geöffnet wurde, sei Fräulein L'Espanaye erschienen und habe einen Beutel in Empfang genommen, während er der alten Dame den anderen aushändigte. Darauf habe er sich verabschiedet und sei gegangen. Auf der Straße habe er niemanden bemerkt. Die Rue Morgue ist eine Nebenstraße und fast immer menschenleer.

William Bird, Schneider, sagt aus, er sei unter denen gewesen, die das Haus betraten. Er ist ein Engländer. Lebt seit zwei Jahren in Paris. War einer der ersten, welche die Treppe hinaufstiegen. Hörte die Stimmen der Streitenden. Hält die barsche Stimme für die eines Franzosen. Hat mehrere Worte verstanden, jedoch nicht alle behalten. Vernahm deutlich nur: »sacré« und »Mon Dieu«. Es hätte einen Augenblick so geklungen, als kämpften mehrere Personen miteinander; er hätte scharrendes, schlurfendes Geräusch vernommen. Die schrille Stimme klang sehr laut, lauter als die barsche. Er sei sicher, daß es nicht die Stimme eines Engländers gewesen sei. Schien ihm von einem Deutschen herzurühren. Könnte auch eine Frauenstimme gewesen sein. Er verstehe kein Deutsch.

Vier der genannten Zeugen, die man wieder vorgeladen hatte, sagten aus, daß die Tür des Zimmers, in welchem man den Körper des Fräuleins L'Espanaye gefunden habe, von innen zugeschlossen gewesen sei, als der Trupp Leute dieselbe erreichte. Alles war vollständig ruhig — kein Stöhnen noch sonst ein Geräusch mehr zu hören. Als man die Tür aufbrach, war niemand zu sehen. Die Fenster, sowohl die nach hinten als auch die nach vorn heraus, waren geschlossen und von innen fest verriegelt. Eine Tür zwischen den beiden Zimmern war zugeschlagen, doch nicht verschlossen. Die Tür, die aus dem Vorderzimmer auf den Korridor führte, war geschlossen, der Schlüssel steckte inwendig. Ein kleines, auf dem vierten Stock nach vorn heraus gelegenes Zimmer am Ende des Korridors war offen. Die Tür stand weit auf. Dies Zimmer war mit alten Betten, Koffern etc. vollgestopft. Man räumte es sorgfältig aus und untersuchte es aufs genaueste. Nicht ein Zoll im ganzen Hause blieb undurchforscht. Selbst die Kamine ließ man auf das gründlichste kehren. Das Haus war vierstöckig und enthielt Mansarden. Eine Falltür auf das Dach hinaus war sehr fest zugenagelt und schien seit Jahren nicht geöffnet worden zu sein. Die Angaben über die Länge der Zeit von dem Augenblick an, in welchem man die streitenden Stimmen vernahm, bis zu dem, in welchem man die Zimmer aufbrach, schwankten. Einige Zeugen nahmen an, es seien drei Minuten gewesen, andere behaupteten, es seien wenigstens fünf verflossen. Die Tür konnte nur schwer geöffnet werden.

Alfonzo Garcio, Leichenbitter, sagt aus, daß er in der Rue Morgue wohne. Ist aus Spanien gebürtig. War unter denen, die das Haus betraten. Stieg jedoch die Treppe nicht herauf. Ist nervös und fürchtete die Folgen der Aufregung. Hörte die streitenden Stimmen. Die barsche Stimme sei die eines Franzosen gewesen. Konnte nicht unterscheiden, was sie sprach. Die schrille Stimme gehörte einem Engländer, das sei gewiß. Versteht kein Englisch, urteilt nach dem Tonfall.

Alberto Montani, Konditor, sagt aus, daß er mit unter den ersten war, die die Treppe hinaufstiegen. Hörte die fraglichen Stimmen. Die barsche Stimme sei die eines Franzosen gewesen. Unterschied mehrere Worte. Der Sprecher schien Vorstellungen zu machen. Die Worte der schrillen Stimme waren unverständlich. Sie sprach rasch und ungleich. Er halte sie für die eines Russen. Bestätigte das allgemeine Zeugnis. Er sei Italiener und habe nie mit einem geborenen Russen gesprochen.

Mehrere Zeugen, die man wieder vorrief, sagten aus, daß die Kamine aller Zimmer der vierten Etage zu eng seien, um einen Menschen durchzulassen. Doch fegte man jeden Rauchfang im Hause mit zylinderförmigen Bürsten, wie sie Kaminkehrer benutzten, gründlich auf und ab. Es gibt im Hause keine Hintertreppe, über die jemand hätte entfliehen können, während der Trupp Leute die Treppe hinaufstieg. Der Körper des Fräulein L'Espanaye war so fest in den Kamin eingezwängt, daß es nur den vereinten Kräften von vier oder fünf Männern gelang, ihn wieder herauszuziehen.

Paul Dumas, Arzt, sagt aus, daß er bei Tagesanbruch zur Besichtigung der Leichen herbeigerufen worden sei. Sie lagen beide auf der Matratze der Bettstelle, die in dem Zimmer stand, in welchem Fräulein L'Espanaye gefunden worden war. Der Leichnam des jungen Mädchens war schrecklich zerquetscht und zerschunden. Der Umstand, daß er in den Kamin hinaufgestoßen worden war, erklärte diese Erscheinung genügend. Die Kehle war vollständig zusammengepreßt. Dicht unter dem Kinn befanden sich mehrere tiefe Kratzwunden sowie eine Reihe bläulicher Flecken, die offenbar von dem Druck der Finger herrührten. Das Gesicht war gräßlich angelaufen und die Augen aus den Höhlen hervorgetreten. Die Zunge war zum Teil durchgebissen. In der Magengrube entdeckte man eine große Quetschung, die anscheinend von dem Druck eines Knies herrührte. Dem Gutachten des Herrn Dumas zufolge war Fräulein L'Espanaye von einer oder mehreren unbekannten Personen *erwürgt* worden. Der Leichnam der Mutter war ebenfalls schrecklich verstümmelt. Alle Knochen des rechten Armes und des rechten Beines waren mehr oder weniger gebrochen. Das linke Schienbein und die Rippen der linken Seite waren zersplittert. Der ganze Körper war in grauenerregender Weise zerquetscht und blutunterlaufen. Es war ganz unmöglich, festzustellen, auf welche Art und Weise die Verletzungen herbeigeführt worden seien. Eine schwere Holzkeule oder eine breite Eisenstange, ein Stuhl oder irgendeine große, schwere, stumpfe Waffe, von der Hand eines überaus kräftigen Mannes geschwungen, könnte solche Verletzungen hervorbringen. Keine Frauensperson hätte mit irgendwelcher Waffe derartige Schläge austeilen können. Der Kopf der Toten war bei der Besichtigung durch den Zeugen ganz vom Körper abgetrennt und auch vollständig zerschmettert. Die Kehle war augenscheinlich mit einem sehr scharfen Instrument, wahrscheinlich mit einem Rasiermesser, durchschnitten worden.

Alexander Etienne, Wundarzt, war mit Herrn Dumas zur Besichtigung der Leichen gerufen worden. Er bestätigte das Zeugnis und das Gutachten des Herrn Dumas.

Es ließ sich nichts weiter von Bedeutung feststellen, obwohl noch eine ganze Reihe von Personen verhört wurde. Noch nie ist in Paris ein so geheimnisvoller, in allen Einzelheiten so unerklärlicher Mord vollführt worden — wenn man hier überhaupt von einem Mord reden kann. Die Polizei hat nicht den allergeringsten Anhaltspunkt — etwas ganz Ungewöhnliches in solchen Fällen. Es ist auch nicht der Schatten einer Erklärung der schreckensvollen Begebenheit vorhanden.‹

Die Abendausgabe des Blattes berichtete, daß im Quartier St. Roch noch immer die größte Aufregung herrsche, daß der Tatort noch einmal auf das sorgfältigste untersucht und neue Verhöre angestellt worden seien — aber leider ergebnislos. Ein Postscriptum teilte noch mit, das Adolphe Lebon verhaftet und ins Untersuchungsgefängnis abgeführt worden sei, obgleich ihn außer den oben erwähnten Einzelheiten nichts belaste.

Dupin schien sich merkwürdig für den Verlauf dieser Affäre zu interessieren — ich schloß es wenigstens aus seinem Benehmen: er erwähnte sie mit keinem Wort. Erst nachdem er die Nachricht von der Verhaftung des Lebon gelesen hatte, fragte er mich, was ich von der Angelegenheit halte.

Ich konnte mich nur der Meinung von ganz Paris anschließen, daß hier ein unauflösliches Geheimnis walte, und sah kein Mittel, die verborgene Spur des Mörders aufzudecken.

»Wir dürfen die Mittel nicht nach diesem oberflächlichen Verhör beurteilen«, sagte Dupin. »Der vielgerühmte Scharfsinn der Pariser Polizei ist nur Schlauheit, weiter nichts. Sie folgt bei ihrem Vorgehen keiner anderen Methode als der, welche der Augenblick ihr eben eingibt. Sie handelt nach einer bestimmten Anzahl von Regeln, die nicht selten ihrem Zweck so schlecht entsprechen, daß man unwillkürlich an jenen Herrn erinnert wird, der seinen Schlafrock verlangte, um die Musik besser hören zu können. Die erreichten Erfolge sind ja zuweilen überraschend groß, doch verdankt sie dieselben meist nur ihrem Fleiß und ihrer Rührigkeit. Wo diese beiden Eigenschaften nicht ausreichen, mißlingen alle ihre Anstrengungen. Vidocq zum Beispiel war äußerst geschickt im Erraten, beharrlich und ausdauernd. Aber da sein Denken nicht geschult war, geriet er in einem fort in Irrtümer, in denen er dann seiner Natur gemäß noch hartnäckig verharrte. Er hielt sich seine Gegenstände so nahe vor das Auge, daß er vielleicht ein oder zwei Punkte mit außergewöhnlicher Schärfe wahrnahm, dafür aber naturgemäß keinen Überblick über das Ganze gewinnen konnte. So geht es immer, wenn man allzu tief sein will. Die Wahrheit ist nicht immer in einem Brunnen versteckt. Ich glaube im Gegenteil, daß sie, was wichtigere Erkenntnisse anbelangt, meistens auf der Oberfläche liegt. Die Wahrheit liegt nicht in den Tälern, in denen wir sie suchen, sondern auf den Berggipfeln, auf denen wir sie suchen sollten. Die Betrachtung der Himmelskörper versinnbildlicht uns ausgezeichnet die Art und den Ursprung dieses Irrtums. Blickt man einen Stern flüchtig oder von seitwärts an, so daß man ihm die äußeren Partien der Netzhaut zuwendet, die für schwache Lichteindrücke empfindlicher sind als die inneren, so erblickt man den Stern und seinen Glanz am deutlichsten. Das Licht wird im gleichen Verhältnis trüber werden, in welchem wir unsern Blick voll auf ihn richten. Im letzteren Fall nimmt das Auge zwar eine größere Menge Strahlen auf, im ersteren jedoch besitzt es eine verfeinerte Aufnahmefähigkeit. Durch übertriebene Tiefsinnigkeit schwächen und verwirren wir den Gedanken; und man kann die Venus selbst vom Firmament verschwinden lassen durch zu anhaltendes, zu scharfes oder zu unmittelbares Anstarren.

Was den Mord anbetrifft, so wollen wir, ehe wir uns eine Meinung bilden, erst für uns ganz allein Nachforschungen anstellen. Sie werden uns sicherlich viel Vergnügen bereiten.« – Ich fand den Ausdruck an dieser Stelle ziemlich sonderbar, sagte aber nichts. »Außerdem«, fuhr Dupin fort, »hat mir Lebon einmal einen Dienst erwiesen, für den ich ihm nicht undankbar sein werde. Wir wollen uns den Tatort mit eigenen Augen ansehen. Ich kenne den Polizeipräfekten G. und werde ohne Schwierigkeit die hierzu nötige Erlaubnis erhalten können.«

Er erhielt sie auch wirklich, und wir begaben uns sogleich nach der Rue Morgue. Sie ist eine der elenden Querstraßen, die die Richelieustraße mit der Rue St. Roch verbinden. Wir erreichten sie spät am Nachmittag, da das Quartier St. Roch von unserem Stadtviertel ziemlich weit entfernt liegt. Das Haus wurde leicht gefunden, denn auf dem gegenüberliegenden Trottoir stand eine Menge Menschen, die in gegenstandsloser Neugierde auf die geschlossenen Fensterläden starrte. Es war ein richtiges Pariser Haus mit einem Torweg, dem zur Seite ein Schiebefensterchen angebracht war, das die Portiersloge anzeigte. Ehe wir eintraten, gingen wir die Straße hinauf, bogen in eine Seitengasse ein, wandten uns wieder zurück und gingen auch an der Hinterseite des Hauses vorbei, während Dupin sowohl die ganze Nachbarschaft wie das Haus mit einer gründlichen Aufmerksamkeit betrachtete, die ich für ziemlich überflüssig hielt.

Dann wandten wir unsere Schritte wieder der Front des Hauses zu, klingelten, zeigten unsere Erlaubnisscheine vor und wurden von dem wachhabenden Beamten eingelassen. Wir begaben uns nach oben und traten in das Zimmer, in dem man den Leichnam des Fräuleins L'Espanaye gefunden hatte und in dem die beiden Verstorbenen lagen. An der Unordnung im Zimmer war, wie in solchen Fällen immer, nichts geändert worden. Ich bemerkte nichts weiter, als was in der ›Gazette des Tribunaux‹ schon erwähnt worden war. Dupin untersuchte alles aufs gründlichste, selbst die Körper der Opfer. Wir durchschritten die übrigen Zimmer und traten in den Hof; ein Gendarm begleitete uns auf Schritt und Tritt. Die Untersuchungen nahmen uns bis zum Anbruch der Dunkelheit in Anspruch, dann verabschiedeten wir uns. Auf unserem Heimweg trat mein Gefährte einen Augenblick in die Expedition eines der Tageblätter ein.

Ich habe schon gesagt, daß Dupin voll der bizarrsten Launen war und daß ich ihn so viel wie möglich seine eigenen Wege gehen ließ. Heute hatte er sich in den Kopf gesetzt, bis Mittag des nächsten Tages jeder Unterhaltung über das Mordthema auszuweichen. Dann jedoch fragte er mich plötzlich, ob ich nicht irgend etwas *Besonderes* an der Stätte des Greuels wahrgenommen hätte.

In der Art und Weise, wie er das Wort ›*Besonderes*‹ hervorhob, lag etwas, das mich schaudern machte, ohne daß ich wußte, weshalb.

»Nein«, antwortete ich, »nichts Besonderes, wenigstens nicht mehr, als schon in der Zeitung gestanden hat.«

»Die ›Gazette‹ «, meinte er, »hat, wie ich fürchte, das ungewöhnlich Grauenhafte der Sache nicht recht begriffen. Aber sehen wir von den müßigen Ansichten dieser Zeitung ab. Mir scheint es, daß das Geheimnis gerade aus *dem* Grunde leicht zu enthüllen ist, aus dem es für unerklärlich gehalten wird — ich meine, daß die Umstände, unter denen die Tat geschehen ist, nur ein kleines, deutlich begrenztes Feld für Vermutungen zulassen. Die Polizei ist verwirrt, weil anscheinend jedes Motiv, wenn nicht zum Mord selbst, so doch zu der Scheußlichkeit des Mordes fehlt. Sie steht verblüfft

vor der scheinbaren Unmöglichkeit, die vielfach gehörten streitenden Stimmen mit der Tatsache in Einklang zu bringen, daß man oben im Haus außer der Ermordeten niemanden entdeckte und doch keiner das Haus verlassen konnte, ohne an den heraufeilenden Leuten vorüberzukommen. Die wilde Unordnung im Zimmer, der mit dem Kopf nach unten in den Schornstein hinaufgezwängte Leichnam, die gräßlichen Verstümmelungen am Körper der alten Dame sowie noch einige weitere Tatsachen, die ich nicht zu erwähnen brauche, haben genügt, um die geistigen Kräfte der Polizeibeamten lahmzulegen, indem sie ihren gerühmten Scharfsinn irreführten. Sie sind in den groben, aber häufig vorkommenden Irrtum verfallen, das Ungewöhnliche mit dem Geheimnisvollen zu verwechseln. Aber gerade dies Abweichen vom Wege des Gewöhnlichen ist für die Vernunft ein Fingerzeig, der sie auf die Straße zur Wahrheit weist. Bei Nachforschungen von der Art der unserigen sollte man nicht so sehr fragen: ›Was ist geschehen?‹ als vielmehr: ›Was ist geschehen, was noch niemals vorher geschehen ist?‹ In der Tat steht die Leichtigkeit, mit der ich zu der Lösung des Rätsels gelangen werde oder schon gelangt bin, in gleichem Verhältnis zu seiner scheinbaren Unauflösbarkeit in den Augen der Polizei.«

In sprachlosem Erstaunen starrte ich den Sprecher an.

»Ich erwarte jetzt«, fuhr er, nach der Tür blickend, fort, »eine Person, die, wenn auch vielleicht gerade nicht der Täter, so doch an der Ausübung der Metzeleien in gewissem Grade beteiligt gewesen sein muß. An dem schlimmsten Teil der begangenen Verbrechen ist er höchstwahrscheinlich unschuldig. Ich hoffe, daß ich mit dieser Voraussetzung recht habe, denn ich habe meine ganze Hoffnung, das Rätsel vollständig lösen zu können, darauf aufgebaut. Ich erwarte diesen Mann hier, er kann jeden Augenblick eintreten. Es ist möglich, daß er nicht kommt, wahrscheinlicher, daß er es tun wird. Sollte dies der Fall sein, so müssen wir versuchen, ihn zurückzuhalten. Hier sind Pistolen; wir beide wissen ja damit umzugehen, falls die Gelegenheit es erfordern sollte.«

Ich nahm die Pistolen, ohne recht zu wissen, was ich tat, oder das, was ich hörte, zu glauben, während Dupin wie im Selbstgespräch fortfuhr. Ich habe schon von seinem zerstreuten Wesen zu solchen Zeiten gesprochen. Seine Worte waren an mich gerichtet, aber seine Stimme hatte, obgleich er sie nicht laut erhob, jene deutliche Intonation, deren man sich bedient, wenn man zu einer weit entfernten Person spricht. Seine Augen blickten vollständig ohne Ausdruck regungslos die Wand an.

»Daß die von den Leuten auf der Treppe gehörten streitenden Stimmen nicht von den beiden Frauen herrührten, ist durch die Zeugenaussagen wohl bewiesen. Dies macht die Frage, ob nicht die alte Dame zuerst die Tochter und darauf sich selbst durch Selbstmord umgebracht habe, überflüssig. Ich erwähne diesen Punkt nur um des methodischen Vorgehens willen; denn die Körperkräfte der Frau L'Espanaye wären völlig unzureichend gewesen, den Leichnam der Tochter in den Kamin hinaufzuzwängen, und die Art der Verwundungen ihrer eigenen Person schließen jeden Gedanken an Selbstmord aus. Der Mord ist also von einer dritten Partei begangen worden. Und die Stimmen, die man gehört hat, waren die Stimmen dieser Partei. Lesen wir die Aussagen über diese Stimmen noch einmal durch, und zwar nicht das gesamte Zeugenmaterial, sondern nur das, was an denselben auffallend ist. Bemerkten Sie etwas Auffallendes?«

Ich antwortete, es sei wohl bemerkenswert, daß – während alle Zeugen die barsche Stimme übereinstimmend als von einem Franzosen herrührend erklärten – über die schrille, oder, wie ein Zeuge meinte, die kreischende Stimme vollständig verschiedene Meinungen geäußert worden seien.

»Was Sie sagten, betrifft das Zeugnis selbst, nicht das Auffallende daran. Sie haben also nichts Besonderes bemerkt, und doch war etwas zu bemerken. Wie Sie schon sagten, stimmten die Zeugen in ihren Aussagen über die barsche Stimme überein, und das Besondere in betreff der schrillen Stimme ist nicht, daß hier die Meinungen auseinandergehen, sondern, daß, als ein Italiener, ein Engländer, ein Spanier, ein Holländer und ein Franzose sie zu beschreiben versuchten, alle darin einig waren, es sei die Stimme eines *Fremden* gewesen. Jeder ist sicher, daß es nicht die Stimme eines seiner Landsleute war. Niemand vergleicht sie der Stimme eines Landsmannes – der Franzose hält sie für die Stimme eines Spaniers und ›hätte wohl einige Worte unterscheiden können, wenn er spanisch verstünde‹. Der Holländer behauptet, es sei die eines Franzosen gewesen, aber es wird bemerkt, daß dieser Zeuge, da er kein Französisch versteht, durch einen Dolmetscher vernommen wurde. Der Engländer hält sie für die Stimme eines Deutschen, doch versteht er selbst kein Deutsch. Der Spanier ist gewiß, daß es die Stimme eines Engländers war, schließt dies jedoch nur aus dem Tonfall, da er selbst nicht Englisch spricht. Der Italiener ist der Meinung, es sei Russisch gewesen, hat jedoch niemals mit einem geborenen Russen gesprochen. Ein anderer Franzose behauptet im Gegensatz zu dem ersten mit Gewißheit, die Stimme habe italienisch geklungen, doch ist er selbst dieser Sprache nicht kundig und schließt, wie der Spanier, nur nach dem Tonfall.

Wie sonderbar und ungewöhnlich muß diese Stimme gewesen sein, daß die Aussagen über dieselbe derart auseinandergehen konnten! Daß kein Vertreter der Hauptnationen Europas in ihren Tönen etwas Bekanntes wiedererkannte! Sie werden sagen, es könnte die Stimme eines Asiaten oder eines Afrikaners gewesen sein. Wir haben ihrer in Paris zwar nicht allzu viele. Doch möchte ich Sie, ohne Ihren Einwurf übergehen zu wollen, auf drei Punkte aufmerksam machen. Ein Zeuge hält die Stimme eher für kreischend als schrill. Zwei andere behaupten, sie habe schnell und ungleich gesprochen. Kein Zeuge aber konnte Worte oder wortähnliche Laute unterscheiden.

Ich weiß nicht«, fuhr Dupin fort, »welchen Eindruck ich bis jetzt auf Ihr Begriffsvermögen gemacht habe; aber ich nehme keinen Anstand, zu behaupten, daß man aus dem Teil der Zeugenaussagen, der sich auf die Stimmen bezieht, Schlüsse folgern kann, die hinreichend sind, einen Argwohn zu erregen, der allen weiteren Nachforschungen die Richtung angeben sollte. Ich behaupte, daß meine Schlüsse die einzig *richtigen* sind und als unausbleibliches Resultat einen bestimmten Argwohn bedingen. Welcher Art derselbe ist, will ich jetzt noch nicht sagen. Ich möchte Sie nur davon überzeugen, daß er für mich dringend genug war, meinen Nachforschungen im Zimmer eine ganz besondere Richtung zu geben.

Versetzen wir uns also im Geiste in dies Zimmer. Was werden wir zuerst darin suchen? Die Mittel und Wege, welche die Mörder zur Flucht benutzt haben. Ich darf doch ohne Zögern behaupten, daß keiner von uns beiden an übernatürliche Ereignisse glaubt. Frau und Fräulein L'Espanaye wurden nicht von Geistern ermordet. Die Täter waren von Fleisch und Blut und entwichen auf natürliche Art. Aber wie? Prüfen wir der Reihe nach die verschiedenen Möglichkeiten der Flucht. Es ist klar, daß sich die Mörder zur Zeit, als der Trupp Leute die Treppe hinaufstieg, in dem Zimmer befanden, in dem der Leichnam des Fräulein L'Espanaye gefunden wurde, vielleicht auch in dem angrenzenden. Wir brauchen also nur nach Ausgängen von diesen beiden Zimmern aus zu suchen. Die Polizei hat die Dielen, Wände und die Zimmerdecke nach jeder Richtung hin untersucht und bloßgelegt. Kein geheimer Ausgang hätte ihrem Scharfsinn verborgen bleiben können. Da ich aber ihren Augen nicht traute, prüfte ich mit meinen eigenen. Beide Türen, die von den Zimmern auf den Korridor führten, waren fest verschlossen, die Schlüssel steckten innen. Betrachten wir die Kamine. Diese haben zwar bis zur Höhe von acht oder zehn Fuß über dem Rost die gewöhnliche Weite, verengen sich später jedoch so, daß sich nicht einmal eine größere Katze hindurchwinden könnte. Da also auf den bis jetzt genannten Wegen jedes Entweichen unmöglich war, so bleiben nur noch die Fenster. Durch die im Vorderzimmer hätte niemand entwischen können, ohne von der Menge auf der Straße bemerkt zu werden. Die Mörder *müssen* also durch das Fenster des Hinterzimmers entflohen sein. Da wir nun auf so zwingende Weise zu diesem Schluß gekommen sind, dürfen wir, als vernünftige Wesen, ihn nicht wegen der anscheinenden Unmöglichkeit eines solchen Entweichens verwerfen. Es gilt jetzt nur, zu beweisen, daß diese scheinbaren ›Unmöglichkeiten‹ in Wirklichkeit keine sind.

Das Zimmer hat zwei Fenster. In der Nähe des einen stehen keine Möbelstücke. Es ist vollständig sichtbar. Der untere Teil des anderen wird dem Auge ganz durch das Kopfende der schwerfälligen Bettstelle entzogen. Das erste Fenster wurde von innen fest verschlossen vorgefunden. Es widerstand allen Anstrengungen der Personen, die es in die Höhe schieben wollten. Auf der linken Seite des Rahmens fand man ein großes Loch eingebohrt und in dasselbe einen Nagel fast bis zum Kopfe eingeschlagen. Als man das andere Fenster untersuchte, entdeckte man einen ähnlichen Nagel, und zwar auf ähnliche Weise befestigt, und ein kräftiger Versuch, diese Scheibe hochzuschieben, mißlang ebenfalls. Die Polizei war nun vollständig befriedigt, glaubte, daß die Flucht der Täter nicht durch die Fenster bewerkstelligt worden sei, und hielt es *deshalb* für überflüssig, die Nägel herauszuziehen und die Fenster zu öffnen.

Ich selbst forschte eingehender nach, und zwar aus dem eben angeführten Grunde, denn hier war, wie ich wußte, der Ort, an dem sich alle scheinbaren Unmöglichkeiten als nicht wirklich bestehend erweisen mußten.

A posteriori schloß ich weiter: Die Mörder entkamen durch eines dieser Fenster. Dies angenommen, konnten sie den Schieber nicht wieder innen so befestigen, wie man ihn vorgefunden hatte. Die Unbestreitbarkeit dieser Annahme beendete die weiteren Nachforschungen der Polizei in dieser Richtung. Aber die Schieber *waren* befestigt. Sie mußten sich also auf irgendeine Weise selbst wieder geschlossen haben. Dieser Annahme konnte man sich auf keine Weise entziehen. Ich begab mich an das ganz freiliegende Fenster, zog den Nagel mit einiger Schwierigkeit heraus und versuchte die Scheibe in die Höhe zu schieben. Wie ich vorausgesehen, widerstand sie allen meinen Anstrengungen. Ich wußte nun bestimmt, daß irgendwo eine Feder verborgen sein mußte; und diese Bestätigung meiner Annahmen überzeugte mich, daß diese richtig gewesen waren, wie geheimnisvoll auch der Umstand mit den Nägeln noch erscheinen mußte. Bald entdeckte ich durch sorgfältiges Suchen die verborgene Feder. Ich drückte auf sie, und, von der Entdeckung befriedigt, unterließ ich es einstweilen, die Scheiben zu heben.

Ich steckte den Nagel wieder ein und betrachtete ihn aufmerksam. Wenn eine Person aus dem Fenster sprang, konnte sie dasselbe wohl zuschlagen, so daß die Feder wieder einschnappte, den Nagel jedoch konnte sie nicht wieder einstecken. Dieser Schluß war einfach und verengte wiederum das Feld meiner Untersuchungen. Die Mörder *mußten* durch das andere Fenster entkommen sein. Angenommen, die Feder war — wie sehr wahrscheinlich — an beiden Fenstern gleich, so mußten die Nägel oder wenigstens die Art ihrer Befestigung verschieden sein. Ich stieg auf die Matratze der Bettstelle und betrachtete über das Kopfende des Bettes weg aufmerksam das zweite Fenster. Als ich mit der Hand hinter die Bettstelle faßte, entdeckte ich die Feder sogleich und drückte auf dieselbe. Sie war, wie ich vorausgesetzt hatte, vollständig so beschaffen wie ihr Gegenstück. Ich betrachtete jetzt den Nagel. Er war so dick wie der andere und offenbar in derselben Weise befestigt und auch bis zum Kopfe eingeschlagen.

Sie werden nun vielleicht glauben, daß mich das verwirrte, und hätten in diesem Falle die Natur meiner Schlüsse ganz mißverstanden. Um einen Jagdausdruck zu gebrauchen — ich war nicht einmal auf falscher Fährte gewesen und hatte die Spur auch nicht einen Augenblick lang verloren. Kein Glied der Kette war fehlerhaft. Ich hatte das Geheimnis bis zum letzten Ergebnis verfolgt; das war der Nagel. Er sah, wie ich schon sagte, dem Gegenstück im anderen Fenster vollständig ähnlich; aber diese Tatsache schien mir ganz wertlos gegenüber der Erwägung, daß an dieser Stelle meine Spur aufhörte. Ich sagte mir, mit dem Nagel muß etwas nicht richtig sein. Ich faßte ihn an, und der Kopf mit etwa einem Viertel Zoll vom Stiel fiel mir in die Hand. Der übrige Teil des Stiels blieb in dem Bohrloch stecken. Der Bruch war alt, denn die Ränder waren mit Rost überzogen, und offenbar auf den Schlag eines Hammers zurückzuführen, der auch den oberen Teil des Nagels selbst teilweise in den Rahmen der untersten Scheibe eingetrieben hatte. Ich steckte nun das Kopfstück des Nagels sorgfältig wieder in das Loch zurück, wie ich ihn gefunden, und er glich vollständig einem unbeschädigten Nagel, da die Bruchstelle nicht zu sehen war. Ich drückte auf die Feder und hob die Scheibe ein paar Zoll in die Höhe. Der Nagelkopf ging mit, denn er steckte fest in seiner Höhlung. Ich schloß das Fenster, und die Ähnlichkeit des Nagels mit einem unzerbrochenen war vollständig wieder hergestellt.

Soweit war das Rätsel also gelöst. Der Mörder war durch das Fenster, an welchem die Bettstelle stand, entkommen. Nach seinem Entweichen war dasselbe von selbst wieder zugefallen oder vielleicht auch zugeworfen und von der einschnappenden Feder wieder festgehalten worden. Dies Festhalten schrieb die Polizei irrtümlicherweise dem Nagel zu und stand von allen weiteren Nachforschungen als überflüssig ab.

Die nächste Frage ist nun, auf welche Weise der Mörder herabstieg. Über diesen Punkt hatte ich mich bei unserem Gang um das Haus herum unterrichtet. Etwa fünf und einen halben Fuß von dem betreffenden Fenster entfernt läuft eine Blitzableitungsstange nach unten. Es war jedoch absolut unmöglich, von dieser Stange aus das Fenster zu erreichen, geschweige denn einzusteigen. Ich bemerkte jedoch, daß die Läden des vierten Stockes sogenannte ›ferrades‹ waren. Diese Art Fensterläden sind jetzt fast ganz außer Gebrauch gekommen, man findet sie aber noch häufig an sehr alten Häusern in Lyon oder Bordeaux. Sie haben die Gestalt einer gewöhnlichen Tür (einer einfachen, keiner Flügeltür), deren untere Hälfte aus Latten besteht oder als offenes Gitterwerk gearbeitet ist, das den Händen einen ausgezeichneten Halt gewährt. Die Läden der betreffenden Fenster sind gut drei und einen halben Fuß breit. Als wir sie von der Rückseite des Hauses ansahen, standen sie beide halb offen, das heißt, im rechten Winkel zu der Mauer. Wahrscheinlich hatte die Polizei ebenfalls die Hinterseite des Hauses untersucht; in diesem Falle muß sie die große Breite der ›ferrades‹ nicht bemerkt oder ihr nicht die nötige Beachtung geschenkt haben. Da sie sich nun einmal überzeugt hatte, daß an dieser Stelle niemand entsprungen sein könne, stellte sie hier nur sehr oberflächliche Untersuchungen an. Mir war es jedoch klar, daß der Laden, welcher zu dem Fenster am Kopfende des Bettes gehörte, falls er ganz nach der Wand zurückgeschlagen wurde, den Blitzableiter auf zwei Fuß erreichte. Es war ebenfalls einleuchtend, daß sich jemand mit Aufwand eines allerdings *höchst* ungewöhnlichen Grades von Behendigkeit und Mut vom Blitzableiter aus Eintritt in das Fenster verschaffen konnte. Der Eindringling konnte sich, war er dem Laden, den wir uns jetzt zurückgeschlagen denken, erst auf zwei und einen halben Fuß nahe gekommen, fest an das Gitterwerk anklammern. Ließ er dann den Blitzableiter los, stemmte den Fuß fest gegen die Mauer und stieß sich mutig ab, so konnte es ihm gelingen, den Laden zu schließen und sich selbst, wenn das Fenster offenstand, ins Zimmer zu schwingen.

Ich möchte Sie bitten, vor allem meine Bemerkung zu beachten, daß ein *höchst* ungewöhnlicher Grad von Behendigkeit erforderlich war, um ein solches Wagnis mit Erfolg auszuführen. Meine Absicht ist, Ihnen in erster Linie zu zeigen, daß es *nicht unmöglich* war, einen solchen Sprung zu tun; aber zweitens und hauptsächlich, daß *eine ganz außergewöhnliche Behendigkeit* dazu gehörte.

Sie werden mir ohne Zweifel mit dem Ausdruck des Gesetzes entgegenhalten, daß ich, ›um meinen Fall durchzuführen‹, die zu diesem Sprung erforderliche Behendigkeit eher geringer anschlagen müsse, als immer wieder zu betonen, wie ungewöhnlich und erstaunlich sie gewesen sei. Kriminalisten würden auch zweifellos von diesem Standpunkt ausgehen – aber er bezeichnet nicht den Weg, den die Vernunft geht. Mein Endzweck ist nur die Wahrheit. Augenblicklich habe ich die Absicht, Sie dahin zu führen, daß Sie diese ungewöhnliche Behendigkeit, von der ich eben gesprochen habe, mit jener sonderbaren schrillen (oder kreischenden) und ungleichen Stimme in Zusammenhang bringen, über deren Sprache nicht zwei Zeugen übereinstimmend aussagten und bei der niemand Silbenbildung unterscheiden konnte.«

Bei diesen Worten begann ich unbestimmt und halb zu begreifen, worauf Dupin hinauswollte. Ich war auf dem Punkt, ihn zu verstehen, ohne es jedoch vollständig zu können; wie man zuweilen ganz, ganz nahe daran ist, sich auf etwas zu besinnen, und sich schließlich doch nicht erinnern kann. Mein Freund argumentierte weiter:

»Sie sehen«, sagte er, »daß ich die Frage nach der Art der Flucht in die Erforschung der Möglichkeit des Überfalls umgewandelt habe. Meine Absicht war, darzutun, daß beides auf dieselbe Art und Weise an derselben Stelle vor sich gegangen ist. Betrachten wir nun das Innere des Zimmers. Man sagt, die Schubladen des Sekretärs seien geplündert worden, obwohl sie noch eine Menge Kleidungsstücke enthielten. Das ist eine sehr sonderbare und sehr törichte Vermutung, weiter nichts. Woher will man wissen, daß die in den Schubläden gefundenen Kleidungsstücke nicht alles waren, was diese Läden überhaupt enthielten? Frau L'Espanaye und ihre Tochter lebten sehr zurückgezogen, sahen keine Gäste bei sich, gingen selten aus und hatten wenig Verwendung für viele Kleider. Die gefundenen waren von so gutem Stoff, wie man sie überhaupt im Besitz der beiden Frauen vermuten konnte. Wenn der Dieb sich Kleider aneignete, warum nahm er nicht die besten, warum nicht alle? Kurz, weshalb ließ er die 4000 Francs in Gold zurück, um sich mit einem Bündel alter Kleider zu beladen? Das Gold *ist* doch zurückgeblieben. Fast die ganze von dem Bankier Mignaud erwähnte Summe lag in Beuteln auf der Erde. Ich möchte daher, daß Sie in Ihren Gedanken die irrtümliche Vorstellung von dem eventuellen Motiv zur Tat fallenlassen, wie sie sich im Gehirn der Polizei durch die Zeugenaussagen, die sich auf die Ablieferung des Geldes beziehen, festgesetzt hat. Es erlebt doch jeder von uns zuweilen eine seltsame Aufeinanderfolge von Ereignissen, die zehnmal merkwürdiger ist als diese (Abliefern von Geld und drei Tage darauf Mord an der Person des Empfängers), ohne daß wir uns einen Augenblick mit ihr beschäftigten. Zufälle sind im allgemeinen große Steine des Anstoßes auf dem Wege jener Klasse von schlecht geschulten Denkern, die nichts von der Theorie der Wahrscheinlichkeiten wissen, jener Theorie, der die wichtigsten Zweige der menschlichen Wissenschaft manche ruhmvolle Entdeckung verdanken. Wäre das Geld verschwunden, so würde in unserem Falle die Tatsache, daß es drei Tage vorher abgeliefert wurde, etwas *mehr* als ein bloßer Zufall sein. Sie würde uns in dem Gedanken, daß hier das Motiv zu suchen wäre, bestärken. Wenn wir aber unter den bestehenden Umständen das Gold als Motiv zu der Schandtat gelten lassen wollen, dann müssen wir auch zugleich annehmen, daß der Täter unentschlossen und blöde genug war, um Motiv und Gold zugleich im Stich zu lassen.

Wir wollen die Punkte, auf die ich eben Ihre Aufmerksamkeit lenkte, fest im Gedächtnis behalten: die sonderbare Stimme, die außergewöhnliche Behendigkeit und die Tatsache, daß ein Motiv zu einem so entsetzlich grauenhaften Mord fehlt. Betrachten wir uns nun die Metzelei selbst. Eine Frau ist mit bloßen Händen zu Tode gewürgt und mit dem Kopf nach unten in den Kamin hinaufgezwängt worden. Gewöhnliche Mörder morden nicht in dieser Weise. Am allerwenigsten suchen sie ihr Opfer auf diese Weise zu verbergen. Sie werden zugeben, daß in der Art, in der der Leichnam in den Kamin gestopft wurde, etwas so unerhört Scheußliches liegt, daß es sich mit unseren gewöhnlichen Begriffen von menschlicher Handlungsweise absolut nicht vereinigen läßt, selbst wenn wir annehmen, daß die Täter ganz entmenschte Bösewichter waren. Bedenken Sie auch, wie groß die Kraft gewesen sein muß, die einen Körper gewaltsam in eine solch kleine Öffnung *hinauf*zwängen konnte, daß die vereinte Kraft mehrerer Personen gerade genügte, um ihn wieder *herab*zuziehen!

Wir haben noch weitere Beweise von dieser übermenschlichen Kraft. Auf dem Herde lagen dicke Flechten – sehr dicke Flechten – von grauem Menschenhaar, die mit den Wurzeln ausgerissen worden waren. Sie wissen wohl, welch große Kraft dazu gehört, um nur zwanzig bis dreißig Haare zusammen so aus dem Kopfe zu reißen. Sie haben die Flechten so gut gesehen wie ich. Ihre Wurzeln – ein scheußlicher Anblick – klebten noch mit Stücken der Kopfhaut zusammen, ein sicheres Zeichen der übermenschlichen Kraft, die benutzt worden war, um vielleicht ein paar Tausend Haare auf einmal auszureißen. Die Kehle der alten Dame war nicht allein durchschnitten, sondern der Kopf vollständig vom Rumpf getrennt; das Instrument war ein bloßes Rasiermesser. Beachten Sie die *tierische* Roheit, die aus dieser Handlungsweise spricht. Von den Quetschungen am Körper der Frau L'Espanaye will ich nicht reden. Herr Dumas und sein Assistent, Herr Etienne, sagten aus, daß dieselben mit einem stumpfen Instrument hervorgebracht sein müßten, und soweit haben die Herren recht.

Das ›stumpfe Instrument‹ war nämlich offenbar das Steinpflaster des Hofes, auf den das Opfer aus dem Fenster hinuntergeschleudert wurde. Dieser Gedanke, der uns jetzt so selbstverständlich vorkommt, entging der Polizei aus demselben Grunde, aus dem sie die Breite der Fensterläden nicht bemerkt hatte; der Umstand, daß die Nägel anscheinend fest saßen und unverletzt waren, hatte ihr Begriffsvermögen wie hermetisch gegen die Annahme verschlossen, daß die Fenster überhaupt geöffnet worden seien.

Wenn wir uns zu all diesem noch an die seltsame Unordnung im Zimmer erinnern, haben wir folgende Fakta: erstaunliche Behendigkeit — übermenschliche Kraft — tierische Roheit — eine grundlose Verwüstung — eine mit dem Begriff Menschlichkeit nicht zu vereinigende *Bizarrerie* in der Scheußlichkeit — und eine Stimme, die den Ohren vieler Leute aus den verschiedensten Nationen fremd klang und keine deutlichen oder verständlichen Silben äußerte. Welcher Schluß ist daraus zu ziehen? Welcher Gedanke drängt sich Ihnen auf?«

Ich fühlte, wie mir, als Dupin diese Frage stellte, Schaudern durch Mark und Bein ging.

»Ein Wahnsinniger«, sagte ich, »hat die Tat begangen, ein Tobsüchtiger, der aus dem benachbarten Irrenhause entsprungen ist.«

»In mancher Beziehung«, antwortete er, »wäre Ihr Verdacht annehmbar; aber die Stimmen von Wahnsinnigen haben selbst im wildesten Paroxysmus nicht jene Eigentümlichkeiten, die man an der fraglichen schrillen Stimme wahrgenommen hat. Wahnsinnige gehören doch irgendeiner Nation an, und ihre Sprache, so unzusammenhängend die Worte auch immer sein mögen, bildet Silben. Überdies haben Wahnsinnige nicht solches Haar, wie ich es hier in der Hand habe. Ich löste dieses kleine Büschel aus den im Todeskampfe zusammengekrampften Fingern der Frau L'Espanaye. Sagen Sie mir, was Sie von demselben halten?«

»Dupin«, rief ich entsetzt, »dies Haar ist ein ganz ungewöhnliches — es ist kein Menschenhaar.«

»Das habe ich auch nicht behauptet«, gab er zur Antwort, »aber ehe wir diesen Punkt entscheiden, möchte ich Sie bitten, einen Blick auf die Skizze zu werfen, die ich auf dies Papier gezeichnet habe. Es ist ein genaues Faksimile von dem, was in einem Teil der Zeugenaussagen als dunkle Quetschungen beschrieben wurde, als tiefe Eindrücke von Fingernägeln am Halse des Fräuleins L'Espanaye, und was von Herrn Dumas und Herrn Etienne eine Reihe von blutunterlaufenen Flecken, die augenscheinlich Eindrücke von Fingern seien, genannt wurde.

Sie sehen«, fuhr mein Freund fort, indem er das Papier auf dem Tisch ausbreitete, »daß die Zeichnung auf einen festen, eisernen Griff hinweist. Es ist nichts von einem Abgleiten zu bemerken. Jeder Finger hat wahrscheinlich bis zum Tode des Opfers den furchtbaren Griff beibehalten, mit dem er sich von Anfang an einkrallte. Versuchen Sie nun Ihre Finger zu gleicher Zeit in die analogen Abdrücke auf dem Papier zu legen.«

Ich versuchte es, jedoch vergebens.

»Vielleicht fangen wir die Sache noch nicht richtig an«, sagte er.

»Das Papier liegt augenblicklich auf einer ebenen Fläche, und der menschliche Hals hat die Form eines Zylinders. Hier ist ein rundes Scheit Holz, das ungefähr den Umfang eines Halses hat. Umwickeln Sie es mit dem Papier und versuchen Sie von neuem.«

Ich tat es; aber meine Hand erwies sich wieder als bedeutend zu klein. »Das ist nicht der Abdruck einer Menschenhand«, sagte ich endlich.

»Lesen Sie jetzt«, fuhr Dupin fort, »diese Stelle von Cuvier.«

Er reichte mir einen ausführlichen anatomischen und beschreibenden Bericht über den schwarzbraunen Orang-Utan der ostindischen Inseln. Die riesige Gestalt, die wunderbare Kraft und Behendigkeit, die fürchterliche Wildheit und der starke Nachahmungstrieb dieser Tiere wurden in demselben besonders hervorgehoben. Sofort verstand ich die ganze Gräßlichkeit des Mordes.

»Die Beschreibung der Zehen«, sagte ich, als ich ausgelesen hatte, »stimmt mit dieser Zeichnung überein. Ich sehe, daß kein anderes Tier als der Orang-Utan der hier erwähnten Gattung solche Fingerabdrücke, wie die hier gezeichneten, hinterlassen konnte. Dies Büschel gelbbrauner Haare entspricht ebenfalls nach Cuvier dem Haar der Bestie. Doch kann ich die Einzelheiten dieses geheimnisvollen, grausigen Ereignisses noch nicht verstehen. Außerdem hörte man doch zwei streitende Stimmen, und die eine gehörte zweifellos einem Franzosen.«

»Das ist richtig. Sie erinnern sich auch jedenfalls eines Ausdrukkes, den die Zeugen nach ihren übereinstimmenden Aussagen von dieser Stimme gehört haben — ich meine den Ausruf: ›Mon Dieu.‹ Dieser ist von einem der Zeugen (dem Konditor Montani) sehr richtig als ein Ausdruck des Vorwurfes, des Verweises, beschrieben worden. Auf diese beiden Worte habe ich denn auch meine Hoffnung, das Rätsel vollständig zu lösen, aufgebaut. Ein Franzose wußte um den Mord. Es ist möglich, ja mehr als wahrscheinlich, daß er an all den Einzelheiten des blutigen Dramas keine Schuld hat. Der Orang-Utan ist ihm vielleicht entflohen. Er hat ihn bis zu jenem Zimmer verfolgt, konnte ihn aber während der gräßlichen Szene, die nun folgte, nicht wieder einfangen. Mithin treibt sich das Tier noch frei umher. Ich will aus diesen Vermutungen — anders kann ich sie mit Recht nicht nennen — nichts weiter folgern, denn sie sind so schwach begründet, daß selbst mein eigener Verstand sie kaum als glaubhaft anerkennen will und ich nicht verlangen kann, daß jemand anders ihnen Bedeutung beilegt. Nennen wir sie also immerhin Vermutungen und behandeln wir sie auch als solche. Wenn der betreffende Franzose, wie ich annehme, wirklich unschuldig an der Greueltat ist, wird ihn diese Anzeige, die ich gestern abend bei unserer Rückkehr in der Redaktion der Zeitung ›Le Monde‹, dem Organ der Seefahrer, das viel von Matrosen gelesen wird, aufgab, bald hierher in unsere Wohnung führen.«

Er reichte mir eine Zeitung und ich las:

›*Eingefangen*, – im Bois de Boulogne, am Morgen des ... (am Morgen nach dem Morde), ein sehr großer, gelbbrauner Orang-Utan, wahrscheinlich aus Borneo stammend. Der Eigentümer, wie ermittelt, ein Matrose auf einem Malteser Schiff, kann das Tier nach genügender Beschreibung und Erlegung der Kosten für Einfangen und Verpflegung in Empfang nehmen. Zu erfragen No ..., Rue ..., Faubourg St. Germain, dritter Stock.‹

»Wie konnten Sie wissen«, fragte ich, »daß der Mann ein Matrose ist und auf einem Malteser Schiffe in Dienst steht?«

»Ich *weiß* es auch nicht«, entgegnete Dupin, »jedenfalls weiß ich es nicht *gewiß*. Hier ist jedoch ein kleines Stück Band, das seiner Form und seinem fettigen Aussehen nach zum Binden des bei Matrosen so beliebten langen Zopfes gebraucht worden ist. Es ist in einen Knoten geschlungen, den fast nur Matrosen, und hauptsächlich Malteser zu binden verstehen. Ich hob das Band am Fuß der Blitzableiterstange auf. Es kann keiner der Ermordeten gehört haben. Sollte es aber ein Irrtum gewesen sein, aus dem Band zu schließen, daß der für unseren Fall in Frage kommende Franzose ein Matrose auf einem Malteser Schiff ist – nun, so habe ich doch niemandem mit meiner Anzeige geschadet. Sind meine Annahmen falsch, dann wird der Mann nur annehmen, daß ich durch irgendwelche Umstände, die zu erfahren er sich nicht erst bemühen wird, irregeführt worden bin. Habe ich aber recht, so ist viel gewonnen. Da er, wenn auch selbst unschuldig, mit in den Mord verwickelt ist, wird er erklärlicherweise zögern, auf die Anzeige zu antworten und den Orang-Utan abzuholen. Er wird etwa folgendermaßen mit sich zu Rate gehen: ›Ich bin unschuldig; ich bin arm; mein Orang-Utan ist ein wertvolles Tier, für jemanden in meinen Verhältnissen bedeutet er ein ganzes Vermögen. Weshalb sollte ich ihn aus törichter Angst vor Gefahr verlieren? Ich kann ihn zurückbekommen, es liegt an mir. Er wurde im Bois de Boulogne eingefangen – weit entfernt vom Schauplatz der Morde. Wie könnte einer auf die Idee kommen, daß ein vernunftloses Tier die Tat begangen hat? Die Polizei weiß nicht aus noch ein, da sie nicht den geringsten Anhalt gefunden hat. Selbst wenn man auf die Spur des Tieres käme, wäre es unmöglich, mir zu beweisen, daß ich von dem Mord weiß, oder mich auf Grund der Mitwisserschaft zu verurteilen. Vor allem jedoch, man kennt mich. Der Inserent bezeichnet mich als den Besitzer des Tieres. Ich weiß nicht, wie weit seine Kenntnisse bezüglich meiner Person noch reichen. Wenn ich es unterlasse, ein so wertvolles Eigentum, das als mir zugehörend bekannt ist, zurückzufordern, mache ich das Tier zum mindesten verdächtig. Es wäre unklug gehandelt, auf das Tier oder auf mich irgendwelche Aufmerksamkeit zu lenken. Ich werde auf die Anzeige hin den Orang-Utan holen und sicher einsperren, bis Gras über die Sache gewachsen ist.«

In diesem Augenblick vernahmen wir Schritte auf der Treppe.

»Halten Sie die Pistolen bereit«, sagte Dupin, »doch zeigen und gebrauchen Sie dieselben nicht eher, bis ich Ihnen ein Zeichen gebe.«

Die Vordertür des Hauses war offen geblieben, der Besucher ohne zu läuten eingetreten und mehrere Treppenstufen hinaufgestiegen. Jetzt schien er jedoch zu zögern, plötzlich hörten wir ihn wieder hinabsteigen. Dupin eilte rasch nach der Tür, und wir hörten ihn wieder heraufkommen. Er wandte sich nicht wieder zurück, sondern stieg mit entschiedenen Tritten bis zur Tür unseres Zimmers herauf und klopfte an.

»Herein!« rief Dupin mit heiterem, herzlichem Tone.

Ein Mann trat ein, augenscheinlich ein Matrose, eine große, kräftige, muskulös aussehende Persönlichkeit mit einem so verwegenen, jedoch keineswegs unangenehmen Gesichtsausdruck, als nähme er es mit allen Teufeln auf. Sein sonnverbranntes Gesicht wurde durch den Backen- und Schnurrbart fast über die Hälfte verdeckt. Er trug einen großen Eichenknüttel bei sich, war aber sonst unbewaffnet. Er verbeugte sich linkisch und wünschte uns mit einem Akzent, der unfehlbar auf Pariser Abstammung hindeutete, guten Abend.

»Nehmen Sie Platz, mein Freund«, sagte Dupin. »Ich vermute, Sie kommen wegen des Orang-Utans. Ich beneide Sie wahrhaftig um das Tier; es ist ein auffallend schönes und ohne Zweifel sehr wertvolles Exemplar. Für wie alt halten Sie es wohl?«

Der Matrose atmete auf, mit der Miene eines Menschen, dem eine unerträgliche Last vom Herzen fällt, und erwiderte in beruhigtem Tone:

»Ich weiß es nicht genau, aber er kann nicht mehr als vier oder fünf Jahre alt sein. Haben Sie ihn hier?«

»O nein; wir hatten hier keine passende Unterkunft für ihn! Er ist in einem Mietstall in der Dubourgstraße, gleich nebenan. Sie können ihn morgen früh haben. Sie sind doch natürlich auch imstande, sich genügend zu legitimieren?«

»Gewiß, Herr!«

»Es tut mir leid, das Tier wegzugeben«, sagte Dupin.

»Sie werden Ihre Mühe natürlich nicht umsonst gehabt haben, Herr«, sagte der Mann. »Das verlange ich gar nicht. Ich zahle sehr gern eine Belohnung, das heißt, alles was recht ist.«

»Gut«, versetzte mein Freund, »das ist ja recht schön. Lassen Sie mich nachdenken. – Was soll ich wohl beanspruchen? – Oh, ich will Ihnen sagen, was ich als Belohnung fordere. Sie sollen mir alles mitteilen, was Sie über die Mordtaten in der Rue Morgue wissen.«

Die letzten Worte sagte Dupin in ganz leisem, ruhigem Ton. Dann schritt er mit größter Ruhe zur Tür, schloß sie zu und steckte den Schlüssel in seine Tasche. Hierauf zog er eine Pistole aus der Brusttasche und legte sie, ohne die geringste Aufregung zu verraten, auf den Tisch.

Das Gesicht des Matrosen wurde dunkelrot, als sei er dem Ertrinken nahe. Er sprang auf und griff nach seinem Knüttel; im nächsten Augenblick jedoch fiel er heftig zitternd und mit leichenblassem Gesicht in den Stuhl zurück. Er sprach kein Wort; ich bemitleidete ihn aus tiefstem Herzen.

»Guter Mann«, sagte Dupin mit gütiger Stimme, »Sie regen sich ganz unnötig auf, wahrhaftig! Wir gedenken Ihnen absolut nichs Böses zuzufügen. Ich gebe Ihnen mein Ehrenwort als Mann und als Franzose, daß wir Ihnen in keiner Weise zu nahe treten wollen. Ich weiß ganz bestimmt, daß Sie an den scheußlichen Verbrechen in der Rue Morgue unschuldig sind. Trotzdem wäre es unnütz, abzuleugnen, daß Sie in gewissem Sinne an denselben beteiligt gewesen sind. Aus dem, was ich gesagt habe, können Sie erkennen, daß ich Mittel habe, mich in unserer Angelegenheit zu informieren. Nun steht die Sache so: Sie haben nichts getan, was Sie hätten vermeiden können, ganz gewiß nichts, was Sie schuldig macht. Sie haben nicht einmal da einen Diebstahl ausgeführt, wo Sie ungestraft hätten stehlen können. Sie haben nichts zu verbergen und keinen Grund zu irgendwelcher Heimlichkeit. Andererseits sind Sie aber als ehrenhafter Mensch verpflichtet, alles, was Sie wissen, zu gestehen; denn man hat einen Unschuldigen für das Verbrechen, dessen Täter Sie nennen können, eingekerkert.«

Während Dupin sprach, hatte der Matrose seine Geistesgegenwart zum großen Teil wiedererlangt, die ursprüngliche Zuversichtlichkeit seines Wesens war jedoch dahin.

»So wahr mir Gott helfe«, sagte er nach einer kurzen Pause, »ich will Ihnen alles erzählen, was ich von der Sache weiß, ich erwarte jedoch nicht, daß Sie mir auch nur die Hälfte glauben — ich selbst müßte mich einen Narren nennen, wenn ich es täte. Und doch bin ich unschuldig und will alles sagen, was ich weiß, und sollte es mein Leben kosten.«

Was er erzählte, war im wesentlichen folgendes: Er hatte vor kurzer Zeit eine Reise nach dem Indischen Archipel gemacht. Eine Anzahl Matrosen landete in Borneo und machte eine Vergnügungstour ins Innere. Er hatte mit einem Gefährten den Orang-Utan gefangen. Der Gefährte starb, und das Tier fiel ihm als ausschließliches Besitztum zu. Nach großen Schwierigkeiten, die die unbezähmbare Wildheit der Bestie während der Heimreise verursachte, gelang es ihm endlich, den Orang-Utan sicher in seiner eigenen Wohnung in Paris unterzubringen, wo er ihn, um ihn der lästigen Neugierde der Nachbarn zu entziehen, sorgfältig einschloß, bis er sich von einer Fußwunde, die er sich durch einen Splitter auf dem Schiffe zugezogen hatte, geheilt sein würde und das Tier verkaufen könnte.

Als er in der Nacht oder vielmehr am Morgen des Mordes von einem Matrosenfest nach Hause zurückkehrte, fand er das Tier in seinem Schlafzimmer. Es war aus einer angrenzenden Kammer, in der er es sicher eingeschlossen glaubte, entflohen. Mit dem Rasiermesser in der Hand und vollständig eingeseift saß die Bestie vor dem Spiegel und versuchte, sich zu rasieren. Wahrscheinlich hatte sie vorher einmal ihren Herrn durch das Schlüsselloch bei dieser Tätigkeit beobachtet.

Entsetzt, die gefährliche Waffe im Besitze eines so wilden Tieres zu sehen, das vielleicht den fürchterlichsten Gebrauch von ihr machen konnte, wußte der Mann einige Augenblicke lang nicht, was er tun solle. Es war ihm jedoch bis jetzt stets gelungen, das Tier, selbst wenn es wütend geworden war, mit der Peitsche zur Ruhe zu bringen, und er nahm auch heute seine Zuflucht zu diesem Mittel. Kaum aber erblickte der Orang-Utan die Peitsche, so sprang er sofort durch die Zimmertür, die Treppe hinunter und von da durch ein unglücklicherweise offenstehendes Fenster auf die Straße.

Der Franzose folgte voller Verzweiflung. Der Affe hielt das Rasiermesser noch immer in der Hand und stand gelegentlich still, um sich nach seinem Verfolger umzusehen und auf ihn loszugestikulieren, bis ihn derselbe fast erreicht hatte. Dann machte er sich wieder davon. Die gefährliche Jagd dauerte eine ganze Weile. Die Straßen lagen vollständig menschenleer, da es erst drei Uhr morgens war. Als sie durch ein Gäßchen an der Rückseite der Rue Morgue jagten, wurde die Aufmerksamkeit des Flüchtlings durch ein Licht erregt, das aus dem offenen Fenster von Frau L'Espanayes Zimmer, im vierten Stock des Hauses, hervorschien. Der Affe stürzte auf das Haus zu, bemerkte den Blitzableiter, kletterte mit der seiner Gattung eigenen Behendigkeit an demselben hinauf, klammerte sich an den Fensterladen, der gegen die Mauer zurückgeschlagen war, und schwang sich mit dessen Hilfe direkt auf das Kopfende des Bettes.

Dies alles dauerte keine Minute. Den Fensterladen stieß der Orang-Utan, als er das Zimmer betreten hatte, wieder auf.

Der Matrose war sowohl erfreut als beunruhigt. Er hatte jetzt Hoffnung, das Tier wieder einzufangen, denn es konnte auf keine andere Weise als vermittels des Blitzableiters die Falle, in die es sich begeben hatte, wieder verlassen, so daß er es beim Herunterklettern auffangen konnte. Andererseits war aber Grund zu der Befürchtung vorhanden, es werde in dem Hause Unheil anstiften. Dieser Gedanke bestimmte den Mann zur weiteren Verfolgung des Flüchtlings. An einem Blitzableiter kann man ohne große Schwierigkeiten hinaufklettern, vor allem, wenn man Matrose ist; doch als er bis zu der Höhe des Fensters gekommen war, konnte er nicht weiter; das Fenster lag weit nach links, und er vermochte sich nur so weit vorzubeugen, um einen Blick in das Innere des Zimmers zu werfen. Bei dem Anblick, der sich ihm jetzt darbot, stürzte er vor Entsetzen fast von seinem schwachen Halt hinab. Nun ertönte jenes gräßliche Geschrei durch die Nacht, das die Bewohner der Rue Morgue aus dem Schlafe aufgeschreckt hatte. Frau L'Espanaye und ihre Tochter waren, in ihre Nachtkleider gehüllt, anscheinend damit beschäftigt gewesen, irgendwelche Papiere in der schon erwähnten eisernen Kiste zu ordnen, die sie zu dem Zweck in die Mitte des Zimmers geschoben hatten. Sie war offen und ihr Inhalt lag auf dem Boden. Die Unglücklichen müssen mit dem Rücken gegen das Fenster gesessen haben, und nach der Zeit zu schließen, die zwischen dem Einsteigen des Untiers und dem ersten Schrei verstrich, hatten sie dasselbe nicht sogleich bemerkt. Das Zurückschlagen des Fensterladens hatten sie vielleicht dem Winde zugeschrieben.

Als der Matrose in das Zimmer blickte, hatte das riesige Tier Frau L'Espanaye, deren Flechten lose herabhingen, da sie wohl eben mit Kämmen fertig geworden war, an den Haaren gepackt und schwenkte das Rasiermesser vor dem Gesicht auf und ab, als wolle es die Bewegungen eines Barbiers nachahmen. Die Tochter lag bewegungslos auf dem Boden, sie war offenbar ohnmächtig. Das Geschrei und die Befreiungsversuche der alten Dame, während derer ihr das Haar aus dem Kopf gerissen wurde, verwandelten die wahrscheinlich ganz friedliche Absicht des Orang-Utans in wildeste Wut. Mit einem kräftigen Schwung seines muskulösen Armes trennte er den Kopf fast vollständig vom Rumpfe. Der Anblick des Blutes steigerte seine Wut noch: zähnefletschend stürzte er sich mit funkelnden Augen auf den Körper des Mädchens und grub seine entsetzlichen Krallen in dessen Kehle, bis es tot war. In diesem Moment richteten sich seine wilden, rollenden Augen auf das Kopfende des Bettes, über dem das schreckensbleiche Gesicht seines Herrn soeben sichtbar wurde. Die Wut des Tieres, das ohne Zweifel noch die gefürchtete Peitsche im Sinne hatte, verwandelte sich sofort in Furcht. Im Bewußtsein, Strafe verdient zu haben, schien es seine blutige Tat verbergen zu wollen, sprang in Todesangst und voller Aufregung im Zimmer hin und her, zerbrach Möbel oder warf sie um und riß die Betten aus der Bettstelle. Schließlich ergriff es den Leichnam der Tochter, um ihn so, wie man ihn gefunden,

den Kamin hinaufzuzwängen – darauf den der alten Dame, den es eiligst kopfüber zum Fenster hinausschleuderte.

Als sich der Affe mit seiner verstümmelten Last dem Fenster näherte, fuhr der Matrose zu Tode erschrocken nach der Stange zurück, glitt mehr, als daß er kletterte, hinunter, eilte nach Hause und gab voll Entsetzen jede Bemühung um das Schicksal des Orang-Utans auf. Die Worte, welche die Leute auf der Treppe hörten, waren die Schreckens- und Entsetzensausbrüche des Franzosen, untermischt mit dem teuflischen Gekreisch der Bestie.

Ich habe kaum noch etwas hinzuzufügen. Der Orang-Utan muß gerade vor dem Aufbrechen der Zimmertür entflohen sein und das Fenster, nachdem er hindurchgeklettert war, hinter sich zugeschlagen haben. Schließlich wurde er von dem Eigentümer selbst wieder eingefangen und für eine hohe Summe an den Jardin des Plantes verkauft.

Lebon ließ man natürlich sofort frei, als wir unsere Erzählung, mit einigen Erklärungen Dupins versehen, im Bureau des Polizeipräfekten schriftlich fixiert niedergelegt hatten. Dieser Beamte konnte, obwohl er meinen Freund hochschätzte, seine Unzufriedenheit über die Wendung der Dinge nicht verbergen und erging sich in sarkastischen Bemerkungen wie: daß sich jeder Mensch am besten um seine eigenen Sachen bekümmere.

»Laß ihn reden«, sagte Dupin, der es nicht der Mühe wert fand, zu antworten. »Laß ihn reden! Er will nur sein Gewissen beruhigen! Mir genügt es, daß ich ihn auf seinem eigentlichsten Gebiet besiegt habe. Übrigens darf man sich auch nicht wundern, daß mein Freund das Rätsel nicht selbst löste. Er ist zu schlau, um tief sein zu können. Seine Weisheit ist ganz im Kopf und ohne Leib – oder höchstens hat sie Kopf und Schultern wie ein Stockfisch. Aber im großen und ganzen ist er doch ein tüchtiger Kerl. Und ich schätze ihn besonders wegen der Neigung, der er seinen Ruf, ein Genie an Scharfsinn zu sein, verdankt! – ich meine seine Vorliebe: ›de nier ce qui est, et d'expliquer ce qui n'est pas‹, wie es in Rousseaus ›Nouvelle Héloise‹ einmal heißt.«

DAS GEHEIMNIS VON MARIE ROGÊTS TOD

Es gibt eine Reihe idealischer Begebenheiten, die der Wirklichkeit parallel laufen. Selten fallen sie zusammen. Menschen und Zufälle modifizieren gewöhnlich die idealische Begebenheit, so daß sie unvollkommen erscheint und ihre Folgen gleichfalls unvollkommen sind. So bei der Reformation; statt des Protestantismus kam das Luthertum hervor.

Novalis

Selbst unter den ruhigsten Denkern finden sich hin und wieder Menschen, die gelegentlich von einem unbestimmten, quälenden Halbglauben an das Übernatürliche ergriffen worden sind — angesichts jener auffällig gleichzeitigen Zufälle, die oft so wunderbar erscheinen, daß der Verstand sie nicht mehr für bloße ›Zufälle‹ halten kann.

Solche Gefühle (der Halbglaube, von dem ich rede, hat nie die Kraft wirklicher Gedanken), solche Gefühle also können nur sehr schwer unterdrückt werden, wenn man nicht die Lehre vom Zufall oder, was dasselbe ist, von der Wahrscheinlichkeitsrechnung zu Hilfe nimmt. Diese Berechnung ist jedoch ihrem Wesen nach eine rein mathematische, und wir haben hier die Anomalie, daß die allerexakteste Wissenschaft zur Erklärung dessen dienen soll, was auf dem Gebiete der Spekulation noch ungreifbarer Schatten ist.

Die merkwürdigen Einzelheiten, die man mich zu veröffentlichen aufgefordert hat, bilden zeitlich, wie man sehen wird, den primären Zweig einer Reihe kaum verständlicher Zufälle, deren sekundären oder Endzweig man in dem Mord an einer gewissen Mary Cecilia Rogers*, der jüngst in New York geschah, finden wird.

Als ich vor etwa Jahresfrist in meiner Erzählung: ›Der Doppelmord in der Rue Morgue‹, einige auffallende, merkwürdige Geisteszüge meines Freundes August Dupin zu schildern versuchte, hätte ich nicht gedacht, daß ich jemals wieder auf diesen Gegenstand zurückkommen würde. Ich wollte damals eine Charakterschilderung geben und erreichte meine Absicht vollkommen, da mir eine Reihe sehr seltsamer Begebenheiten Belege für Dupins Idiosynkrasie geliefert hatten. Ich hätte noch mehr Beispiele anführen und doch den Beweis nicht schlagender liefern können. Neuere Ereignisse haben mich aber durch ihre überraschende Entwicklung bestimmt, einige weitere Einzelheiten zu erwähnen, die vielleicht wie ein erzwungenes Geständnis aussehen werden. Es wäre jedoch sonderbar, wenn ich nach dem, was ich kürzlich hörte, Stillschweigen über das bewahren sollte, was ich vor langer Zeit schon vernahm.

Als die Tragödie des Todes der Frau L'Espanaye und ihrer Tochter zum Schluß gekommen war, widmete ihr Dupin auch nicht einen Gedanken mehr und versank wieder in seine gewohnten düsteren Träumereien. Und da auch ich schon immer sehr zu abstrakten Grübeleien neigte, teilte ich seine Stimmung bald. Wir bewohnten unsere Zimmer im Faubourg St. Germain weiter, schlugen alle Gedanken an die Zukunft in den Wind, schlummerten ruhig auf der Gegenwart, und ein Netz von Träumereien umspann die graue Alltagswelt, die uns umgab.

Doch blieben diese Träume nicht ganz ungestört. Man kann sich leicht denken, daß die Rolle, die mein Freund in der Tragödie der Rue Morgue spielte, ihren Eindruck auf die Phantasie der Pariser

* *Das Geheimnis, in das besagtes Verbrechen gehüllt war, hatte zur Zeit der Entstehung (und Veröffentlichung) der nun folgenden Erzählung seine Aufdeckung noch nicht gefunden. Und da jetzt mehrere Jahre seit der Begebenheit, auf der diese Erzählung beruht, verflossen sind, dürfte es nötig sein, einige erklärende Worte vorauszuschicken, daran zu erinnern, daß der Verfasser, indem er angeblich von dem tragischen Ende einer jungen Pariserin, Marie Rogêt, berichtet, in Wirklichkeit den Tatsachen des Mordes an der Mary Cecilia Rogers folgt. Alle Einzelheiten, die in der Erzählung erwähnt, alle Folgerungen und Schlüsse, die gezogen werden, treffen infolgedessen auf diesen zu. Die Erzählung ›Das Geheimnis von Marie Rogêts Tod‹ wurde fern von dem Schauplatz der Greueltat geschrieben; dem Autor standen keine anderen Auskunftsmittel als die, welche die Zeitungen lieferten, zu Gebote. So mußte ihm notwendig vieles entgehen, was ihm von Nutzen gewesen wäre, wenn er die Lokalitäten persönlich hätte besichtigen können. Es dürfte jedoch nicht unangemessen erscheinen, hier zu erwähnen, daß die Geständnisse zweier Personen (die in der Erzählung vorkommende Madame Deluc ist eine von ihnen) lange nach dieser Veröffentlichung nicht nur die Art der allgemeinen Schlußfolgerung des Autors durchaus bestätigten, sondern alle Einzelheiten, hypothetischen Einzelheiten, alle Annahmen und Voraussetzungen anerkannten, mittels derer er seinen Plan verfolgte und zu seinem Endergebnis gelangte.* E. A. P.

Polizei nicht verfehlt hatte. All ihren Mitgliedern ist Dupins Name bekannt und geläufig. Da er den einfachen Charakter der Induktionen, durch die er das Geheimnis enthüllte, außer mir niemandem, selbst nicht dem Präfekten, mitgeteilt hatte, ist es nicht erstaunlich, daß man die ganze Sache fast als ein Wunder ansah und daß man seine analytischen Fähigkeiten für reine Intuition hielt. Seine Offenheit würde ohne Zweifel veranlaßt haben, all diese Gerüchte über ihn zu dementieren, hätte ihn nicht seine Indolenz abgehalten, noch irgend etwas in einer Sache zu tun, die für ihn von keinem Interesse mehr war. So geschah es, daß er für die Augen der Polizei eine Art Leitstern wurde, und bei zahlreichen Gelegenheiten suchte sich die Polizeipräfektur seiner Dienste zu versichern. Eine der merkwürdigsten war die Ermordung jenes jungen Mädchens namens Marie Rogêt.

Dieser Mord ereignete sich etwa zwei Jahre nach den Greueltaten in der Rue Morgue. Marie, deren Tauf- und Familienname jedermann an eine unglückliche junge New Yorker Zigarrenverkäuferin erinnern wird, war die einzige Tochter der Witwe Estelle Rogêt. Als kleines Kind hatte sie ihren Vater verloren und seit seinem Tode bis zu dem achtzehnten Monate vor ihrer Ermordung, die den Gegenstand unserer Erzählung bildet, mit ihrer Mutter zusammen in der Rue Pavée Sainte Andrée gewohnt. Frau Rogêt hielt dort mit Mariens Hilfe eine Pension. So verfloß ihr Leben ziemlich gleichförmig, bis die große, außerordentliche Schönheit des nun zweiundzwanzigjährigen Mädchens die Aufmerksamkeit eines Parfümhändlers auf sich zog, der einen der im Erdgeschoß gelegenen Kaufläden im Palais Royal innehatte und dessen Kundschaft hauptsächlich aus den verwegenen Abenteurern bestand, die in jener Gegend herum wohnen. Monsieur Le Blanc war sich sehr wohl der Vorteile bewußt, welche die Anwesenheit der schönen Marie seinem Geschäfte bringen mußte; das Mädchen ging auf seine ziemlich glänzenden Vorschläge bereitwilligst ein, während die Mutter erst nach längerem Zögern ihre Zustimmung gab.

Die Erwartungen des Kaufmanns gingen durchaus in Erfüllung, und die Reize des munteren Mädels machten sein Geschäft bald sehr bekannt. Marie hatte ihre Stellung vielleicht ein Jahr inne, als ihre Bewunderer plötzlich dadurch in große Unruhe versetzt wurden, daß sie — verschwand. Monsieur Le Blanc vermochte keine Aufklärung zu geben, und Frau Rogêt geriet vor Angst und Schrecken fast außer sich. Die Zeitungen nahmen die Sache auf, und schon wollte die Polizei zu ernstlichen Nachforschungen schreiten, als nach Verlauf einer Woche Marie — gesund, nur ein klein wenig bleich und traurig — eines schönen Morgens wieder hinter dem Zahltisch der Parfümerie erschien. Natürlich wurden sofort alle weiteren, nicht privaten Nachforschungen aufgegeben. Der

Parfümeur behauptete nach wie vor, nicht das geringste in der Sache zu wissen. Marie und Frau Rogêt antworteten auf alle Fragen, daß sie die letzte Woche in dem Hause einer Verwandten auf dem Lande zugebracht habe. So geriet die ganze Geschichte in Vergessenheit, zumal das junge Mädchen bald darauf, um der unverschämten Neugierde des Publikums zu entgehen, den Laden des Parfümeurs endgültig verließ und wieder unter dem Schutz der Mutter in der Rue Pavée Sainte Andrée wohnte.

Ungefähr fünf Monate nach der Rückkehr in das Haus der Mutter wurden ihre Angehörigen plötzlich durch ein neues Verschwinden in Aufregung versetzt. Es vergingen drei Tage, ohne daß man das geringste von ihr hörte. Am vierten fand man den Leichnam auf der Seine schwimmend, in der Nähe des Ufers, das dem Quartier der Rue Pavée Sainte Andrée gerade gegenüberliegt, nicht weit entfernt von der wenig besuchten Gegend an der Barrière du Roule.

Die Gräßlichkeit dieses Mordes – es stellte sich nur zu bald heraus, daß hier ein Mord vorlag –, die Jugend und Schönheit sowie vor allem die bekannte Persönlichkeit des Opfers brachten die sensiblen Pariser in gewaltige Aufregung. Ich erinnere mich keines ähnlichen Falles, der so tiefes und allgemeines Aufsehen erregt hätte. Mehrere Wochen vergaß man darüber selbst die wichtigsten politischen Tagesfragen, sprach von nichts anderem mehr als von diesem Kriminalfall. Der Polizeipräfekt machte ganz ungewöhnliche Anstrengungen, um Licht in die Sache zu bringen: die ganze Polizei, bis zum letzten Mann, wurde zu den Nachforschungen aufgeboten.

Als man den Leichnam entdeckte, glaubte man nicht, daß der Mörder den alsbald angestellten Nachforschungen entgehen könne. Erst nach Verlauf einer Woche hielt man es für nötig, eine Belohnung auszusetzen, und beschränkte sie noch auf tausend Francs. Mittlerweile wurden die Nachforschungen mit Energie, wenn auch nicht immer mit Verständnis fortgesetzt, zahlreiche Personen wurden verhört, ohne daß das geringste Ergebnis zutage getreten wäre, während die anscheinende Unerklärlichkeit des Geheimnisses die Erregung der Bevölkerung stetig steigerte. Am Ende des zehnten Tages hielt man es für angemessen, die ursprünglich ausgesetzte Belohnung zu verdoppeln; und endlich, als die zweite Woche ohne das geringste Resultat verflossen und die Bevölkerung von Paris, die stets ein Vorurteil gegen die Polizei besessen hat, zu ziemlich bedrohlichen Zusammenrottungen geschritten war, entschloß sich der Präfekt, demjenigen, ›der den Mörder zur Anzeige brächte‹, oder wenn die Tat von mehreren ausgeführt worden sei, dem, ›der einen der Mörder zur Anzeige brächte‹, eine Belohnung von zwanzigtausend Francs zu versprechen. In dem Aufruf, in welchem der

Präfekt diese Belohnung verhieß, war zugleich jedem Mitschuldigen, der gegen seine Genossen aussagte, vollständige Straflosigkeit zugesichert. Dieser amtlichen Bekanntmachung war überall eine Nachschrift beigefügt, in der ein Ausschuß von Bürgern noch weitere zehntausend Francs auf die Entdeckung des Verbrechers aussetzte. Die Belohnung belief sich also insgesamt auf nicht weniger als dreißigtausend Francs — eine ganz außerordentliche Summe, wenn man die bescheidene Lebensstellung des Mädchens und die Tatsache in Betracht zieht, daß derartige Greueltaten in großen Städten häufig vorkommen.

Es zweifelte jetzt niemand mehr, daß sich das Dunkel, das diesen Mord einhüllte, bald aufhellen werde. Aber obgleich man ein oder zwei Verhaftungen vornahm, ließ sich doch nichts ermitteln, was die Schuld der Betreffenden bewiesen hätte, und man mußte sie alsbald wieder in Freiheit setzen. Vielen wird es sonderbar erscheinen, daß drei Wochen seit der Auffindung des Leichnams verstrichen — drei Wochen, die nicht den geringsten Anhalt zur Ermittlung des Täters geliefert hatten —, ehe auch nur das kleinste Gerücht des Ereignisses zu meinen und Dupins Ohren gelangte. Da wir beide mit Untersuchungen beschäftigt waren, die unsere ganze Aufmerksamkeit in Anspruch nahmen, waren wir seit fast einem Monat nicht mehr ausgegangen, hatten keinen Besucher empfangen und nur die politischen Leitartikel der Zeitungen und auch diese nur sehr flüchtig gelesen. Die erste Nachricht von dem Mord brachte uns der Präfekt G ... persönlich. Er besuchte uns früh am Nachmittage des 13. Juli 18 .. und blieb bis spät in die Nacht hinein bei uns. Er schien höchst niedergeschlagen darüber, daß alle seine Bemühungen, den Mörder ausfindig zu machen, resultatlos blieben. Sein Ruf, ja, seine Ehre stehe auf dem Spiel, behauptete er mit dem echten Ton des Parisers. Aller Augen seien auf ihn gerichtet, und er würde jedes Opfer gerne bringen, um das Rätsel endlich zu lösen. Er schloß seine etwas konfuse Rede mit einem Kompliment, das er Dupin über seinen sogenannten Takt zu sagen geruhte, und machte ihm einen direkten und gewiß äußerst einträglichen Vorschlag, dessen Natur ich nicht näher bezeichnen darf und will und auch nicht brauche, da er für den eigentlichen Gegenstand meiner Erzählung von keiner Bedeutung ist.

Das Kompliment lehnte mein Freund so bestimmt wie nur möglich ab, den Vorschlag jedoch nahm er an, obgleich die mit ihm verbundenen Vorteile nur bedingte waren. Als sie sich über diesen Punkt geeinigt hatten, erging sich der Präfekt in weitläufigen Auseinandersetzungen seiner eigenen Ansichten sowie in langen Kommentaren über die Zeugenaussagen, die uns noch vollständig unbekannt waren. Er redete viel und ohne Zweifel sehr gelehrt, bis ich endlich die gelegentliche Bemerkung wagte, daß die Nacht schon vorrücke und schläfrig mache. Dupin saß ruhig in seinem gewohnten Lehnstuhl und schien die Verkörperung achtungsvollster Aufmerksamkeit zu sein. Er trug während des Gespräches eine Brille, und ein gelegentlicher Blick unter ihre grünen Gläser genügte, um mich zu überzeugen, daß er während der sieben oder acht bleiflüssigen Stunden, die dem Abschied des Präfekten vorhergingen, zwar still, doch nichtsdestoweniger fest schlief.

Am folgenden Morgen verschaffte ich mir auf der Polizeipräfektur eine vollständige Zusammenstellung der bisherigen Zeugenaussagen und auf den verschiedenen Zeitungsexpeditionen ein Exemplar jeder Nummer, in der bis jetzt irgendeine wichtige Nachricht über die traurige Angelegenheit gestanden hatte. Sah man von allem ab, was sich als unwahr herausgestellt hatte, so war das seitherige Ergebnis der Ermittlungen auf folgendes zu beschränken:

Marie Rogêt verließ die Wohnung ihrer Mutter in der Rue Pavée Sainte Andrée am Sonntag, dem 22. Juni 18 . ., um neun Uhr morgens. Beim Weggehen teilte sie einem Herrn Jacques St. Eustache, und zwar diesem allein, die Absicht mit, den Tag bei ihrer Tante zuzubringen, die in der Rue des Drômes wohnte. Diese Rue des Drômes ist eine kurze, schmale, aber sehr besuchte Straße in der Nähe des Flusses und in gerader Linie etwa zwei Meilen von der Pension der Frau Rogêt entfernt. Saint Eustache war Mariens anerkannter Bewerber und wohnte und speiste in der erwähnten Pension. Er sollte seine Verlobte in der Dämmerung abholen und wieder nach Hause zurückbegleiten. Im Laufe des Nachmittags jedoch stellte sich ein heftiger Regen ein, und da er annahm, sie würde die Nacht über, wie sie unter ähnlichen Umständen schon öfters getan, bei der Tante bleiben, hielt er es nicht für notwendig, sein Versprechen zu halten. Als der Abend jedoch vorschritt, hörte man Frau Rogêt, eine alte, gebrechliche, siebzigjährige Dame die Befürchtung aussprechen, sie werde Marie wohl nie wiedersehen. Diese Bemerkung wurde jedoch im Augenblick nicht beachtet.

Am Montag stellte es sich heraus, daß das Mädchen nicht in der Rue des Drômes gewesen war; und als man auch im Laufe des Tages nichts von ihm erfuhr, nahm man noch spät abends in verschiedenen Teilen der Stadt und der Umgegend eine Nachforschung vor. Doch erst am vierten Tage nach seinem Verschwinden wußte man, oder vielmehr: wußten einige, woran sie waren. An diesem Tage – es war also Mittwoch, der 25. Juni – benachrichtigte man einen Herrn Beauvais, der in Gesellschaft eines Freundes bei der Barrière du Roule am Ufer nach Marie gesucht hatte, daß eben einige Fischer einen Leichnam ans Land gezogen hätten, den sie auf dem Flusse schwimmend gefunden hatten. Beauvais erklärte nach einigem Zögern den Leichnam identisch mit der verschwundenen Parfümverkäuferin, sein Freund erkannte ihn sofort.

Das ganze Gesicht war von schwarzem Blute überronnen, das zum Teil aus dem Munde hervorgequollen zu sein schien. Man bemerkte keinen Schaum, wie bei Personen, die einfach ertrunken sind. In dem Zellengewebe ließ sich keine Entfärbung wahrnehmen. An der Kehle zeigten sich Quetschungen und Fingereindrücke. Die Arme waren über der Brust zusammengelegt und steif. Die rechte Hand war zusammengeballt, die linke halb offen. Am linken Handgelenk befanden sich zwei kreisrunde, wunde Stellen, die anscheinend von Stricken oder einem einzigen, mehrfach herumgewundenen Strick verursacht worden waren. Auch ein Teil des rechten Handgelenkes war zerschunden, ebenso der ganze Rücken, besonders aber die Schulterblätter. Die Fischer hatten den Leichnam mittels eines Strickes ans Ufer gebracht, doch rührte keine der Hautabschürfungen davon her. Das Fleisch des Halses war dick aufgeschwollen, Schnitte und die Spuren eines Schlages bemerkte man jedoch nicht. Ein Stück Spitze war fest um den Hals gebunden, ganz im Fleisch begraben und mit einem Knoten gerade unter dem linken Ohr zusammengeschlungen. Dies allein würde genügt haben, den Tod herbeizuführen.

Das Zeugnis der Ärzte betonte den tugendhaften Charakter der Verstorbenen und erklärte, daß sie roher Gewalt unterlegen sei. Der Leichnam war, als man ihn fand, in einem Zustand, daß ihn alle näheren Bekannten ohne Schwierigkeit erkennen mußten.

Die Kleider waren vielfach zerrissen und auch sonst in großer Unordnung. Aus dem obersten Gewand war ein Streifen von ungefähr einem Fuß Breite, von dem Saume nach oben hin, heraus-, jedoch nicht abgerissen worden. Dieser Streifen war dreimal um die Taille gewunden und auf dem Rücken durch eine Art Schlinge befestigt worden. Der unmittelbar unter dem Kleid liegende Rock bestand aus feinem Musselin, und aus diesem hatte man einen ungefähr achtzehn Zoll breiten Streifen vollständig, und zwar sehr gleichmäßig und sorgfältig herausgerissen. Man fand ihn lose um den Hals der Toten gewunden und in einem festen Knoten zusammengebunden. Über dem Spitzen- und dem Musselinstreifen waren noch die Hutbänder, an denen ihr Hut hing, gebunden, und zwar nicht mittels eines Damenknotens, sondern eines sogenannten verlorenen oder Schifferknotens.

Als der Leichnam erkannt war, wurde er nicht, wie gewöhnlich, nach der Morgue transportiert, sondern, da diese Förmlichkeit für überflüssig erachtet wurde, nicht weit von der Stelle, an der man ihn ans Land gebracht hatte, eilig eingescharrt. Beauvais ließ es sich angelegen sein, die Sache soviel wie möglich zu vertuschen, und mehrere Tage vergingen, ehe etwas Weiteres an die Öffentlichkeit drang. Da nahm eine Wochenschrift die Sache von neuem auf, der Leichnam wurde ausgegraben und eine neue Obduktion angeord-

net, die jedoch außer dem bekannten kein weiteres Ergebnis hatte. Doch wurden die Kleider der Verstorbenen der Mutter und Bekannten vorgezeigt und von ihnen mit Gewißheit als die erkannt, welche die Unglückliche bei ihrem Weggehen von daheim getragen hatte.

Unterdessen wuchs die Aufregung von Stunde zu Stunde. Mehrere Personen wurden verhaftet, aber wieder freigelassen. Ganz besonders verdächtig erschien Saint Eustache, da er sich anfänglich nicht genügend über seinen Aufenthalt an dem Sonntag, an dem Marie das mütterliche Haus verlassen hatte, auszuweisen vermochte. Später jedoch brachte er Beweise bei, die über jede Stunde des fraglichen Tages vollständige Rechenschaft ablegten.

Da die Zeit verging, ohne daß man eine Spur von den Verbrechern entdeckte, entstanden eine Menge Gerüchte, und die Presse trug das ihrige dazu bei, dieselben zu verbreiten. Die meiste Aufmerksamkeit erregte die Vermutung, daß Marie immer noch lebe — daß der in der Seine gefundene Leichnam der Körper einer anderen Unglücklichen sei. Ich halte es für angezeigt, dem Leser einige Stellen zu unterbreiten, welche die eben angeführte Vermutung zum Ausdruck bringen. Diese Stellen sind wörtliche Übersetzungen aus der ›Etoile‹, einem im übrigen geschickt redigierten Blatte.

Es hieß da: ›Fräulein Rogêt verließ die Wohnung ihrer Mutter am Morgen des 22. Juni. Es war ein Sonntag. Sie gab an, eine Tante oder sonst eine Verwandte in der Rue des Drômes besuchen zu wollen. Von dieser Stunde an ist sie nachweislich von niemandem mehr gesehen worden. Man hat weder eine Spur noch die geringste Nachricht von ihr ... Bis jetzt hat noch niemand ausgesagt, daß er sie an diesem Tage, nachdem sie das Haus der Mutter verließ, überhaupt gesehen habe. Obgleich wir nun keinen Beweis haben, daß Marie Rogêt sich nach neun Uhr an dem betreffenden Sonntag noch unter den Lebenden befand, haben wir doch Beweise, daß sie *bis* zu dieser Stunde noch lebte. Am Mittwoch um zwölf Uhr mittags wurde ein weiblicher Leichnam unweit des Ufers der Barrière du Roule im Wasser schwimmend gefunden. Es waren also, selbst wenn wir annehmen, daß Marie in den ersten drei Stunden nach dem Verlassen der mütterlichen Wohnung ins Wasser geworfen wurde, nur drei Tage, auf die Stunde drei Tage, verflossen. Doch wäre es töricht, anzunehmen, daß der Mord, wenn überhaupt ein Mord vorliegt, so früh hätte verübt werden können, daß es den Mördern möglich gewesen wäre, den Leichnam noch vor Mitternacht in den Fluß zu werfen. Menschen, die sich solch abscheulicher Verbrechen schuldig machen, handeln meistens unter dem Schutz der Dunkelheit ... War also der im Wasser gefundene Leichnam wirklich der Marie Rogêts, so konnte er nur zwei und einen halben Tag im Wasser oder drei Tage außerhalb desselben gelegen haben. Nun lehrt uns aber alle Erfahrung, daß Ertrunkene oder Körper, die nach erfolgtem gewaltsamem Tode sofort ins Wasser geworfen wurden, sechs bis zehn Tage brauchen, ehe die Verwesung so weit vorgeschritten ist, daß sie wieder an die Oberfläche kommen. Selbst wenn eine Kanone über einen Leichnam hinweg abgefeuert wird und derselbe in die Höhe kommt, *ehe* er fünf bis sechs Tage im Wasser gelegen hat, sinkt er wieder, sobald er sich selbst überlassen wird. Nun müssen wir uns fragen, was denn im vorliegenden Falle für ein Grund vorhanden gewesen sein könnte, eine Abweichung von dem gewöhnlichen Lauf der Natur zu rechtfertigen? Wäre der Leichnam in seinem verstümmelten Zustande bis Dienstag nacht am Ufer versteckt gehalten worden, so hätte man dort sicherlich eine Spur von den Mördern finden müssen. Außerdem ist es zweifelhaft, daß der Körper so bald wieder an die Oberfläche gekommen wäre, selbst wenn er erst zwei Tage nach seinem Tode in den Fluß geworfen wurde. Und endlich ist es höchst unwahrscheinlich, daß die Verbrecher, die einen so schauderhaften Mord verübten, den Leichnam nicht durch ein Gewicht zum Sinken gebracht hätten, da doch dieser wichtigen Vorsichtsmaßregel nichts im Wege stand.‹

Nun suchte der Redakteur des Blattes weiter zu beweisen, daß der Körper nicht bloß drei Tage, sondern wenigstens fünfmal drei Tage im Wasser gelegen haben müsse, da er schon so weit in Verwesung übergegangen gewesen sei, daß Beauvais ihn nur mit Schwierigkeit erkannt habe. Die letzte Behauptung wurde jedoch als durchaus unrichtig erwiesen. Ich fahre mit den Worten der ›Etoile‹ fort:

›Welches sind also die Tatsachen, auf die Herr Beauvais seine Behauptung stützt, der Leichnam sei unzweifelhaft der der Marie Rogêt gewesen. Er hat ihren Kleiderärmel aufgeschnitten und will Zeichen gefunden haben, die Beweise genug waren. Das Publikum nahm allgemein an, daß er mit diesen Zeichen irgendwelche Narben oder Male gemeint habe. Er rieb den Arm und fand Haare auf ihm – also etwas, was so wenig von Bedeutung war und die Identität so wenig bewies wie etwa die Tatsache, daß man einen Arm in dem Ärmel fand. Herr Beauvais ging in jener Nacht nicht nach Hause, sondern ließ Frau Rogêt noch Mittwoch abend sagen, daß die Untersuchung betreffs ihrer Tochter immer noch dortdaure. Selbst, wenn wir zugeben, daß Frau Rogêt durch ihr hohes Alter und ihren Schmerz verhindert wurde, sich an den Ort der Untersuchung zu begeben, so würde doch wohl irgendein anderer Angehöriger es der Mühe wert gehalten haben, der Untersuchung beizuwohnen, wenn man den gefundenen Körper wirklich für den Leichnam von Marie gehalten hätte. Es kam aber niemand. Herr Saint

Eustache, Mariens Bräutigam und zukünftiger Gatte, der im Hause ihrer Mutter lebte, behauptete, daß er von der Auffindung des Leichnams seiner Braut erst am folgenden Morgen Nachricht erhalten habe, und zwar durch Herrn Beauvais, der auf sein Zimmer gekommen sei und ihm davon berichtet habe. Es ist aber im höchsten Grade erstaunlich, daß eine Nachricht von solcher Wichtigkeit so kühl aufgenommen wurde.‹

Die Zeitung suchte also in dieser Weise die Nachricht zu verbreiten, als hätten die Angehörigen von Marie die Entdeckung des Leichnams mit einer Gleichgültigkeit aufgenommen, die ihren Grund nur darin haben konnte, daß sie nicht an die Identität desselben mit ihrer Tochter glaubten. Die Insinuationen des Blattes laufen darauf hinaus, daß Marie die Stadt mit Zustimmung ihrer Freunde verlassen habe, und zwar aus Gründen, die gegen ihre Ehrenhaftigkeit sprächen, und daß diese Freunde, als man auf der Seine einen Leichnam gefunden hatte, der der Vermißten ähnelte, die Gelegenheit ergriffen hätten, das Publikum glauben zu machen, sie sei tot.

Aber die ›Etoile‹ war diesmal vorschnell gewesen. Es wurde klar bewiesen, daß von einer Gleichgültigkeit seitens der Verwandten nicht die Rede sein konnte. Die alte Dame war so außerordentlich schwach und erregt, daß sie nicht der geringsten Pflicht nachkommen konnte, und Saint Eustache, weit entfernt, die Nachricht kühl aufzunehmen, geriet ganz außer sich vor Schmerz und gebärdete sich so wahnsinnig, daß Herr Beauvais einen Freund und Verwandten beauftragte, sich seiner anzunehmen und zu verhüten, daß er der Untersuchung beiwohne, die der Wiederausgrabung der Leiche folgen sollte. Obgleich die ›Etoile‹ ferner behauptete, daß der Leichnam auf Stadtkosten begraben worden sei und die Familie einen Vorschlag der Verwaltung, die Unglückliche privatim zu beerdigen, zurückgewiesen und niemand von den Angehörigen der Zeremonie beigewohnt habe — obgleich die ›Etoile‹ dies alles in der Absicht, ihrer Meinung von der Sache Verbreitung zu verschaffen, behauptete —, wurde sie doch genügend widerlegt. In einer folgenden Nummer des Blattes wurden Versuche gemacht, Beauvais selbst zu verdächtigen. Der Redakteur meinte:

›So gewinnt denn nun die Sache ein ganz anderes Aussehen. Man hat uns mitgeteilt, daß Herr Beauvais einmal, als er ausgehen wollte, zu einer Frau B., die zufällig in Frau Rogêts Hause anwesend war, gesagt habe, man erwarte einen Gendarmen, und sie — Frau B. — möge sich mit demselben in keine Unterredung einlassen, sondern alles ihm überlassen. Wie nun die Sachen jetzt liegen, scheint Herr Beauvais doch wohl die beste Auskunft über die ganze Angelegenheit geben zu können. Man kann ohne Herrn Beauvais keinen Schritt mehr weiter machen, denn welchen Weg man auch nehmen mag, man rennt immer wieder gegen ihn an ... Er muß doch wohl seine Gründe haben, zu bestimmen, daß niemand in der Sache aussagen solle. Auch hat er die männlichen Verwandten der Unglücklichen, wie diese selbst sagen, in recht sonderbarer Weise mundtot zu machen versucht. Er scheint auch sehr dagegen gewesen zu sein, daß den Verwandten erlaubt wurde, den Leichnam zu sehen.‹

Dieser Verdacht gegen Beauvais wurde noch durch folgende Tatsache verstärkt. Ein paar Tage vor dem Verschwinden des Mädchens hatte ein Besucher, der Beauvais in seinem Bureau zu sprechen gewünscht, ihn jedoch nicht angetroffen hatte, in dem Schlüsselloch der Bureautür eine *Rose* stecken sehen und den Namen ›Marie‹ auf einer Schiefertafel gesehen, die neben der Tür hing.

Nach den Zeitungen zu urteilen, sprach sich die öffentliche Meinung dahin aus, daß Marie das Opfer einer *Rotte* von Bösewichtern geworden, und daß sie von ihnen über den Fluß geschleppt, mißhandelt und ermordet worden sei. Der ›Commercial‹ jedoch, ein Blatt von weittragendem Einfluß, bekämpfte diese allgemeine Annahme lebhaft. Ich zitiere ein paar Stellen aus seinen Spalten:

›Wir sind überzeugt, daß die Polizei bis jetzt bei ihren Nachforschungen auf ganz falscher Fährte gewesen ist, wenigstens soweit sich dieselben auf die Barrière du Roule erstrecken. Es ist unmöglich, daß eine so wohlbekannte Person wie Marie drei Stadtviertel hat durchschreiten können, ohne von einem einzigen Menschen erkannt zu werden; wäre sie von jemandem gesehen worden, so würde sich die betreffende Person sicher daran erinnern, denn sie interessierte alle, die sie kannten. Fernerhin ging sie zu einer Zeit aus, in der die Straßen am belebtesten sind. Es ist undenkbar, daß sie bis zur Barrière du Roule oder bis zur Rue des Drômes gegangen ist, ohne wenigstens von einem Dutzend Personen erkannt worden zu sein. Und doch ist keine Aussage gemacht worden, derzufolge sie an jenem Morgen außerhalb des Hauses ihrer Mutter gesehen wurde, man hat ja nicht einmal einen Beweis, daß sie überhaupt ausgegangen ist, wenn wir von der Aussage absehen, nach der sie selbst diese Absicht ausgesprochen haben soll. Aus ihrem Kleid war ein Streifen herausgerissen, um den Leib geschlungen und verknotet, so daß man den Leichnam wie einen Packen tragen konnte. Wenn der Mord an der Barrière du Roule stattgefunden hätte, wären doch dergleichen Maßnahmen nicht nötig gewesen. Die Tatsache, daß man den Leichnam in der Nähe der Barrière im Wasser schwimmend gefunden hat, ist kein Beweis, daß er auch dort ins Wasser geworfen wurde ... Ein zwei Fuß langer und ein Fuß breiter Streifen war aus einem der Unterröcke des unglücklichen Mädchens herausgerissen, und diesen hatten die Täter ihm fest um den Hals gebunden und hinten am Kopf zusammengeknotet, wahrscheinlich, um es am Schreien zu hindern. Dies konnten nur Burschen getan haben, die keine Taschentücher besaßen.‹

Ein paar Tage vor dem erwähnten Besuche des Polizeipräfekten bei uns waren der Polizei jedoch einige wichtige Nachrichten zugegangen, welche wenigstens in der Hauptsache die Beweisführung des ›Commercial‹ umzustoßen schienen. Zwei kleine Knaben, die Söhne einer Frau Deluc, waren, als sie in einem Wäldchen in der Nähe der Barrière du Roule herumstreiften, zufällig in ein kleines Dickicht geraten, in welchem sie drei oder vier große Steine fanden, die eine Art Sitz mit Lehne und Fußschemel bildeten. Auf dem oberen Stein lag ein weißer Unterrock, auf dem zweiten ein seidenes Schultertuch. Außerdem fanden die Knaben noch Handschuhe, einen Sonnenschirm und ein Taschentuch, in welches der Name ›Marie Rogêt‹ eingestickt war. An den Brombeerbüschen, die das Plätzchen reichlich umgaben, entdeckten sie verschiedene Fetzen von einem Kleid. Der Boden war zusammengetreten, die Sträucher vielfach geknickt und alle Spuren eines stattgefundenen Kampfes vorhanden. Einige Zäune zwischen diesem Dickicht und dem Fluß waren durchbrochen, und das Aussehen des Bodens ließ mit Sicherheit darauf schließen, daß man eine schwere Last über ihn hingeschleift habe. Eine Wochenzeitung, ›Le Soleil‹, brachte über diese Entdeckung folgende Bemerkungen, welche die Stimmung der gesamten Pariser Presse wiedergaben:

›Die gefundenen Gegenstände lagen offenbar schon wenigstens drei oder vier Wochen an der Fundstelle, denn sie waren vom Regen ganz verschimmelt, klebten vielfach zusammen und waren vollständig verdorben. Über einige der Gegenstände war schon Gras gewachsen. Die Seide des Sonnenschirmes war stark, doch war der obere Teil, der am dichtesten zusammengefaltet war, durch und durch verschimmelt und verfault, so daß er, als man den Schirm öffnete, zerriß. – Die Stücke Zeug, welche die Sträucher aus ihrem Kleide gerissen hatten, waren ungefähr drei Zoll breit und sechs Zoll lang. Eines der Stücke hatte den Saum des Rockes gebildet und war ausgebessert gewesen, ein anderes war mitten aus der Bahn des Rockes gerissen, sie sahen aus wie mit Gewalt losgerissene Streifen und hingen an Dornbüschen, etwa nur einen Fuß vom Boden entfernt. – Es steht also außer allem Zweifel, daß der Schauplatz dieses schauderhaften Verbrechens entdeckt ist.‹

Diese Entdeckung führte zu neuen Zeugenaussagen. Frau Deluc bekundet, daß sie in der Nähe des Flusses, der Barrière du Roule gerade gegenüber, ein Gasthaus halte. Die Umgegend ist einsam, ganz außerordentlich einsam. Des Sonntags geben sich dort alle Taugenichtse aus der Stadt ein Stelldichein. Sie setzen in Kähnen über den Fluß. An dem fraglichen Sonntag erschien um drei Uhr nachmittags ein junges Mädchen in Begleitung eines jungen Man-

nes von dunklem Teint in dem Gasthaus. Sie verweilten dort eine Zeitlang und schlugen dann den Weg in ein nahes dichtes Gehölz ein. Der Frau Deluc war das Kleid des jungen Mädchens aufgefallen, weil es Ähnlichkeit mit einem Gewand besaß, welches eine verstorbene Verwandte von ihr getragen hatte. Das Schultertuch zog ihre Aufmerksamkeit besonders auf sich. Bald nach dem Weggehen des Paares erschien eine Rotte Bösewichter, die sich unter Schreien und Lärmen Essen und Trinken wohlschmecken ließen, das Zahlen jedoch vergaßen und denselben Weg einschlugen, den der junge Mann mit dem Mädchen genommen hatte. Zur Zeit der Dämmerung erschienen sie wieder im Gasthaus, setzten dann über den Fluß und erweckten den Anschein, als seien sie in großer Eile.

An demselben Abend, bald nachdem es dunkel geworden war, vernahmen Frau Deluc sowie ihr ältester Sohn das Geschrei einer weiblichen Stimme, ganz in der Nähe ihres Wirtshauses. Es war laut, doch nicht anhaltend. Außerdem erkannte Frau Deluc nicht nur das Schultertuch wieder, sondern auch das Gewand, mit dem der gefundene Körper bekleidet war.

Ein Omnibuskutscher, Valence mit Namen, sagte nun ebenfalls aus, daß Marie Rogêt an dem betreffenden Sonntag mit einem jungen Manne von dunklem Teint in einer Fähre über die Seine gefahren sei. Er habe Marie gut gekannt und könne sich über ihre Person nicht getäuscht haben. Die in dem Dickicht gefundenen Gegenstände wurden von den Angehörigen der Unglücklichen sofort als von ihr stammend erklärt.

Die ganze Menge der Aussagen und Ergebnisse, die ich mir auf Dupins Anraten aus den Zeitungen sammelte, enthielt außer dem Angeführten nur noch einen weiteren Punkt, der mir jedoch von äußerster Tragweite zu sein schien. Kurz nach der Entdeckung der eben erwähnten Kleidungsstücke fand man in der Nähe des Ortes, den man jetzt allgemein für den Schauplatz des Verbrechens hielt, den entseelten oder fast entseelten Körper Saint Eustaches, des Verlobten von Marie. Neben ihm lag ein leeres Fläschchen mit der Aufschrift ›Laudanum‹. Sein Atem bewies, daß er das Gift genommen hatte. Er starb, ohne ein Wort gesprochen zu haben. Man entdeckte einen Brief bei ihm, in welchem er kurz seiner Liebe zu Marie und der Absicht, sich das Leben zu nehmen, Ausdruck gab.

»Ich brauche Ihnen wohl kaum zu bemerken«, sagte Dupin zu mir, nachdem er mein gesammeltes Material durchgelesen hatte, »daß dies eine weit verwickeltere Sache ist als der Fall in der Rue Morgue; sie unterscheidet sich von diesem in einem wesentlichen Punkte. Dies neue Verbrechen ist trotz seiner Scheußlichkeit doch immerhin ein gewöhnliches. Es hat nichts von dem Übermäßigen, gewaltsam Grotesken an sich, das damals die Köpfe so sehr verwirrte. Sie haben wohl schon bemerkt, daß man eben deshalb die

Aufklärung des Geheimnisses für leicht gehalten hat, obwohl gerade dieser Umstand die Lösung des Rätsels erschwert.

Man hielt es anfänglich für unnötig, eine Belohnung auszusetzen. Die Beamten des Präfekten begriffen auf der Stelle, wie und warum ein solch gräßliches Verbrechen begangen werden *konnte*. Sie konnten sich eine Art, mehrere Arten der Ausführung, einen Beweggrund, mehrere Beweggründe denken, und da es *nicht unmöglich* war, daß einer dieser Beweggründe, eine dieser Art *tatsächlich* vorlag, hielten sie es bald für eine ausgemachte Sache, daß einer derselben vorliegen *müsse*.

Die Leichtigkeit, mit der man verschiedene Vermutungen aufstellen konnte, und vor allem die Wahrscheinlichkeit, welche jede von ihnen mit Recht für sich in Anspruch nehmen durfte, hätte man eher als erschwerendes denn als erleichterndes Moment betrachten sollen. Ich habe schon bemerkt, daß die Vernunft bei ihrem Streben nach Wahrheit sich dadurch ihren Weg zu bahnen versucht, daß sie sich die Dinge, die über das Niveau des Gewohnten hinausgehen, zu Merksteinen nimmt, und daß man sich in Fällen wie der vorliegende nicht fragen sollte: ›Was ist geschehen?‹, sondern: ›Was ist geschehen, das vorher noch nie vorgekommen ist?‹

Bei den Nachforschungen im Hause der Frau L'Espanaye waren die Leute des Polizeipräfekten gerade durch die ungewöhnlichen Umstände, welche die Tat begleiteten, entmutigt und verwirrt, während sie einem guten Denker als Vorzeichen baldigen Erfolges erscheinen mußten. Derselbe Denker aber wäre über den gewöhnlichen Charakter aller Einzelheiten in der Angelegenheit der Parfümverkäuferin in Verzweiflung geraten — die Beamten des Präfekten nahmen diese Tatsache für eine Bürgschaft leichten Sieges auf.

In dem Fall der Frau L'Espanaye und ihrer Tochter hegten wir vom Beginn unserer Nachforschungen an keinen Zweifel mehr, daß es sich wirklich um einen Mord handele. Es war von vornherein ausgeschlossen, daß Selbstmord vorlag. Auch in diesem Falle brauchen wir nicht mit der Möglichkeit eines Selbstmordes zu rechnen. Der Leichnam wurde unter Umständen aufgefunden, die über diesen wesentlichen Punkt keine Zweifel entstehen lassen.

Man hat jedoch die Vermutung zu verbreiten gesucht, der aufgefundene Körper sei nicht der Leichnam der Marie Rogêt, deren Mörder man sucht, auf deren Entdeckung man die Belohnung aussetzte und wegen der allein wir mit dem Präfekten ein Abkommen getroffen haben. Wir beide kennen diesen Herrn sehr gut und wissen, daß ihm gegenüber allzu großes Vertrauen nicht angebracht ist. Beginnen wir unsere Nachforschungen mit dem gefundenen Körper, finden die Spur des Mörders, entdecken jedoch, daß der

Leichnam nicht der von Marie, sondern der irgendeiner anderen Person ist, so ist, nach dem Charakter des Präfekten zu schließen, unsere Mühe ebenso vergeblich, als wenn wir von der Voraussetzung ausgehen, Marie lebe noch, und sie auch wirklich noch am Leben auffinden. Wir müssen uns also in unserem eigenen Interesse wie um der Gerechtigkeit willen bemühen, die Identität des Leichnams mit der vermißten Marie Rogêt nachzuweisen.

Die Vermutungen der ›Etoile‹ haben im Publikum Glauben gefunden, und das Blatt selbst ist von deren Richtigkeit auch vollständig überzeugt, wie aus dem Anfang eines Artikels über diesen Gegenstand hervorgeht:

›Mehrere der heute erschienenen Morgenzeitungen‹, sagt das Blatt, ›sprechen von dem *überzeugenden* Artikel, der in der Montagsnummer der ›Etoile‹ erschienen ist.‹

Mich jedoch hat der Artikel von nichts anderem als von dem Eifer seines Verfassers zu überzeugen vermocht. Wir dürfen nie vergessen, daß unseren Zeitungen im allgemeinen mehr daran liegt, Sensation zu machen, Aufsehen zu erregen, als die Sache der Wahrheit zu fördern. Dies letztere tun sie nur, wenn es sich mit dem ersteren, ihrem Hauptzweck, vereinigen läßt. Die Presse, welche die allgemeine Meinung, so berechtigt diese auch immer sein mag, teilt, ist bei der Menge niemals beliebt, denn sie hält nur den für einen tiefen Denker, welcher ihr mit möglichst beißendem Widerspruch begegnet. In der Logik nicht weniger als in der Literatur findet gerade das Epigramm die schnellste und allgemeinste Anerkennung. Und doch ist es in beiden Fällen — was Verdienstlichkeit angeht — eine niedrigere Art der Ausdrucksweise.

Was ich hiermit sagen will, ist also kurz: daß eine Mischung von Epigramm und Melodrama in der Idee, Marie Rogêt könne noch leben, nicht aber die Wahrscheinlichkeit dieser Annahme die ›Etoile‹ bewogen hat, dieser Vermutung, die ihr die Gunst des Publikums gewann, Raum zu geben. Prüfen wir also die hauptsächlichen Punkte der Beweisführung dieses Blattes und hüten wir uns dabei vor dem Mangel an Zusammenhang, der den Ausführungen des genannten Blattes von Anfang an anhaftet.

Der Verfasser sucht uns zuerst durch die Kürze der Zeit zwischen dem Verschwinden von Marie und der Entdeckung des schwimmenden Leichnams zu beweisen, daß dieser Leichnam nicht der Mariens sein könne. Es liegt in seinem Interesse, diese Zwischenzeit als möglichst kurz dahinzustellen, und um dieses zu erreichen, stellt er ganz willkürlich allerlei bloße Vermutungen auf. ›Es wäre töricht, anzunehmen‹, sagt er, ›daß der Mord, wenn überhaupt ein Mord vorliegt, so früh hätte verübt werden können, daß es den Mördern möglich gewesen wäre, den Leichnam vor Mitternacht in das Wasser zu werfen.‹

Hier drängt sich uns sofort und ganz natürlich die Frage auf: Warum? Warum soll es eine Torheit sein, anzunehmen, daß der *Mord schon in den ersten fünf Minuten,* nachdem Marie ihr elterliches Haus verlassen hatte, verübt wurde? Warum soll es eine Torheit sein, anzunehmen, daß der Mord in einer beliebigen Straße ausgeführt wurde? Zu allen Stunden und Tageszeiten sind schon Morde vorgekommen. Wäre der Mord in irgendeinem Augenblick zwischen neun Uhr morgens und ein Viertel vor zwölf nachts verübt worden, so hätte der Mörder noch immer Zeit gehabt, den Leichnam noch vor Mitternacht in den Fluß zu werfen.

Die ganze Vermutung will also nur besagen, daß der Mord nicht am Sonntag vollführt wurde; und lassen wir die ›Etoile‹ bei dieser Annahme, je nun, so erlauben wir ihr eben, alles anzunehmen, was ihr nur immer einfällt.

Man kann leicht erraten, daß die Stelle, welche mit den Worten beginnt: ›Es wäre töricht . . .‹, im Kopfe ihres Verfassers wohl folgendermaßen gestanden hat: ›Es wäre töricht, anzunehmen, daß der Mord, wenn überhaupt ein Mord vorliegt, so früh hätte verübt werden können, daß es den Mördern möglich gewesen wäre, den Leichnam noch vor Mitternacht in den Fluß zu werfen; es ist töricht, sagen wir, alles dieses anzunehmen, und dazu noch (wie wir allerdings fest entschlossen sind), daß der Leichnam erst nach Mitternacht ins Wasser geworfen‹ – ein Satz, der, an sich noch inkonsequent genug, nicht so *vollständig* widersinnig ist, wie der gedruckte!«

Dupin fuhr fort: »Hätte ich nur die Absicht, diese Stelle in der Beweisführung der ›Etoile‹ zu widerlegen, so könnte ich mich ruhig mit dem oben Gesagten beschränken. Wir haben es hier jedoch nicht mit der ›Etoile‹, sondern mit der Wahrheit zu tun. Die angeführte Stelle hat nur *einen* Sinn, und diesen Sinn habe ich ehrlich wiedergegeben. Es ist jedoch nötig, daß wir noch hinter die Worte dringen, um den Gedanken zu erfassen, den dieselben offenbar aufdrängen wollen, ohne ihn selbst wirklich auszudrücken. Der Berichterstatter wollte sagen, es sei unwahrscheinlich, daß der Mörder, zu welcher Tages- oder Nachtzeit des fraglichen Sonntags er auch den Mord vollbrachte, den Leichnam noch vor Mitternacht an das Ufer geschleppt habe. Und hierin liegt die fälschliche Vermutung, die ich nicht zu billigen vermag. Man stellt es als bewiesen hin, daß der Mord an einem Ort und unter Umständen verübt wurde, die es nötig machten, den Leichnam an das Flußufer zu schleppen. Und doch konnte der Mord sehr wohl am Ufer oder auf dem Fluß selbst vollführt worden sein, so daß man den Leichnam zu jeder Stunde des Tages oder der Nacht ins Wasser zu werfen vermochte. Dies war ja das schnellste und nächstliegende Mittel, sich seiner zu entledigen.

Sie werden einsehen, daß ich nichts als wahrscheinlich, nichts als mit meiner eigenen Ansicht übereinstimmend hinstelle. Bis jetzt habe ich auf die wirklichen Tatsachen in dieser Angelegenheit noch gar nicht eingehen wollen. Ich wollte Sie nur darauf hinweisen, von welch einseitigem Standpunkte aus die ›Etoile‹ von Anfang an ihre Behauptungen gewagt hat.

Nachdem das Blatt die nach seiner vorgefaßten Meinung allein zulässigen Vermutungen scharf umgrenzt und die Annahme ausgedrückt hat, daß der Leichnam, wenn er wirklich der von Marie war, nur sehr kurze Zeit im Wasser gelegen haben könne, fährt es fort:

›Die Erfahrung lehrt uns, daß Ertrunkene oder Körper, die nach erfolgtem gewaltsamem Tode sofort ins Wasser geworfen wurden, sechs bis zehn Tage brauchen, ehe die Verwesung so weit vorgeschritten ist, daß sie wieder an die Oberfläche kommen. Selbst wenn eine Kanone über einen Leichnam hinweg abgefeuert wird, der fünf bis sechs Tage im Wasser gelegen hat, und dieser in die Höhe kommt, sinkt er wieder, sobald er sich selbst überlassen wird.‹

Diese Behauptungen haben sämtliche Pariser Blätter, mit alleiniger Ausnahme des ›Moniteur‹, stillschweigend über sich ergehen lassen. Und der ›Moniteur‹ wendet sich auch bloß gegen die Stelle, welche sich auf ›Körper, die durch Ertrinken den Tod gefunden‹, bezieht, und führt fünf bis sechs Fälle an, in denen Körper ertrunkener Personen, die nachweislich *weniger* als sechs Tage im Wasser lagen, schwimmend aufgefunden wurden.

Allein, es liegt etwas äußerst Unphilosophisches in dem Versuche des ›Moniteur‹, die allgemeine Behauptung der ›Etoile‹ durch Anführung einiger Fälle umstoßen zu wollen, die gegen diese Behauptung sprechen. Selbst wenn es dem ›Moniteur‹ gelungen wäre, statt der fünf fünfzig Fälle anzuführen, in denen schon nach zwei bis drei Tagen die Leichen Ertrunkener wieder an der Oberfläche schwimmend gefunden worden sind, so hätten auch diese fünfzig Beispiele immer noch als Ausnahme von der Regel der ›Etoile‹ angesehen werden können, bis die Regel einmal selbst umgestoßen werden würde. Läßt man jedoch die Regel bestehen, wie es der ›Moniteur‹ tut, indem er ihre *Ausnahmen* anführt, so bleibt auch der Beweis der ›Etoile‹ in voller Kraft bestehen, denn er besagt im Grunde nicht mehr, als daß es nicht *wahrscheinlich* ist, daß sich ein Leichnam in weniger als drei Tagen wieder an die Oberfläche des Wassers erhebt. Und diese Unwahrscheinlichkeit wird die Annahmen der ›Etoile‹ so lange bekräftigen, bis die so kindisch angeführten Beispiele an Zahl so zunehmen, daß sie eine entgegengesetzte Regel begründen.

Sie sehen also, daß wir vor allen Dingen Beweise gegen die Regel selbst beibringen müssen, wenn wir sie mit Erfolg anfechten wollen. Zu diesem Zweck wollen wir die Gesetze, auf denen die Regel basiert, prüfen.

Der menschliche Körper ist im allgemeinen weder viel leichter noch viel schwerer als das Wasser der Seine: das heißt, die spezifische Schwere des menschlichen Körpers in seinem natürlichen Zustande kommt so ziemlich der Schwere der Menge von Süßwasser gleich, die er verdrängt. Die Körper dicker, fleischiger, kleinknochiger Personen und der Frauen überhaupt sind leichter als die von mageren, grobknochigen Personen und von Männern überhaupt; auch wird die spezifische Schwere des Wassers eines Flusses durch die Ebbe und Flut des Meeres, die eventuell auf ihn wirken, beeinflußt. Aber wenn wir auch ganz von Ebbe und Flut absehen, so können wir doch behaupten, daß auch in süßem Wasser nur sehr wenige Körper von selbst sinken. Fast jeder, der in einen Fluß fällt, wird schwimmen können, wenn er nur die spezifische Schwere des Wassers mit seiner eigenen völlig ins Gleichgewicht bringt, das heißt, wenn er seinen ganzen Körper soviel wie möglich unter Wasser hält. Die beste Haltung für jemanden, der nicht schwimmen kann, ist die gerade Stellung eines Gehenden. Den Kopf muß er nach hinten überlegen und so tief unter Wasser halten, daß bloß Mund und Nasenlöcher über der Oberfläche bleiben. In einer solchen Lage wird jeder ohne Schwierigkeit und ohne Übung schwimmen können. Es liegt jedoch auf der Hand, daß sich die Schwere des Körpers und die der verdrängten Wassermenge gerade aufwiegen und daß die geringste Kleinigkeit der einen oder der anderen das Übergewicht verschaffen kann. So verursacht z. B. ein Arm, der aus dem Wasser herausgestreckt und seiner Stütze beraubt wird, ein Überwiegen des Körpers, das hinreicht, den ganzen Kopf zum Sinken zu bringen, während die zufällige Hilfe eines Holzstückchens es ermöglicht, den Kopf so hoch zu halten, daß man umherzuschauen vermag.

Man kann jedoch immer beobachten, daß ein des Schwimmens Unkundiger im Wasser das Bestreben hat, die Arme in die Höhe zu strecken und den Kopf in der gewohnten aufrechten Lage zu halten. Die Folge ist, daß Mund und Nasenlöcher unter das Wasser geraten und beim Atmen Wasser in die Lunge des Untersinkenden gerät. Auch der Magen füllt sich mit Wasser und der ganze Körper wird um den Unterschied zwischen dem Gewicht der aufgenommenen Flüssigkeit und dem der die Höhlungen ursprünglich ausfüllenden Luft schwerer. In der Regel ist dieser Unterschied groß genug, um den Körper zum Sinken zu bringen; er genügt jedoch nicht bei Personen, die kleine Knochen oder ungewöhnlich fettes oder schlaffes Fleisch haben. Diese schwimmen selbst dann noch, wenn sie ertrunken sind.

Stellen wir uns jedoch vor, der Leichnam liege auf dem Boden des Flusses. Hier wird er so lange liegenbleiben, bis seine spezifische Schwere durch irgendeinen Umstand wieder geringer wird als die der Wassermenge, die er verdrängt. Dies geschieht in der Regel durch die Verwesung. Das Resultat der Verwesung ist eine Gaserzeugung, die das Zellgewebe ausdehnt und dem Leichnam das bekannte aufgedunsene Aussehen verleiht. Ist diese Ausdehnung so weit vorgeschritten, daß der Körper an Umfang wesentlich zugenommen hat, ohne jedoch seine Masse und sein Gewicht vergrößert zu haben, so wird seine spezifische Schwere geringer als die des verdrängten Wassers, und er hebt sich wieder an die Oberfläche.

Die Art der Verwesung aber wird durch unzählige Umstände bestimmt, wird durch unzählige Einflüsse beschleunigt oder verspätet; z. B. durch die Hitze oder Kälte der Jahreszeit, durch die Reinheit des Wassers oder durch etwaige mineralische Bestandteile, die es enthält, durch seine Tiefe oder Seichtheit, durch seinen raschen Lauf oder sein Stagnieren, durch die Beschaffenheit des Körpers, durch den Umstand, ob er bei seinem Tode gesund oder mit einer Krankheit behaftet gewesen war. Es ist also klar, daß man die Zeit nicht genau bestimmen kann, die ein Leichnam braucht, um infolge eingetretener Verwesung an die Oberfläche zu kommen.

Unter gewissen Umständen könnte dies schon nach einer Stunde der Fall sein, unter anderen überhaupt nie. Es gibt chemische Mischungen, welche den menschlichen Körper *auf immer* vor der Verwesung schützen; ich will hier nur das Quecksilberchlorid anführen. Aber abgesehen von der Verwesung kann sich — und dies ist sehr oft der Fall — im Magen infolge der sauren Gärung vegetabilischer Stoffe in genügender Menge Gas erzeugen, um eine derartige Ausdehnung des Körpers herbeizuführen, daß er an die Oberfläche kommt.

Die durch die Abfeuerung einer Kanone hervorgebrachte Wirkung ist eine einfache schwingende Bewegung. Sie kann den Körper aus dem leichten Schlamme, in den er vielleicht versunken ist, loslösen und auf diese Weise, nachdem andere Einflüsse den Körper darauf vorbereitet haben, dazu beitragen, daß er an die Oberfläche emporsteigt. Oder aber, die schwingende Bewegung überwindet die Zähigkeit einiger verwesender Teile des Zellgewebes und macht es ihnen möglich, sich unter dem Einfluß des Gases auszudehnen.

Nachdem wir uns also mit allen physikalischen Lehren bekannt gemacht haben, wird es uns leicht sein, die Behauptungen der ›Etoile‹ auf ihre Richtigkeit zu prüfen. ›Die Erfahrung lehrt uns‹, sagt das Blatt, ›daß Ertrunkene oder Körper, die nach erfolgtem gewaltsamem Tode sofort ins Wasser geworfen wurden, sechs bis zehn Tage brauchen, ehe die Verwesung so weit vorgeschritten ist, daß sie wieder an die Oberfläche kommen. Selbst wenn eine Kanone über einen Leichnam hinweg abgefeuert wird, der fünf bis sechs Tage im Wasser gelegen hat, und dieser wieder in die Höhe kommt, sinkt er wieder, sobald er sich selbst überlassen wird.‹ Diese ganze Stelle muß Ihnen jetzt als ein schlechtes Gewebe von lauter Zusammenhanglosigkeiten erscheinen. – Die Erfahrung beweist *nicht*, daß alle Körper bis zehn Tage brauchen, ehe die Verwesung sie wieder an die Oberfläche bringt. Im Gegenteil beweisen Erfahrung und Wissenschaft, daß die Zeit, die sie zum Heraufsteigen nötig haben, unbestimmt ist. Ist ein Körper infolge der Abfeuerung einer Kanone an die Oberfläche gekommen, so wird er auch nicht wieder sinken, ›sobald er sich selbst überlassen wird‹, bis die Verwesung so weit vorgeschritten ist, daß das erzeugte Gas entweichen kann.

Ich möchte Sie auch auf den Unterschied hinweisen, den das Blatt zwischen ›Ertrunkenen‹ und ›Körpern, die nach erfolgtem gewaltsamem Tode sofort ins Wasser geworfen wurden‹, macht. Obgleich der Verfasser des Artikels hier eine Unterscheidung trifft, spricht er doch von beiden Arten der Toten als von *einer* Kategorie. Ich habe eben gezeigt, wie es kommt, daß der Körper eines Ertrinkenden spezifisch schwerer wird als die Wassermenge, die er verdrängt, und daß er gar nicht untersinken würde, wenn er nicht im Kampf um sein Leben die Arme emporstrecken und beim Atmen unter der Oberfläche seine Lungen mit Wasser füllen würde. Bei einem nach erfolgtem gewaltsamem Tode ins Wasser geworfenen Körper kommen diese beiden Umstände jedoch nicht in Frage. Somit würde also in letzterem Falle der Körper in der Regel gar nicht sinken – eine Tatsache, welche der ›Etoile‹ offenbar ganz unbekannt ist. Erst wenn die Verwesung so weit vorgeschritten wäre, daß sich das Fleisch von den Knochen löste, erst dann würde der Leichnam endgültig versinken.

Was ist uns nun also die Behauptung der ›Etoile‹, der gefundene Körper sei nicht der Leichnam der Marie Rogêt, weil man ihn schon drei Tage nach dem Verschwinden des Mädchens oben auf dem Wasser gefunden habe? Wir wissen jetzt, daß Marie Rogêt, falls sie ertrank, möglicherweise gar nicht untersank – denn sie war ja eine Frau –, oder, wenn sie sank, in vierundzwanzig Stunden, ja, noch früher, wieder an die Oberfläche kommen konnte. Es vermutet jedoch niemand, daß sie ertrunken sei, und wenn wir annehmen, daß ihr Tod eintrat, bevor sie ins Wasser geworfen wurde, so konnte sie zu jeder beliebigen Zeit nach ihrem Tode im Wasser schwimmend gefunden werden.

›Aber‹, meint die ›Etoile‹, ›wäre der Leichnam in seinem verstümmelten Zustande bis Dienstag nacht am Ufer verborgen gehalten worden, so hätte man dort sicherlich eine Spur von den Mördern finden müssen.‹ Es ist schwer, hier auf den ersten Blick zu sehen, worauf der Verfasser des Artikels eigentlich hinauswill. Wahrscheinlich will er von vornherein einem Einwand begegnen, der seiner Theorie einen Stoß versetzen würde, dem Einwand nämlich, daß der Leichnam zwei Tage am Ufer geblieben und rasch in Verwesung übergegangen sei, rascher, als wenn er sich im Wasser befunden hätte. Der Verfasser meint offenbar, der Leichnam hätte in diesem Falle schon am Mittwoch wieder an die Oberfläche kommen können, aber eben nur in diesem Falle. Er beeilt sich infolgedessen, zu beweisen, daß der Leichnam *nicht* am Ufer geblieben ist; denn in diesem Falle hätte man am Ufer ›eine Spur von den Mördern finden müssen‹. Über eine solche Logik kann man höchstens lächeln. Sie werden ebensowenig wie ich einzusehen vermögen, daß das bloße Verstecken des Leichnams am Ufer die Spuren der Mörder vermehrt hätte.

›Und weiterhin‹, fährt unser Blatt fort, ›ist es höchst unwahrscheinlich, daß die Verbrecher, die einen so schauderhaften Mord verübten, den Leichnam nicht durch ein Gewicht zum Sinken gebracht hätten, da doch dieser wichtigen Vorsichtsmaßregel nichts im Wege stand.‹

Machen Sie sich nur einmal diese lächerliche Gedankenverwirrung klar! Niemand – nicht einmal die ›Etoile‹ selbst – bestreitet, daß an dem gefundenen Körper ein Mord verübt wurde, denn er trug nur zu deutlich die Spuren einer Gewalttat an sich. Der Verfasser will bloß beweisen, daß der Körper nicht der von Marie sei, er will seine Leser davon überzeugen, daß Marie *nicht* ermordet wurde, nicht etwa, daß an dem gefundenen Körper kein Mord verübt wurde. Und doch beweist seine Bemerkung nur das letztere. Es wird ein Leichnam gefunden, der durch kein Gewicht zum Sinken gebracht wurde. Hätten ihn Mörder in den Fluß geworfen, so wäre diese Vorsichtsmaßregel angewandt worden. Er wurde also *nicht* von Mördern dem Wasser übergeben. Das ist alles, was bewiesen wird, wenn hier überhaupt von beweisen die Rede sein kann.

Die Frage der Identität läßt das Blatt vollkommen unberührt und gibt sich nur noch Mühe, dem zu widersprechen, was es einen Augenblick vorher zugegeben hat. ›Wir sind vollkommen überzeugt‹, heißt es weiter, ›daß der gefundene Leichnam der einer *ermordeten* Frauensperson ist.‹

Und es ist nicht das einzigemal, daß sich der Verfasser in diesem einen Artikel widerspricht. Wie ich schon erwähnte, macht er sich zur Aufgabe, die Zeit zwischen dem Verschwinden Mariens und der Auffindung des Leichnams als möglichst kurz dahinzustellen. Und doch betont er an anderer Stelle immer wieder, daß das Mädchen von dem Augenblicke an, da es das mütterliche Haus verließ, von niemandem gesehen worden ist. ›Wir haben keinen Beweis‹, sagt er, ›daß Marie Rogêt sich nach 9 Uhr an dem betreffenden Sonntage noch unter den Lebenden befand.‹ Da seine ganze Beweisführung von einer absichtlich einseitigen Anschauung der Sache diktiert ist, hätte er wenigstens diesen Punkt ganz unberücksichtigt lassen sollen; denn wäre Marie noch am Montag oder sogar am Dienstag gesehen worden, so wäre die fragliche Zwischenzeit ja noch bedeutend kürzer gewesen und hätte gemäß des Verfassers eigenen Schlüssen die Wahrscheinlichkeit, daß der Leichnam mit der Vermißten identisch sei, bedeutend vermindert. Eigentlich ist es schon erheiternd, zu sehen, wie die ›Etoile‹ auf diesem Punkte beharrt, in dem guten Glauben, derselbe unterstütze ihre allgemeine Behauptung.

Lesen Sie nun, bitte, jenen Teil des Artikels noch einmal durch, der sich auf die Erkennung des Leichnams durch Beauvais bezieht. Mit dem, was sie über die Haare auf dem Arm sagt, läßt sich die ›Etoile‹ eine offenbare Unehrlichkeit zuschulden kommen. Herr Beauvais ist nicht blödsinnig und wird nicht behauptet haben, den Leichnam bloß an den Haaren auf dem Arm erkannt zu haben. Kein Arm ist vollständig *ohne* Haar. Die ›Etoile‹ hat durch diese allgemeine, ungenaue Ausdrucksweise die Aussage des Zeugen verdreht, denn er muß von irgendeiner Besonderheit der Haare, von einer Eigentümlichkeit, ihrer Farbe, ihrer Menge, ihrer Länge oder ihrer Lage gesprochen haben.

›Ihr Fuß‹, sagt das Blatt, ›war klein — doch haben viele tausend Mädchen kleine Füße. Ihr Strumpfband beweist ebensowenig wie ihr Schuh, denn Schuhe und Strumpfbänder werden packweise verkauft. Das gleiche gilt von den Blumen auf ihrem Hut. Herr Beauvais betont noch den Umstand, daß die Schnalle am Strumpfband, das anscheinend zu weit gewesen, zurückversetzt worden ist. Aber auch dies will nichts besagen; denn fast alle Frauen probieren ihre neugekauften Strumpfbänder erst zu Hause an und nähen sie passend.‹

Jetzt wird es wirklich schwer, den Verfasser noch ernst zu nehmen. Hätte Herr Beauvais bei seinen Nachforschungen nach Mariens Leichnam einen Körper aufgefunden, der an Größe und Aussehen dem der Vermißten gleich war, so wäre er berechtigt gewesen, an einen Erfolg seiner Bemühungen zu glauben, ohne die Bekleidung des Leichnams zu berücksichtigen. Hätte er dazu noch an dem Arm Haare von einer besonderen Eigentümlichkeit wiedererkannt, so hätte ihn dieser Umstand in seiner Meinung noch bestärken können, und zwar desto mehr, je eigentümlicher und ungewöhnlicher diese Haare gewesen wären. Waren Mariens Füße klein wie die des Leichnams, so vergrößert auch dies Zusammentreffen die Wahrscheinlichkeit. Fügt man noch hinzu, daß Marie an dem Tage, da sie verschwand, ebensolche Schuhe trug, wie man sie an dem Leichnam gefunden, so erhöht diese Tatsache, trotz des Umstandes, daß Schuhe ›packweise‹ verkauft werden, die Wahrscheinlichkeit fast bis zur Gewißheit. Was an sich die Identität noch nicht beweisen würde, wird so zu einem höheren Beweise. Finden wir nun auch noch auf dem Hut die gleichen Blumen, welche das vermißte Mädchen trug, so brauchen wir keine weiteren Beweise. Ist auch nur eine Blume vorhanden, so bekräftigt die schon genug — wie aber, wenn es zwei, drei oder noch mehr sind? Jede einzelne Blume vervielfältigt die Kraft des Beweises, und zwar nicht einmal, sondern hundert-, tausendmal. Entdecken wir nun obendrein an der Toten noch Strumpfbänder, wie sie die Lebende trug, so wäre es geradezu Torheit, noch nach weiteren Details der Übereinstimmung zu suchen. Aber diese Strumpfbänder sind obendrein noch in derselben Weise durch das Versetzen einer Schnalle enger gemacht, wie es Marie kurz vor ihrem Weggehen von zu Hause getan hat. Jetzt noch zu zweifeln ist Wahnsinn oder Heuchelei. Die Behauptung der ›Etoile‹, dies Versetzen von Schnallen an Strumpfbändern sei ein äußerst gewöhnliches Vorkommnis, beweist weiter nichts als nur die Hartnäckigkeit, mit welcher das Blatt auf seiner vorgefaßten Meinung beharrt. Die Elastizität eines solchen, mit einer unverrückbaren Schnalle geschlossenen Strumpfbandes beweist von selbst, daß das Verengern etwas Ungewöhnliches ist. Ein Gegenstand, der so eingerichtet worden ist, daß er sich von selbst anpaßt, wird natürlicherweise zu diesem Zweck nur sehr selten äußerer Beihilfe bedürfen. Es ist also etwas *Besonderes,* daß Mariens Strumpfbänder verengt worden sind, und sie allein würden ihre Identität vollkommen bewiesen haben.

Doch trug der gefundene Körper nicht die Strumpfbänder der Vermißten *oder* ihre Schuhe *oder* ihren Hut *oder* die Blumen des Hutes, er hatte nicht die gleichen Füße *oder* ihr besonderes Zeichen am Arm *oder* ihre Größe und allgemeine Erscheinung — man fand bei dem Leichnam *alle* diese Zeichen *zusammen!* Würde der Beweis erbracht, daß der Herausgeber der ›Etoile‹ wirklich noch zweifelte, so brauchte man nicht erst einen Irrenarzt zu fragen, ob man es mit einem Wahnsinnigen zu tun habe. Er hat es für klug gehalten, das Gerede der Advokaten nachzubeten, die sich großenteils damit begnügen, die primitiven Ansichten der Gerichte immer wieder herzusagen. Ich möchte hier noch bemerken, daß viele Umstände, die das Gericht als Beweise verwirft, dem denkenden Menschen geradezu überzeugende Argumente sind. Denn die Gerichte verfahren stets nach allgemeinen, anerkannten Prinzipien, von deren buchstäblicher Befolgung sie auch in ungewöhnlichen, eigenartigen Fällen nicht absehen wollen. Und dies starre Festhalten an Prinzipien, dies strenge Unberücksichtigtlassen jedes Ausnahmefalles, der eine andere Behandlung als die in ihrem Prinzip vorgesehene verlangt, ist ein sicheres Verfahren, nach längerer Zeit das Maximum aller erreichbaren Wahrheit zu erlangen. Im allgemeinen ist diese gerichtliche Praxis also von Wert, es läßt sich jedoch nicht leugnen, daß sie in einzelnen Fällen zu Irrtümern führt.

Den gegen Beauvais gerichteten Argwohn werden wir wohl in kürzester Zeit entkräften können. Sie haben den wahren Charakter des guten Mannes bereits erkannt. Er ist ein Mensch, der sich gern in anderer Leute Angelegenheiten mischt, dazu romantisch veranlagt und nicht gerade scharfsinnig. Bei seinem Charakter ist es nur zu natürlich, daß er in einer so aufregenden Angelegenheit bei den Allzuklugen oder Böswilligen Verdacht erregte. Aus dem Artikel der ›Etoile‹ geht hervor, daß Herr Beauvais eine persönliche Unterredung mit dem Herausgeber des Blattes hatte und diesen beleidigte, indem er die Behauptung wagte, der gefundene Körper sei trotz aller Gegenversicherungen der Zeitung der Leichnam der vermißten Marie Rogêt. ›Er bleibt dabei‹, sagt die Zeitung, ›der Leichnam ist mit der Vermißten identisch; doch kann er, Herr Beauvais, keine weiteren – als die von uns beredeten – Beweise für seine Behauptung beibringen, die vielleicht irgend jemanden von der Richtigkeit derselben überzeugen könnten.‹ – Es ist wohl nicht nötig, noch einmal darauf hinzuweisen, daß man stärkere Beweise als die von Beauvais angeführten überhaupt nicht hätte beibringen können – ich möchte hier nur noch darauf aufmerksam machen, daß in einem Fall wie dem vorliegenden ein Mensch selbst fest glauben kann, ohne auch nur *einen* Grund dafür angeben zu können, der auch für andere bestimmend wäre. Nichts ist schwerer zu bezeichnen als die Merkmale, die uns von der Identität einer Person überzeugen.

Jedermann kennt seinen Nachbarn, und doch könnte man in den wenigsten Fällen den Grund anführen, *warum* man in dem Mann seinen Nachbarn erkennt. Der Herausgeber der ›Etoile‹ tat unrecht, sich über Herrn Beauvais' nicht durch Worte zu begründenden Glauben zu ärgern.

Die Verdachtsmomente, die ihn belasten, beweisen viel mehr meine Hypothese von seiner Allgeschäftigkeit als seine Schuld. Geben wir seinem Betragen einmal diese gutherzige Auslegung, so können wir uns mit Leichtigkeit die Rose in dem Schlüsselloch, das Wort ›Marie‹ auf der Schiefertafel, die Beseitigung des männlichen Verwandten, seine Abneigung, die Verwandten den Leichnam sehen zu lassen, die Aufforderung an Frau B . . ., sie solle mit dem Gendarmen nicht sprechen, bis er, Beauvais, wieder zurückkomme, und zum Schluß auch seinen Ausspruch erklären, daß niemand außer ihm in dem Prozeß mitzusprechen habe.

Es scheint mir außer Zweifel, daß Beauvais einer von Mariens

Verehrern war, daß sie mit ihm kokettierte und daß es ihm schmeichelte, wenn andere dachten, er stehe mit ihr auf vertrautem Fuße. Ich will über diesen Punkt nicht weiter sprechen, und da die Zeugenaussagen die Behauptungen der ›Etoile‹ hinsichtlich der Apathie, welche die Mutter des Mädchens und andere Verwandte an den Tag gelegt haben sollen, die beweisen sollten, daß sie den gefundenen Leichnam nicht für den der Marie gehalten hätten — da diese Zeugenaussagen die Behauptung der ›Etoile‹ Lügen strafen, wollen wir fortfahren, als wäre die Frage der Identität in durchaus befriedigender Weise gelöst.«

»Und was sagen Sie«, fragte ich hier, »zu den Ansichten des ›Commercial‹?«

»Daß diese ihrem geistigen Gehalt nach weit beachtungswerter sind als alle, die bis jetzt über diesen Gegenstand verbreitet wurden. Die Folgerungen aus den Prämissen sind durchaus richtig und scharfsinnig, aber die Prämissen selbst beruhen in wenigstens zwei Fällen auf unvollkommener Beobachtung. Der ›Commercial‹ sucht die Ansicht zu verbreiten, daß Marie nicht weit von dem Hause ihrer Mutter von einer Rotte von Bösewichtern angefallen wurde. Er behauptet, ›es sei unmöglich, daß eine so wohlbekannte Person wie Marie drei Stadtviertel hat durchschreiten können, ohne von irgend jemandem erkannt zu werden‹. Diese Worte verraten den Gedankengang eines Mannes, der lange in Paris gelebt hat, in einem öffentlichen Amte steht, dessen hauptsächliche Gänge sich zwischen den öffentlichen Gebäuden befinden und welcher weiß, daß er aus seinem Bureau nicht hundert Schritte weit gehen kann, ohne wenigstens von einem Dutzend von Leuten erkannt und angeredet zu werden. Er vergleicht Mariens Bekanntenkreis mit dem seinen, findet, daß derselbe nicht viel kleiner ist als sein eigener, und schließt daraus, daß sie auf ihren Gängen ebenso leicht erkannt werden müsse wie er auf den seinigen. Dies würde jedoch nur der Fall sein, wenn sich ihre Ausgänge wie die seinen auf ein paar bestimmte Strecken in einem bestimmten Stadtviertel beschränkten. Er bewegt sich zu bestimmten Stunden innerhalb eines fest umgrenzten Kreises, in welchem seine Geschäfte und Ausgänge die Aufmerksamkeit zahlreicher anderer Personen auf sich ziehen müssen, weil sie mit den ihrigen in Beziehung stehen. Wir können jedoch annehmen, daß Mariens Gänge im allgemeinen weit verschiedenartiger waren, und im vorliegenden Fall ist es sogar höchst wahrscheinlich, daß sie einen Weg einschlug, der von der Richtung ihrer gewöhnlichen Ausgänge ganz besonders abwich. Die Parallele, welche der Herausgeber des ›Commercial‹ zwischen seinem und Mariens Bekanntsein gezogen hat, könnte auf Richtigkeit nur Anspruch erheben, wenn die beiden die ganze Stadt durchwanderten. Nur in diesem Falle wären bei gleich großem Bekanntenkreise auch die Chancen gleich, von einer gleich großen Anzahl von Personen erkannt zu werden.

Ich selbst halte es nicht allein für möglich, sondern sogar für sehr wahrscheinlich, daß Marie zu jeder Zeit einen der vielen Wege von der Wohnung ihrer Mutter zu der ihrer Tante hätte gehen können, ohne auch nur einer einzigen Person zu begegnen, von der sie gekannt wurde. Um überhaupt in diesem Fall richtig zu entscheiden, dürfen wir nie das große Mißverhältnis vergessen, welches zwischen der Zahl der Bekannten auch des meistgekannten Parisers und der ganzen Einwohnerzahl dieser Stadt überhaupt herrscht.

Der letzte Rest von Bedeutung, welche die diesbezügliche Ansicht des ›Commercial‹ vielleicht noch haben könnte, wird verschwinden, wenn wir uns der *Stunde* erinnern, zu welcher das Mädchen ausging.

›Sie ging gerade zu einer Zeit aus‹, sagte der ›Commercial‹, in der die Straßen am belebtesten sind.‹ Dies war nicht der Fall. Marie Rogêt verließ das Haus ihrer Mutter um neun Uhr morgens. Zu dieser Zeit sind die Straßen allerdings bevölkert, jedoch nur an Wochentagen. Sonntags um neun Uhr sind die meisten Leute zu Hause, da sie sich um diese Zeit zum Kirchgang vorbereiten. Keinem Beobachter wird es entgangen sein, wie eigentümlich verödet eine Stadt des Sonntagmorgens zwischen acht und zehn Uhr aussieht. Zwischen zehn und elf sind die Straßen wieder belebt, jedoch, wie gesagt, nicht um die obenbezeichnete Stunde.

Noch ein weiterer Punkt beweist die ungenügende Beobachtungsgabe des ›Commercial‹. An einer Stelle heißt es: ›Aus einem der Unterröcke des unglücklichen Mädchens war ein zwei Fuß langer und ein Fuß breiter Streifen herausgerissen; den hatten die Täter ihr fest um den Hals gebunden und hinten am Kopf zusammengeknotet, wahrscheinlich, um sie am Schreien zu hindern. Dies konnten nur Burschen getan haben, die keine Taschentücher bei sich hatten.‹ Ob diese Annahme begründet ist oder nicht, werden wir später sehen; jedenfalls will der Verfasser mit ›Burschen, die keine Taschentücher bei sich hatten‹, die niedrigste Klasse von Bösewichtern bezeichnen. Verbrecher dieser Sorte haben jedoch stets Taschentücher, selbst, wenn sie so heruntergekommen sind, daß sie kein Hemd mehr besitzen. Sie werden selbst Gelegenheit gehabt haben, zu bemerken, daß diesem Gesindel das Taschentuch neuerdings ein unentbehrliches Handwerkszeug geworden ist.«

»Und was sollen wir von dem Artikel des ›Soleil‹ halten?« fragte ich.

»Daß es jammerschade ist, daß sein Verfasser nicht als Papagei geboren wurde, er wäre jedenfalls eine Zierde seines Geschlechts geworden. Er hat bloß die bereits bekannten Umstände und Ansichten mit einem allerdings lobenswerten Fleiß aus den übrigen

Zeitungen gesammelt und in seinem Blatte wiederholt. Er bemerkt unter anderem: ›Die gefundenen Gegenstände lagen *offenbar* schon wenigstens drei bis vier Wochen an der Fundstelle, denn sie waren vom Regen ganz verschimmelt, klebten vielfach zusammen und waren vollständig verdorben. Es kann daher nicht mehr zweifelhaft sein, daß der Schauplatz dieses gräßlichen Verbrechens entdeckt ist.‹

Diese von dem ›Soleil‹ wiederholten Tatsachen haben *meine* Zweifel jedoch nicht im geringsten zerstreut, und wir werden diese mit einem anderen Teil der Angelegenheit noch eingehender Prüfung unterwerfen.

Augenblicklich müßten wir unsere Aufmerksamkeit auf einige andere Punkte richten. Es ist Ihnen ohne Zweifel aufgefallen, daß der Leichnam mit größter Nachlässigkeit untersucht worden ist. Allerdings wurde die Frage der Identität rasch erledigt oder hätte wenigstens rasch erledigt sein sollen; nur hätte man sich auch noch über einige andere Punkte Gewißheit verschaffen müssen: War der Leichnam irgendwie beraubt worden? Trug die Ermordete bei ihrem letzten Ausgang Schmucksachen, und fand man dieselben an dem Leichnam wieder? Dies sind wichtige Fragen, welche die gerichtliche Nachforschung jedoch vollständig unberücksichtigt gelassen hat. Auch über ein paar weitere Momente von Bedeutung hat sie sich nicht die geringste Aufklärung zu verschaffen gesucht. Da müssen wir versuchen, uns selbst Auskunft zu geben. Vorerst wollen wir den Verdacht gegen St. Eustache noch einmal prüfen. Ich selbst hege nicht den geringsten Argwohn gegen ihn, doch wollen wir streng methodisch verfahren und zusehen, ob sein Alibi-Beweis für den verhängnisvollen Sonntag lückenlos und richtig ist. Beweise dieser Art können zu leicht gefälscht sein. Stimmt hier jedoch alles, so können wir bei unseren weiteren Untersuchungen von St. Eustache absehen. Sein Selbstmord ist nur verdächtig, wenn sein Alibi eine Lücke oder eine falsche Angabe aufweisen sollte — im anderen Falle hat er so wenig Ungewöhnliches an sich, daß wir über ihn hinweg ruhig die Linie gewöhnlicher Analyse verfolgen dürfen.

Bei der weiteren Erforschung des Geheimnisses wollen wir für das erste von dem Kern der Tragödie absehen und unsere Aufmerksamkeit auf ihre äußeren Umrisse konzentrieren. Nur zu häufig begeht man bei dergleichen Untersuchungen den Irrtum, lediglich die unmittelbaren Ereignisse zu beachten und die begleitenden und zufälligen nicht zu berücksichtigen. Unsere Gerichte haben die schlechte Gepflogenheit, Zeugenbeweis und Diskussion auf das scheinbar Wesentliche eines Falles zu beschränken. Und doch hat alle Erfahrung gezeigt, und gewissenhafte Beobachtung wird es immer beweisen, daß sich ein großer, ja, vielleicht der größte Teil der Wahrheit in dem scheinbar Unwesentlichen verbirgt. Vom Geiste, wenn auch nicht gerade vom Buchstaben dieses Prinzips geleitet, hat sich die moderne Wissenschaft bemüht, auch das *Unvorhergesehene* berechnen zu lernen.

Aber Sie verstehen mich vielleicht nicht. Die Geschichte menschlicher Erkenntnis hat unaufhörlich gezeigt, daß wir begleitenden, zufälligen, beiläufigen Ereignissen zahlreiche, höchst wertvolle Entdeckungen verdanken, so daß es endlich eine Notwendigkeit geworden ist, im Interesse des Fortschritts Erfindungen, die durchaus zufällig und nicht vorherzusehen sind, in unsere Berechnungen mit aufzunehmen. Es ist nicht mehr philosophisch, die Zukunft nur nach der Vergangenheit zu berechnen. Der Zufall spielt bei jeder Entwicklung eine gewaltige Rolle, und wir haben gelernt, ihn einer genauen Berechnung zu unterziehen. Wir schließen das Unvorhergesehene — Umstände, an die wir nicht gedacht — in eine mathematische Formel ein.

Ich wiederhole noch einmal: der größte Teil aller erlangten Wahrheit ist aus der Erforschung ihrer Begleitumstände gewonnen worden. Dies ist eine Tatsache, an der sich nicht rütteln läßt. In Übereinstimmung mit dem Prinzip, welches aus dieser Tatsache zu uns spricht, verlasse ich jetzt den breit getretenen und bisher unfruchtbaren Boden des Ereignisses selbst und übertrage meine Untersuchung auf die gleichzeitigen Umstände, die dasselbe begleiteten. Während Sie den Alibi-Beweis St. Eustaches einer neuen Prüfung unterziehen, werde ich die Zeitungen noch eingehender, als Sie es getan, durchlesen. Bis jetzt haben wir bloß das Feld der Untersuchung rekognosziert, aber es müßte sonderbar zugehen, wenn ein genaues Durchstudieren der Zeitungen, wie ich es vorhabe, uns nicht einige kleine Anhaltspunkte liefern, uns sagen sollte, wohin wir den Lauf unserer Untersuchungen nun eigentlich zu richten haben.«

Ich kam Dupins Aufforderung nach und untersuchte den Alibi-Beweis St. Eustaches mit der denkbar größten Sorgfalt. Er war vollkommen unanfechtbar und stellte die Unschuld des Verdächtigen außer Zweifel. Mein Freund vertiefte sich mittlerweile mit einer Beharrlichkeit, die mir völlig unnütz schien, in die Lektüre der verschiedenen Zeitungen. Nach Verlauf einer Woche legte er mir die folgenden Auszüge vor:

›Vor ungefähr drei und einem halben Jahre erregte das Verschwinden derselben Marie Rogêt aus dem Parfümerieladen des Herrn Le Blanc im Palais Royal ähnliches Aufsehen. Nach Verlauf einer Woche erschien sie jedoch wohl und munter wieder hinter ihrem gewohnten Ladentisch, nur bemerkte man an ihr eine leichte, etwas ungewöhnliche Blässe. Herr Le Blanc und ihre Mutter erklärten, daß sie die Zeit über bei einer Verwandten auf dem Lande zu Besuch gewesen sei, und bald war die ganze Sache vertuscht. Wir vermuten, daß ihr jetziges Verschwinden auch nur auf einen ähnlichen Streich zurückzuführen ist, daß wir sie nach Verlauf einer Woche oder eines Monats wieder unter uns sehen werden.‹ – ›Abendzeitung‹, Montag, den 23. Juni.

›Eine gestrige Abendzeitung weist auf ein früheres geheimnisvolles Verschwinden von Fräulein Rogêt hin. Es ist jedoch bekannt, daß sie die Zeit, während welcher sie aus dem Parfümerieladen des Herrn Le Blanc verschwunden war, bei einem jungen, wegen seiner Ausschweifungen übel berüchtigten Seeoffizier zugebracht hat. Eine gute Vorsehung führte sie jedoch, wahrscheinlich infolge eines Streites, wieder zu ihren Angehörigen zurück. Wir kennen den Namen des fraglichen Lothario, welcher sich augenblicklich in Paris aufhält, unterlassen es jedoch aus leicht begreiflichen Gründen, denselben zu nennen.‹ – Der ›Merkur‹, Dienstagmorgen, den 24. Juni.

›Vor drei Tagen wurde in der Umgegend der Stadt ein grauenhaftes Verbrechen verübt. Ein Herr, welcher in Gesellschaft seiner Frau und Tochter von einem Spaziergange zurückkehrte, ließ sich in der Dämmerung von sechs jungen Leuten, welche am Seineufer auf und ab ruderten, über den Fluß setzen. Als sie das andere Ufer erreicht hatten, stiegen die drei Passagiere aus, um ihren Heimweg fortzusetzen. Kaum hatten sie das Boot aus dem Gesicht verloren, als die Tochter bemerkte, daß sie ihren Sonnenschirm in ihm liegen gelassen hatte. Sie eilte zurück, um ihn zu holen, wurde jedoch von den Buben ergriffen, in den Strom hinausgefahren, geknebelt, auf das abscheulichste mißhandelt und endlich unweit der Stelle, an welcher sie mit den Eltern in das Boot gestiegen war, wieder ausgesetzt. Die Schurken sind entwichen, doch ist die Polizei auf ihrer Spur und wird hoffentlich bald zu ihrer Verhaftung schreiten können.‹ – ›Morgenblatt‹, Mittwoch, den 25. Juni.

›Man hat uns von mehreren Seiten angedeutet, daß Mennais* der Urheber des kürzlich begangenen gräßlichen Verbrechens sei; aber da dieser Herr von dem Gericht für unschuldig erklärt worden ist, und unsere Korrespondenten zuweilen mehr Eifer als Gründlichkeit an den Tag legen, halten wir es nicht für rätlich, diese Vermutungen zu veröffentlichen.‹ – ›Morgenblatt‹, Samstag, den 28. Juni.

›Aus verschiedenen Quellen haben wir mehrere überzeugend geschriebene Mitteilungen erhalten, welche es fast als gewiß erscheinen lassen, daß die unglückliche Marie Rogêt einer der zahlreichen Banden roher Bösewichter zum Opfer gefallen ist, die sonntags die

* *Mennais war einer von denen, die anfänglich als verdächtig verhaftet, aber dann mangels jeden Beweises wieder in Freiheit gesetzt wurden.* E. A. P.

Stadt unsicher machen. Wir selbst stimmen dieser Ansicht entschieden bei. Und wir werden Gelegenheit nehmen, einige der angeführten Gründe für diese Annahme in unserem Blatt abzudrucken.‹ — ›Abendzeitung‹, Dienstag, den 30. Juni.

›Am Montag hat ein beim Zollamt beschäftigter Schiffer ein leeres Boot die Seine herunterschwimmen sehen. Die Segel lagen auf dem Boden des Bootes. Der Schiffer befestigte das Fahrzeug an der Anlegestelle unter den anderen, zum Zollamte gehörigen Booten. Am folgenden Morgen war es von dort verschwunden, das Ruder liegt noch auf dem Zollamt.‹ — ›Diligence‹, Donnerstag, den 26. Juli.

Die verschiedenen Auszüge schienen mir nicht allein ganz bedeutungslos, es wurde mir sogar nicht einmal klar, inwiefern sie bei unseren Nachforschungen von Nutzen sein sollten. Ich wartete also auf Aufklärung von seiten Dupins.

»Augenblicklich hat es keinen Zweck für uns«, begann er, »bei dem ersten oder zweiten zu verweilen. Ich habe diese nur abgeschrieben, um Ihnen einen Begriff von der außerordentlichen Nachlässigkeit der Polizeibeamten zu geben, die, wenn ich den Präfekten recht verstand, es nicht einmal für nötig erachtet haben, den Marineoffizier, auf welchen eines der Blätter anspielt, einem Verhör zu unterziehen. Und doch wäre es der reine Blödsinn, zu behaupten, daß ein Zusammenhang zwischen dem ersten und zweiten Verschwinden der Marie Rogêt durchaus *ausgeschlossen* wäre.

Wir wollen annehmen, daß Mariens *erster* rätselhafter Aufenthalt mit einem Streit zwischen den Liebenden geendet habe und daß das junge Mädchen infolge eines solchen, sagen wir Zerwürfnisses wieder nach Hause zurückgekehrt sei. Nun können wir uns eine zweite Entfernung vom Hause, sobald wir *wissen*, daß eine solche abermals stattgefunden hat, viel eher als die Folge erneuter Anträge des betreffenden ersten Liebhabers erklären, als der irgendeines anderen zweiten. Mit anderen Worten: es ist bei weitem wahrscheinlicher, daß das zweite Verschwinden seinen Grund in der Wiederauffrischung eines alten Liebesverhältnisses als in dem Anfang eines neuen hat; auch ist die Annahme zehnmal vernünftiger, daß ein Mann, welcher der Marie schon einmal einen Fluchtvorschlag gemacht hat, denselben wiederholt, als daß ihr ein zweiter mit ganz *demselben* Antrag naht.

Und hier muß ich Sie auf die Tatsache aufmerksam machen, daß die Zeit zwischen der ersten nachgewiesenen und der zweiten mutmaßlichen Flucht um einige Wochen länger ist, als die, während welcher unsere Kriegsschiffe zu kreuzen pflegen. Hatte der Liebhaber seine erste Schurkerei nicht vollenden können, weil er abreisen mußte, und hat er nun den ersten Augenblick nach der Rückkehr dazu benutzt, seine unterbrochenen verbrecherischen Pläne wiederaufzunehmen und zur Ausführung zu bringen? Von alledem wissen wir nichts!

Sie werden jedoch einwenden, daß in dem zweiten Fall, um den es sich hier handelt, *keine* Entführung stattfand. Gewiß nicht! – Aber das schließt nicht aus, daß eine solche Absicht vorgelegen hat und nur vereitelt worden ist. Außer St. Eustache und vielleicht noch Beauvais sehen wir keine anerkannten und ehrenhaften Bewerber um Mariens Hand. Nicht das geringste Gerücht spricht von einem dritten. Wer ist nun der heimliche Liebhaber, von dem die Verwandten, die meisten wenigstens, nichts wissen, den Marie am Sonntagmorgen trifft und dem sie so weit traut, daß sie sich den ganzen Tag mit ihm in dem einsamen Wäldchen an der Barrière du Roule ergeht, bis die Abendschatten sich niedersenken? Wer ist dieser geheime Liebhaber, frage ich, von dem die meisten Verwandten nichts wissen? Und was bedeutet die sonderbare Prophezeiung der Frau Rogêt am Abend des Tages, an welchem ihre Tochter sie verlassen: ›Ich fürchte, ich sehe Marie nicht wieder!‹?

Wenn wir nun auch nicht wohl vermuten können, daß Frau Rogêt um den Fluchtplan wußte, so können wir doch annehmen, daß die Tochter einen solchen gehegt habe. Als sie das Haus verließ, sprach sie die Absicht aus, ihre Tante, die in der Rue des Drômes wohnt, zu besuchen, und bat St. Eustache, sie dort in der Dämmerung abzuholen. Auf den ersten Blick widerspricht dieser Umstand meiner Vermutung, doch wollen wir ein wenig darüber nachdenken.

Es ist bewiesen worden, daß sie in Gesellschaft eines Mannes über den Fluß setzte und erst gegen drei Uhr nachmittags an der Barrière du Roule ankam. Als sie einwilligte, diese Person zu begleiten (zu welchem Zweck und ob mit Wissen der Mutter, lassen wir dahingestellt), muß sie an ihre Verabredung mit St. Eustache gedacht haben, sowie an die Überraschung und den Argwohn, der im Herzen ihres Bräutigams entstehen mußte, wenn er zu der vereinbarten Zeit in der Rue des Drômes erschien, dort erfuhr, daß sie nicht bei ihrer Tante gewesen war, und bei seiner Rückkehr in die Pension sie auch dort nicht vorfand. An all dieses mußte sie notwendigerweise gedacht haben. Sie muß die Unruhe St. Eustaches sowie den Argwohn aller Bekannten vorausgesehen haben. Es wäre ein Wagnis gewesen, sich dem Argwohn des Bräutigams auszusetzen, aber dieser Argwohn wurde vollständig bedeutungslos, wenn sie die Absicht hatte, *nicht mehr* zurückzukehren.

Sie wird ungefähr folgendermaßen geschlossen haben:

›Ich muß mit einem Mann zusammentreffen, um mit ihm zu fliehen oder bei ihm sonst etwas, das nur mir bekannt ist, zu beginnen. Ich muß darauf achten, daß dieser Plan nicht durchkreuzt wird. Wir beide müssen genug Zeit haben, um einer Verfolgung zu entgehen. Ich werde die Absicht aussprechen, den Tag bei meiner Tante in der Rue des Drômes zuzubringen, und St. Eustache bitten, mich erst bei eintretender Dunkelheit abzuholen. Auf diese Weise kann ich, ohne Verdacht zu erregen, möglichst lange ausbleiben und gewinne mehr Zeit, als wenn ich die Sache irgendwie anders anfange. Wenn ich St. Eustache bitte, mich in der Dämmerung abzuholen, so kommt er sicher nicht früher, bitte ich ihn, überhaupt nicht zu kommen, so bleibt mir nicht so viel Zeit zum Handeln, denn man wird mich eher zurückerwarten und über meine Abwesenheit früher besorgt sein. Wäre es meine Absicht, überhaupt zurückzukehren und nur einen einfachen Spaziergang mit dem fraglichen Individuum zu unternehmen, so handelte ich sehr unklug, St. Eustache zum Abholen aufzufordern, denn er wird bei der Tante bestimmt erfahren, daß ich ihn hintergangen habe – eine Tatsache, die ihm immer unbekannt bleiben würde, wenn ich das Haus verließe, ohne ihm meine Absicht mitzuteilen, und bei meiner Zurückkunft am Abend sagte, ich habe meine Tante in der Rue des Drômes besucht. Aber da ich *nicht* zurückkehren will, oder nicht vor einigen Wochen, oder bevor es mir gelungen ist, gewisse Sachen zu verbergen, so liegt mir jetzt nur daran, möglichst viel Zeit zu gewinnen.‹

Wie Sie aus Ihren Notizen ersehen haben, nimmt und nahm das Publikum gleich anfangs an, daß die Verschwundene das Opfer einer Rotte rohen Gesindels geworden sei. Man soll unter gewissen Umständen eine öffentliche Meinung nicht außer acht lassen; wenn sie sich so ganz spontan, so ganz von selbst bildet, muß man sie vielmehr als ein Analogon jener *Intuition* nehmen, welche die Idiosynkrasie eines genialen Menschen ist. In hundert Fällen würde ich mich neunundneunzigmal ihrer Entscheidung unterwerfen. Es ist jedoch sehr wichtig, herauszufinden, ob sie wirklich nicht durch äußere Suggestion beeinflußt worden ist. Die öffentliche Meinung muß im strengsten Sinne des Wortes wirklich aus dem Publikum selbst hervorgegangen sein, und oft ist es äußerst schwierig, hier den Unterschied wahrnehmen und festhalten zu können. In unserem Falle nun scheint es mir, als sei die öffentliche Meinung, eine *Rotte* von Bösewichtern habe den Mord begangen, durch das äußerlich verwandte Ereignis, von welchem mein dritter Auszug handelt, hervorgerufen worden. Ganz Paris ist in Aufregung, weil man Marie Rogêt, die schöne und bekannte Marie Rogêt, ermordet aufgefunden hat. Der Leichnam trägt die Spuren einer Gewalttat und schwimmt auf dem Flusse. Nun wird bekannt, daß genau oder wenigstens ungefähr um dieselbe Zeit, in der das Mädchen wahrscheinlich ermordet wurde, von einer Rotte roher Gesellen an einer zweiten jungen Frauensperson ein Verbrechen verübt wurde, das seiner Natur nach dem Attentat an Marie Rogêt durchaus ähnlich, wenn auch nicht ganz so gräßlich ist. Ist es nun verwunderlich, daß diese eine bekannt gewordene Gewalttat des Publikums Urteil über die unaufgeklärt gebliebene beeinflußt?

Das öffentliche Urteil wartet nur auf einen Hinweis, und diesen schien das bekannt gewordene zweite Verbrechen gerade zur rechten Zeit zu geben. Auch Mariens Leichnam wurde auf dem Flusse schwimmend gefunden. Ein Zusammenhang bestand da — anscheinend wenigstens — so offenbar, daß es zu verwundern gewesen wäre, wenn das Publikum nicht zu dem Glauben gekommen wäre, er sei wirklich vorhanden.

In Wahrheit aber ist der Umstand, daß die eine Freveltat in der bekannt gewordenen Art und Weise verübt wurde, ein sicherer Beweis dafür, daß die andere *nicht* in derselben Weise geschah. Man müßte es fast ein Wunder nennen, wenn eine Rotte von Buben an einem gegebenen Orte eine unerhörte Freveltat verübt hätte, während zu gleicher Zeit, an einem ähnlichen Orte, in derselben Stadt, unter gleichen Umständen, eine zweite Rotte mit ganz gleichen Mitteln einen ganz ähnlichen Frevel begangen hat! Und doch verlangt die in solcher Weise künstlich hervorgebrachte öffentliche Meinung von uns, daß wir an ein so wunderbares Zusammentreffen glauben sollen.

Ehe wir weitergehen, wollen wir den mutmaßlichen Schauplatz des Verbrechens in dem Dickicht an der Barrière du Roule näher betrachten. Dies außerordentlich dichte Wäldchen liegt in allernächster Nähe einer Landstraße. In demselben fand man drei oder vier große Steine, die eine Art Sitz mit Rücklehne und Schemel bildeten. Auf dem obersten Stein fand man einen weißen Unterrock, auf dem zweiten ein seidenes Schultertuch. Weiter entdeckte man einen Sonnenschirm, Handschuhe und ein Taschentuch, in welches der Name ›Marie Rogêt‹ eingestickt war. An den umstehenden Sträuchern hingen Fetzen von einem Kleid. Der Boden war zusammengetreten, die Sträucher geknickt, und überall sah man die Spuren eines heftigen Kampfes.

Trotz der Freudenrufe, mit denen die Presse die Entdeckung des Dickichts begrüßte, und trotz der Einstimmigkeit, mit der das Publikum glaubte, den wahren Schauplatz des Verbrechens entdeckt zu haben, kann nicht geleugnet werden, daß noch ein triftiger Grund zu zweifeln vorliegt. Daß das Wäldchen der Schauplatz gewesen ist, kann ich glauben oder nicht, jedenfalls, sage ich, liegen Gründe vor, noch zu zweifeln. Wäre der wirkliche Schauplatz, wie der ›Commercial‹ vermutete, in der Nähe der Rue Pavée Sainte Andrée zu suchen, so würden die Verbrecher — vorausgesetzt, daß sie sich noch in Paris aufhalten — natürlich von Schreck darüber erfüllt worden sein, daß die öffentliche Aufmerksamkeit scharfsinnig auf die richtige Spur geleitet worden ist, und gewisse Leute hätten sofort die Notwendigkeit eingesehen, irgendeinen Versuch zu machen, die Aufmerksamkeit von dieser Bahn wieder abzulenken. Und so würde man, da das Dickicht an der Barrière du Roule nun doch einmal etwas Verdächtiges an sich hatte, natürlicherweise auf den Gedanken gekommen sein, die Gegenstände an den Ort zu legen, an welchem sie später dann wirklich gefunden wurden.

Es gibt trotz allem, was der ›Soleil‹ auch sagen mag, keine stichhaltigen Beweise für die Annahme, daß die Gegenstände länger als ein paar Tage dort gelegen haben; dagegen ist es nicht anzunehmen, daß sie, ohne Aufmerksamkeit zu erregen, die zwanzig Tage zwischen dem verhängnisvollen Sonntag und dem Nachmittag, an dem sie von den Knaben gefunden wurden, dort hätten liegen können, ohne während dieser Zeit von mehr als einer Person bemerkt zu werden. ›Sie waren vom Regen ganz verschimmelt‹, sagt der ›Soleil‹, indem er der Ansicht der übrigen Blätter beipflichtet, ›und klebten vielfach zusammen. Über einige der Gegenstände war schon Gras gewachsen. Die Seide des Sonnenschirmes war stark, und doch war der obere Teil, der am dichtesten zusammengefaltet war, durch und durch verschimmelt und verfault, so daß er, als man den Schirm öffnete, zerriß.‹

Es liegt auf der Hand, daß man sich bezüglich der Wahrheit der Behauptung: ›Über einige der Gegenstände war schon Gras gewachsen‹ auf die Aussagen und das Gedächtnis der beiden kleinen Knaben verlassen muß, denn sie hoben die Gegenstände auf und brachten sie nach Hause, ehe eine dritte Person sie am Fundorte besichtigte. Gras wächst jedoch besonders in so warmem und feuchtem Wetter, wie es zur Zeit des Mordes herrschte, einen, ja, auch zwei und drei Zoll an einem einzigen Tag. Ein Sonnenschirm, der auf einem Boden mit neuem Rasen liegt, kann innerhalb einer Woche durch das neuwachsende Gras den Blicken ganz entzogen werden. Und was den Schimmel anbetrifft (von welchem der Herausgeber der ›Soleil‹ so hartnäckig spricht, daß er in seinem angeführten Artikel das Wort nicht weniger als dreimal gebraucht), da muß ich fragen, ob denn der betreffende Literat so vollständig im unklaren über das Wesen einer Verschimmelung ist? Muß ich ihm erst sagen, daß sie von einer jener zahlreichen Klassen von Schwämmen herrührt, deren bekannte Eigentümlichkeit es ist, daß sie in vierundzwanzig Stunden entstehen und wieder absterben?

So sehen wir also mit einem Male, daß alles das, was man zur Unterstützung der Annahme beigebracht hat, ›die Gegenstände lägen schon wenigstens drei oder vier Wochen in dem Dickicht‹, nur eine Absurdität ist, die nichts für die ganze Behauptung beweist. Andererseits ist es schwer, zu glauben, daß die Gegenstände in dem erwähnten Dickicht unbemerkt länger als von einem Sonntag zum andern hätten liegen können.

Alle Leute, die in der Umgegend von Paris bekannt sind, wissen, wie ungemein schwer es ist, dort eine wirklich einsame Stelle zu finden, wenn man nicht weit über die Vorstädte hinausgehen will. Es gibt in den Wäldchen und Gebüschen keine Stellen, die unbekannt sind oder auch nur selten besucht werden. Es möge nur einmal ein Naturfreund, den seine Pflicht vielleicht in der staubigen, heißen Großstadt gefesselt hält, den Versuch machen, selbst an einem Werktag seinen Durst nach Einsamkeit in der unmittelbaren, anmutigen Umgebung der Stadt zu stillen. Bei jedem zweiten Schritt wird sein Entzücken über die Natur durch den Anblick irgendeines rohen Burschen oder eines Haufens betrunkener Taugenichtse gestört werden. Er will unter dem dichtesten Blätterdach Schweigen und Einsamkeit suchen — vergebens! Er findet gerade hier die Schlupfwinkel für allerlei lichtscheues Gesindel und verläßt traurig die entweihten Tempel. Angewidert flieht er in das verdorbene Paris zurück, das er weniger haßt, weil es ein weniger unnatürlicher Sammelplatz der Verderbnis ist.

Wenn nun die Umgebung der Stadt schon an Werktagen so sehr belebt ist — wieviel mehr erst an Sonntagen. Da suchen alle Lumpen und Bösewichter der Stadt, frei von jeder Arbeit und der gewohnten Gelegenheit beraubt, ein Verbrechen zu begehen, die Umgegend auf: nicht aus Liebe zur Natur, für die diese Menschen nicht das geringste Empfinden haben, sondern nur, um dem Zwang und den Schranken, welche die Gesellschaft ihnen auferlegt, zu entfliehen. Diese Buben suchen nicht frische Luft und den Anblick grüner Bäume, sondern nur die Ungebundenheit des Landes, um ihren wüsten Launen freien Lauf zu lassen. In den Gasthäusern an der Landstraße oder unter dem dichten Laubwerk der Bäume überlassen sie sich, froh, nur in Gesellschaft von Spießgesellen zu sein, einer maßlosen, unechten Lustigkeit, die falschem Freiheitsgefühl und der Schnapsflasche entspringt. Ich behaupte hier nicht mehr, als was jedem kühlen Beobachter klar sein dürfte, wenn ich wiederhole, daß es als ein Wunder angesehen werden müßte, wenn die fraglichen Fundgegenstände in einem Dickicht in der unmittelbaren Nähe von Paris länger als von einem Sonntag zum anderen hätten liegen können, ohne entdeckt zu werden.

Verschiedene andere Gründe sprechen dafür, daß die betreffenden Gegenstände in das Dickicht gelegt worden sind, um die öffentliche Aufmerksamkeit von dem wirklichen Schauplatz des Verbrechens abzulenken. Gestatten Sie mir vorerst, Sie auf das Datum der Entdeckung hinzuweisen. Vergleichen Sie es mit dem Datum des fünften Zeitungsauszuges, den ich Ihnen vorgelegt habe.

Sie werden finden, daß die Entdeckung fast unmittelbar auf die Mitteilungen folgte, die der Abendzeitung gemacht wurden. Alle diese Mitteilungen, obgleich ganz verschieden und anscheinend verschiedenartigen Quellen entstammend, zielten auf eins hin – nämlich darauf, daß eine *Rotte* von Verbrechern den Mord begangen habe und daß der Schauplatz des Mords in der Nähe der Barrière du Roule zu suchen sei. Nun kann es uns nicht mehr in Erstaunen setzen, daß die kleinen Knaben nach solchen Mitteilungen, und nachdem man die öffentliche Aufmerksamkeit auf so bestimmte Punkte gelenkt hatte, die Gegenstände in dem Dickicht fanden; aber man muß annehmen, daß die Kinder diese nur deshalb nicht eher fanden, weil sie nicht früher dorthin gebracht worden waren – weil sie zu einer späteren Zeit, die mit dem Datum der Mitteilungen übereinstimmt, von dem schuldigen Urheber dieser Mitteilungen selbst dahingelegt worden sind.

Das Dickicht war kein gewöhnliches – es hatte verschiedene auffallende Eigentümlichkeiten. Erstens war es, wie erwähnt, ganz außerordentlich dicht; dann fand man im Innern drei sonderbare Steine, die einen Sitz mit Rücklehne und Fußschemel bildeten. Und dieses von der Natur so merkwürdig ausgezeichnete Dickicht befand sich, nur ein paar Meter entfernt, in der unmittelbaren Nähe des Hauses der Frau Deluc, deren Knaben die Gewohnheit hatten, alle Gebüsche in der Umgegend zu durchsuchen, da sie mit Vorliebe Sassafrasrinde sammelten. Wäre es nun unbesonnen, zu wetten, daß kein Tag vorüberging, ohne daß wenigstens einer der Knaben in die schattige Halle eingedrungen und sich auf den natürlichen Thron gesetzt hätte? Wer zögern würde, diese Wette einzugehen, ist entweder selbst nie ein Knabe gewesen oder hat das Wesen eines Knaben vergessen. Ich wiederhole nochmals: es ist kaum zu begreifen, wie die Gegenstände länger als ein oder zwei Tage in dem Dickicht hätten bleiben können, ohne entdeckt zu werden. Man hat also, trotz der dogmatischen Unwissenheit des ›Soleil‹, triftige Gründe, anzunehmen, daß sie erst kurz vor ihrer Auffindung an den betreffenden Ort gebracht wurden.

Doch habe ich noch andere, stärkere Beweise, die diese meine Behauptung begründen. Zuerst muß ich Sie darauf aufmerksam machen, in welch gekünstelter Anordnung die Gegenstände umherlagen. Auf dem oberen Stein lag ein weißer Unterrock; auf dem zweiten ein seidenes Schultertuch, und auf dem Boden, wie hingefallen, ein Sonnenschirm, Handschuhe und ein Taschentuch, in welches der Name ›Marie Rogêt‹ eingestickt war. Eine solche Anordnung konnte natürlicherweise nur ein sehr wenig scharfsinniger Kopf treffen, der sich bemühte, die fraglichen Sachen in möglichst natürlicher Lage umherzulegen. In Wirklichkeit jedoch ist eine solche Anordnung durchaus nicht natürlich. Sie wäre es weit eher, wenn die Sachen alle auf dem Boden gelegen hätten und zertreten gewesen wären. In dem engen Raum des Dickichts dürfte es wohl kaum möglich gewesen sein, daß der Unterrock und das Schultertuch auf den Steinen liegenblieben, wenn dort ein Kampf von mehreren Personen stattgefunden hätte. ›Offenbar‹, sagen die Zeitungen aber, ›fand ein Kampf statt – der Boden war zusammengetreten, die Sträucher vielfach geknickt‹ –, und doch findet man den Unterrock so säuberlich aufgehoben, als habe man ihn in einen Schrank gelegt. Die Kleiderfetzen, die an den Büschen umherhingen, waren ungefähr drei Zoll breit und sechs Zoll lang. Eines der Stücke hatte den Saum des Rockes gebildet und war ausgebessert gewesen. Die Fetzen sahen aus ›wie mit Gewalt losgerissene Streifen.‹.

Hier spricht der ›Soleil‹, ohne es selbst zu bemerken, einen äußerst verdachterregenden Satz aus. Die Fetzen sehen nach seiner Beschreibung allerdings wie mit Gewalt losgerissene Streifen aus, aber wie Streifen, die *absichtlich* und mit der Hand losgerissen worden sind.

Es kommt höchst selten vor, daß ein Dorn aus einem Kleide wie das beschriebene ein ganzes Stück ausreißt. Es liegt in der Beschaffenheit solcher Gewebe, daß ein Dorn oder ein Nagel sie rechtwinklig zerreißt, das heißt, sie in zwei längliche Risse teilt, die an der Stelle, an welcher der fragliche Gegenstand eingedrungen ist, in einem rechten Winkel zusammenlaufen. Aber es ist kaum denkbar, daß auf diese Weise ein ganzes Stück ausgerissen wird. Mir ist kein solcher Fall bekannt, und Ihnen wohl ebensowenig!

Um aus solchen Geweben ein Stück auszureißen, sind fast immer zwei verschiedene, in verschiedener Richtung wirkende Kräfte nötig. Hat das Gewebe zwei Kanten, wie zum Beispiel ein Taschentuch, dann, aber auch nur dann, wäre es möglich, daß eine einzige Kraft einen Streifen losreißen könnte. In unserem Falle jedoch handelt es sich um ein Kleid, das nur eine Kante hat. Aus dem inneren, kantenlosen Teil des Kleids kann nie ein einziger Dorn ein Stück vollständig losreißen, und auch mehrere können es nur durch ein Wunder.

Aber selbst da, wo ein Rand ist, werden zwei Dorne nötig sein, von denen der eine in zwei verschiedene Richtungen, der andere aber nur in einer einzigen wirkt, und dies in der Voraussetzung, daß der Rand ungesäumt ist. Ist dies nicht der Fall, so ist die Sache überhaupt nicht möglich. Wir sehen also, wie viele stichhaltige Gründe gegen die Annahme sprechen, daß die an den Sträuchern hängenden Kleiderfetzen wirklich von Dornen abgerissen wurden, und doch verlangt man von uns, zu glauben, daß nicht nur *ein* Stück, sondern viele auf diese Weise losgerissen wurden.

Und weiter: ›Eines der Stücke hatte den Saum des Rockes gebildet‹, und ›ein anderes war mitten aus der Bahn des Rockes gerissen‹, war also nicht der Saum; das heißt, es war aus dem inneren, ungesäumten Teil des Rockes vollständig ausgerissen worden!

Ich kann es niemandem übelnehmen, wenn er das nicht glauben will, und doch bieten alle diese Dinge zusammen noch nicht so viel triftigen Grund zum Verdacht wie der eine auffallende Umstand, daß die Gegenstände in dem Dickicht überhaupt zurückgelassen wurden, da die Mörder doch vorsichtig genug waren, den Leichnam selbst zu entfernen.

Sie würden mich jedoch mißverstanden haben, wenn Sie glauben, ich wolle bestreiten, daß das Verbrechen in dem Dickicht *selbst* begangen worden wäre. Daß da irgend etwas Unrechtes vor sich gegangen war, ist schon möglich, wahrscheinlicher aber scheint mir, daß sich im Hause der Frau Deluc ein geheimnisvolles Unglück ereignete. Dies ist jedoch im großen und ganzen ein minder wichtiger Punkt. Es ist ja weniger unsere Absicht, den Schauplatz des Verbrechens, als die Verbrecher selbst zu entdecken. Was ich gesagt habe, hatte trotz seiner Ausführlichkeit nur den Zweck, Ihnen erstens die Albernheit der vorschnellen Behauptungen des ›Soleil‹ vor Augen zu führen und zweitens und hauptsächlich den, Sie auf dem natürlichsten Wege dahin zu bringen, daß Sie der noch nicht erledigten Frage, ob das Attentat von einer *Rotte* von Buben ausgeführt wurde oder nicht, Ihre ganze Aufmerksamkeit zuwenden.

Es genügt für unseren Zweck, auf die empörenden Einzelheiten hinzuweisen, welche der mit der Untersuchung des Leichnams betraute Chirurg vor Gericht ausgesagt hat. Ich rufe Ihnen nur noch einmal ins Gedächtnis zurück, daß seine von den Zeitungen veröffentlichten Schlüsse über die Anzahl der Buben von allen namhaften Pariser Anatomen als durchaus unbegründet und unrichtig verhöhnt worden sind. Ich behaupte nicht, daß die Sache *nicht* so hätte sein *können*, wie der Chirurg sie darstellt — es liegt nur kein Grund zu einem solchen Schluß vor. Sollten aber nicht Tatsachen vorhanden sein, die uns notwendig zu anderen Folgerungen zwängen?

Denken wir nun einmal über die ›Spuren des Kampfes‹ nach und lassen Sie mich fragen, was man uns durch diese beweisen will. Daß eine *Rotte* das Verbrechen vollführt hat? Beweisen sie uns nicht viel eher, daß dies nicht der Fall war? Kann von einem Kampf die Rede sein zwischen einem schwachen, wehrlosen Mädchen und einer *Rotte* von Buben — und noch dazu von einem Kampf, der so lange und heftig geführt wurde, daß überall ›Spuren‹ von ihm zurückblieben? Ohne daß ein Wort gesprochen worden wäre, hätten sich einige rauhe, feste Arme des Opfers bemächtigt und jeden Kampf unnötig gemacht. Sobald sie nur wollten, mußte ihnen das unglückliche Mädchen ganz und gar zu Willen sein.

Sie werden sich daran erinnern, daß unsere Gründe gegen die

Annahme, das Dickicht sei der Schauplatz des Verbrechens, nur dann Geltung haben, wenn man annimmt, der Mord sei von *mehr als einem einzigen Individuum* ausgeführt worden. Stellen wir uns jedoch vor, daß nur eine Person das Mädchen vergewaltigt hat, so können wir uns auch den Kampf so hartnäckig und heftig denken, daß er deutliche ›Spuren‹ zurückließ.

Doch dienen uns noch weitere Umstände zur Aufklärung. Ich habe schon erwähnt, wie verdächtig es ist, daß die fraglichen Gegenstände in dem Dickicht überhaupt zurückgelassen wurden. Es ist fast unmöglich, daß diese Beweisstücke *zufällig* an dem Ort, an welchem man sie gefunden hat, zurückgelassen worden sind. Man hatte Geistesgegenwart genug, so wollen wir wenigstens fürs erste annehmen, den Leichnam fortzuschaffen, und doch läßt man weit belastendere Beweisstücke als den Leichnam selbst, dessen Züge die Verwesung schnell unkenntlich machen konnte, auf dem Schauplatz des Verbrechens liegen – ich meine das Taschentuch mit dem Namen der Ermordeten. *Wenn* dies ein Zufall war, so ist es *kein* Zufall, der sich hätte ereignen können, wenn eine ganze Rotte den Mord begangen hätte. Er konnte nur einem einzelnen Individuum begegnen. Sehen wir weiter! Eine einzige Person hat den Mord begangen. Der Betreffende befindet sich mit dem Leichnam der Getöteten allein. Entsetzt sieht er sie als tote, bewegungslose Masse vor sich liegen. Die Wut seiner Leidenschaft ist verraucht und Raum genug in seinem Herzen für den Schrecken, den ihm seine Tat nun einflößt. Er fühlt nichts von jener Ermutigung, welche die Gegenwart anderer Personen immerhin einflößt, er ist ja *allein* mit der Toten! Er zittert und gerät in namenlose Aufregung. Doch bleibt er sich bewußt, daß er den Leichnam beiseite schaffen muß. Er schleppt ihn also in den Fluß, läßt jedoch die anderen Schuldbeweise zurück, denn es ist schwer, ja, fast unmöglich, alles auf einmal fortzuschaffen, und das Zurückgelassene kann er ja leicht nachher holen. Aber auf dem mühsamen Wege zum Wasser verdoppelt sich seine Angst. Von überall vernimmt er die Stimmen des Lebens. Wohl zehn-, wohl zwanzigmal hört er Tritte und glaubt sich entdeckt. Selbst die Lichter der Stadt erfüllen ihn mit Entsetzen. Endlich, nachdem er oftmals in Todesangst stillgestanden, erreicht er das Flußufer und entledigt sich, vielleicht mittels eines Bootes, seiner gräßlichen Bürde. Aber welche Macht der Erde, welche Drohung, welches Versprechen könnte nun den einsamen Mörder veranlassen, den mühevollen, gefährlichen Weg nach dem unheimlichen Dickicht, das ihn an seine schauderhafte Tat erinnert, zurückzugehen? Er geht *nicht* zurück, komme, was da wolle. Er *kann* nicht mehr zurück, selbst wenn er wollte. Er hat nur noch den einen Gedanken: fliehen! Und so wendet er dem unheimlichen, schreckensvollen Gebüsche den Rücken und flieht.

Wie verhält es sich nun aber, wenn wir eine ganze *Rotte* als Täter annehmen? Das Bewußtsein, zu so vielen zu sein, hätte sie verwegen gemacht, wenn es in der Brust eines der Erzschurken, aus denen sich solch eine Bande zusammensetzt, je an Verwegenheit fehlte. Ihre Anzahl würde sie vor dem blinden Schrecken bewahrt haben, der in einem solchen Fall ein einzelnes Individuum befällt. Wenn wir annehmen, daß einer, ja zwei oder drei bei der Wegschaffung des Leichnams etwas übersehen hätten, so würde ein vierter den Fehler wieder gutgemacht haben. Sie würden nichts zurückgelassen haben, denn es wäre ihnen möglich gewesen, alles auf einmal fortzuschaffen. Sie hätten nicht nötig gehabt, nach dem Dickicht zurückzukehren.

Erinnern Sie sich jetzt des Umstands, daß aus dem oberen Rock des gefundenen Leichnams ein etwa fußbreiter Streifen vom unteren Saume bis zur Taille *aufgerissen*, jedoch nicht *losgerissen* worden war. Dieser Streifen war dreimal um die Taille gewickelt und im Rücken zu einer Art Schlinge zusammengeknotet worden. Es geschah das offenbar, um eine Handhabe herzustellen, mittels derer der Körper fortgetragen werden konnte. Hätte jemals eine Anzahl von Männern zu einem solchen Hilfsmittel gegriffen? Waren es ihrer bloß drei oder vier, so boten die Gliedmaßen des Körpers die besten und bequemsten Handhaben – nur ein einzelner konnte auf den Gedanken kommen, den Körper auf die beschriebene Weise fortzutragen; und dies stimmt zu der Tatsache, daß zwischen dem Dickicht und dem Fluß Zäune niedergebrochen waren und daß der Boden Spuren von einer Last aufwies, die über ihn hergezogen, geschleift worden war. Würde sich eine Anzahl von Männern die Mühe gemacht haben, Zäune zu durchbrechen, um einen Körper hindurchzuziehen, den sie in einem Augenblick hinüberheben konnten? Würde überhaupt eine Anzahl Männer einen Leichnam so *fortgezogen* haben, daß deutliche Spuren davon auf dem Boden zurückblieben?

Hier müssen wir auf eine Bemerkung des ›Commercial‹ zurückkommen, auf die ich mich schon einmal bezogen habe. Diese Zeitung sagt: ›Aus einem der Unterröcke des unglücklichen jungen Mädchens war ein Streifen herausgerissen, und diesen hatten die Täter ihm fest um den Hals gebunden und hinten am Kopfe zusammengeknotet, wahrscheinlich, um es am Schreien zu hindern. Dies konnten nur Burschen getan haben, die kein Taschentuch besaßen.‹

Ich habe schon früher darauf hingewiesen, daß die gewohnheitsmäßigen Verbrecher nie *ohne* Taschentuch ausgehen. Doch wollte ich jetzt Ihre Aufmerksamkeit nicht auf diese Tatsache lenken. Daß der Streifen Zeug nicht mangels eines Taschentuches um den Hals der Unglücklichen gewunden wurde, ersieht man daraus, daß im Dickicht ein solches liegengeblieben ist, und daß es nicht in der Absicht geschah, das Opfer am Schreien zu hindern, beweist die Anwendung einer Binde statt eines Gegenstandes, der diesem Zwecke viel besser entsprochen hätte.

Die Zeugenaussagen haben jedoch ergeben, daß die fragliche Binde lose um den Hals geschlungen und durch einen starken Knoten befestigt gewesen ist. Diese Worte sind zwar ziemlich unbestimmt, doch weichen sie wesentlich von der betreffenden Behauptung des ›Commercial‹ ab. Der Streifen war achtzehn Zoll breit und konnte deshalb, selbst wenn er auch nur aus Musselin bestand, ein starkes Band bilden, sobald er der Länge nach zusammengefaltet oder zusammengenommen war, wie man ihn in der Tat an dem Leichnam gefunden hat. Ich schließe hieraus folgendes:

Nachdem der einsame Mörder den Leichnam (ob vom Dickicht oder von einem anderen Ort aus, lassen wir einstweilen dahingestellt) mittels des um den Leib gewundenen und durch eine Schlinge befestigten Bandes eine Strecke weit getragen hatte, wurde ihm die Bürde zu schwer. Er beschloß, diese auf dem Boden fortzuziehen – und daß dies wirklich geschehen ist, hat die Beweisaufnahme mit Sicherheit ergeben. Zu diesem Zweck jedoch mußte er irgend etwas Seilartiges an einer der Extremitäten festbinden. Der Hals war für diesen Zweck am besten geeignet, denn der Kopf verhinderte das Abgleiten der Schlinge. Nun hat der Mörder zweifellos zuerst daran gedacht, sich des um die Taille gewundenen Streifens zu bedienen. Die feste Schlinge jedoch nahm Zeit zum Lösen in Anspruch, und zugleich fiel ihm ein, daß der Streifen ja aus dem Rock gerissen worden sei und es leichter sein müsse, einen neuen aus den Kleidern der Toten zu reißen, als den alten zu lösen. Er riß ihn denn auch heraus, befestigte ihm um den Hals des Opfers und zog es bis an das Flußufer fort. Daß dieses Band, welches er sich nur mit Mühe und Zeitverlust verschaffen konnte und das seinem Zweck nur unvollkommen entsprach, *überhaupt* verwendet wurde, beweist klar, daß sich seine Notwendigkeit erst dann herausstellte, als das Taschentuch nicht mehr wiederzuerlangen war, d. h.: als der Mörder mit seiner Last das Dickicht (vorausgesetzt, daß er von dort losgegangen war) schon verlassen und eine längere Strecke nach dem Flußufer zu gegangen war.

Aber Sie werden mir entgegenhalten, daß Frau Deluc deutlich genug von einer *Rotte* von Bösewichtern gesprochen hat, die sich genau oder ungefähr um die Zeit der Mordtat in dem Wäldchen umhergetrieben hat. Dies gebe ich zu, halte es sogar für möglich, daß ein Dutzend solcher Banden um die Zeit, als das Verbrechen geschah, in der Nähe der Barrière du Roule ihr Unwesen getrieben haben. Aber diese Rotte, welche sich den Zorn der Frau Deluc und ihre etwas verspätete Verdächtigung zugezogen hat, ist die einzige

Rotte, von der die redselige Dame bemerkt, daß sie ihre Kuchen gegessen und ihren Branntwein getrunken habe, ohne es der Mühe wert zu finden, die Zeche zu zahlen. Et hinc illae irae!

Worauf läuft im Grunde genommen die ganze Aussage der Frau Deluc hinaus? Eine Rotte von Taugenichtsen erschien in ihrem Lokal, sie vollführten einen wüsten Lärm, aßen und tranken, ohne zu zahlen, schlugen denselben Weg ein, den zuvor der junge Mann und das Mädchen genommen hatten, kehrten zur Zeit der Dämmerung noch einmal in dem Gasthaus ein und setzten dann, als seien sie in großer Eile, wieder über den Fluß.

Diese große Eile erschien der guten Frau Deluc aber wahrscheinlich größer, als sie wirklich war, denn sie jammerte in einem fort über ihren Kuchen und ihren Branntwein, für den sie noch bis zum letzten Moment Zahlung erwartet haben mochte. Warum sollte sie auch sonst gerade die Eile der Burschen so betonen, es war ja schon spät, schon um die Dämmerung, als diese wieder über den Fluß setzten! Es ist doch weiter nicht erstaunlich, daß eine Gesellschaft selbst von Bösewichtern sich eilt, nach Hause zu kommen, wenn sie in kleinen Kähnen einen breiten Fluß zu kreuzen hat, wenn ein Gewitter droht und die Nacht herankommt.

Ich sage ›herankommt‹, denn es war noch nicht Nacht, sondern erst Dämmerung, als die unziemliche Eile der Bösewichter die nüchternen Augen der Frau Deluc beleidigte. Wir haben jedoch auch erfahren, daß an demselben Abend Frau Deluc sowohl wie ihr ältester Sohn ›in der Nähe ihres Wirtshauses das Geschrei einer weiblichen Stimme‹ gehört haben. Und mit welchen Worten bezeichnet Frau Deluc die Zeit, um die sie das Schreien vernahm? Es war ›bald, nachdem es dunkel geworden‹, sagt sie. Aber ›bald, nachdem es dunkel geworden‹, ist es doch so bestimmt dunkel, wie es ›um die Dämmerung‹ noch hell ist. Es ist also klar genug, daß die Rotte die Barrière du Roule verlassen hatte, *ehe* Frau Deluc das Geschrei hörte. Und obgleich in den vielen Zeitungsberichten die Zeugenaussagen genau so angeführt sind, wie ich sie hier zitiert habe, so hat doch bis heute keines der öffentlichen Blätter, keiner der Polizeiagenten auf den groben Widerspruch hingewiesen, den diese beiden Aussagen enthalten.

Ich habe nur noch einen Grund gegen die Annahme, daß eine Rotte die Tat vollführte, hinzuzufügen, aber wenigstens dieser eine muß nach meinem Dafürhalten jedermann vollständig überzeugen. Da man eine so große Belohnung ausgesetzt und jedem Mitschuldigen, falls er alle Täter nennt, volle Begnadigung zugesichert hat, läßt sich nicht annehmen, daß aus einer Bande roher Gesellen oder überhaupt aus einer Anzahl beteiligter Menschen nicht längst einer die anderen verraten hätte. Jeder, der zu einer solchen Rotte gehört, wird sich die Sache gut überlegen; es liegt ihm weniger daran, die Belohnung zu erhalten, als straflos auszugehen. Er muß fürchten, daß ein Verräter unter ihnen sei, und um nicht selbst verraten zu werden, wird er schnell und gern zum Ankläger. Daß das Geheimnis noch nicht aufgeklärt worden ist, beweist am besten, daß hier wirklich ein Geheimnis waltet. Die schaudervollen Einzelheiten dieses gräßlichen Verbrechens sind nur einem, höchstens zwei Menschen und Gott allein bekannt.

Nun wollen wir die spärlichen, aber durchaus richtigen Ergebnisse unserer langen Analyse zusammenfassen. Wir haben festgestellt, daß der Mord entweder im Hause der Frau Deluc oder in dem Dickicht an der Barrière du Roule verübt worden ist, und zwar von einem Liebhaber oder wenigstens von einem geheimen intimen Bekannten der Ermordeten. Dieser Bekannte ist von dunkler Gesichtsfarbe. Diese sowohl wie die Schlinge an dem um die Taille gewundenen Streifen und der sogenannte Schifferknoten, mit dem die Hutbänder zusammengebunden waren, weisen auf einen Seemann hin. Daß er mit der Verstorbenen, einem lebenslustigen, aber keineswegs verworfenen jungen Geschöpfe so nahe bekannt gewesen ist, beweist, daß er mehr als ein gemeiner Matrose war. Auch unterstützen die energischen, gut geschriebenen Mitteilungen, welche er an verschiedene Zeitungen gesandt hat, unsere Annahme. Die erste Flucht von zu Hause, welche der ›Merkur‹ erwähnt, legt uns den Gedanken nahe, daß dieser Seemann mit jenem Marineoffizier, welcher die Unglückliche zuerst ins Verderben gelockt hat, identisch sei.

Und hier drängt sich uns sofort die Frage auf, warum denn der Mann mit der dunklen Gesichtsfarbe nicht längst mit irgendwelchen Aussagen hervorgetreten sei. Ich muß bemerken, daß er von ganz *ungewöhnlich* dunklem Teint gewesen sein muß, weil dieser Umstand sowohl der Frau Deluc wie auch ihrem Sohne Valence so sehr aufgefallen ist, daß sie sich seiner sofort wieder erinnerten. Weshalb meldet sich dieser Mann nicht? Wurde auch er von der Rotte ermordet? Wenn dies der Fall ist, weshalb findet man nur Spuren von dem jungen Mädchen? Der Schauplatz beider Verbrechen wäre doch derselbe gewesen. Wo blieb sein Leichnam? Die Mörder würden ihn doch höchstwahrscheinlich auf dieselbe Weise wie den des Mädchens fortgeschafft haben.

Aber man wird sagen, dieser Mann lebt noch, und nur die Furcht, des Mordes angeklagt zu werden, bestimmt ihn, sich versteckt zu halten. Doch könnte ihn dieser Grund erst jetzt, nachdem es bekannt geworden ist, daß er mit dem Mädchen gesehen wurde, bewegen, im Verborgenen zu bleiben, zur Zeit jedoch, in welcher der Mord verübt wurde, hätte ihn diese Rücksicht noch nicht zum Stillschweigen veranlassen können. Ein Unschuldiger hätte in seinem eigenen Interesse das Verbrechen sofort angezeigt und dazu beigetragen, die Bösewichter zu entdecken. Man hatte ihn mit dem Mädchen gesehen, er war in einer offenen Fähre mit ihr über den Fluß gefahren. Selbst ein Dummkopf hätte eingesehen, daß die Denunziation der Mörder das einzigste und sicherste Mittel sei, sich selbst von jedem Verdacht zu reinigen. Wir können nicht annehmen, daß er, falls er selbst unschuldig war, von dem in der verhängnisvollen Sonntagnacht verübten Verbrechen nichts gewußt habe. Und doch könnten wir uns nur unter diesen unmöglichen Umständen erklären, daß er, falls noch am Leben, es unterlassen hat, die Mörder anzuzeigen.

Und welche Mittel haben wir, die Wahrheit festzustellen? Je weiter wir vorgehen, desto zahlreicher und deutlicher werden wir sie erkennen. Erforschen wir einmal die Umstände, unter denen die erste Flucht vor sich ging. Machen wir uns mit der ganzen Geschichte des ›Offiziers‹, mit seinen Lebensverhältnissen bekannt und suchen wir herauszubringen, wo er sich am Tage des Mordes aufgehalten hat. Vergleichen wir sorgfältig die einzelnen Mitteilungen an die ›Abendzeitung‹, welche den Verdacht auf eine ganze Rotte lenken wollen, und, wenn dies geschehen ist, die gesamten Zuschriften an die ›Abendzeitung‹ in bezug auf Stil und Handschrift mit den früher erschienenen, an das ›Morgenblatt‹ gerichteten Briefen, welche Mennais so hartnäckig der Täterschaft beschuldigten. Und ist auch dies geschehen, so wollen wir das gesamte Material wiederum mit einigen Schriftstücken des Offiziers vergleichen. Wir werden Frau Deluc und ihre Knaben sowie den Omnibuskutscher Valence wiederholt verhören lassen, um Näheres über die persönliche Erscheinung, die Haltung und das Benehmen des Mannes mit der dunklen Gesichtsfarbe zu erfahren. Geschickt gestellte Fragen werden sowohl über diesen Punkt wie auch über einige andere allerlei Neues ergeben, von dem die betreffenden Personen selbst jetzt noch nicht wissen, daß es ihnen bekannt ist. Weiterhin wollen wir die Spur des Bootes, das der Schiffer am Montag, dem 29. Juni, aufgefunden hat und das von der Zollstation ohne Wissen des wachhabenden Beamten und ohne Ruder wieder weggeholt wurde, bis über die Zeit der Auffindung des Leichnams hinaus verfolgen. Wenn wir mit Vorsicht und Beharrlichkeit zu Werke gehen, wird uns dies unfehlbar gelingen, denn wir können nicht nur den Schiffer, der es herrenlos treiben sah, ausforschen, auch das Ruder soll uns Auskunft verschaffen. Ein Mensch mit reinem Gewissen hätte das Ruder eines Segelbootes sicher nicht so ohne weiteres im Stich gelassen. Hier muß ich noch eine Frage stellen. Es wurde nirgends bekanntgemacht, daß ein Boot aufgefunden worden war. Es wurde stillschweigend zur Station der Zollschiffe gebracht und verschwand so auch wieder von dort. Wie konnte nun sein Eigentümer oder sein Mieter schon Dienstag morgens den

Ort kennen, an dem das Boot montags geborgen worden war, da doch dem Publikum nicht die geringste Mitteilung von seiner Auffindung zugegangen ist? Drängt sich uns da nicht die Vermutung auf, der Mann, der es heimlich von der Station wieder fortgeholt hat, stehe mit der Marine in einer beständigen persönlichen Verbindung, die es ihm ermöglicht, alles, was in ihrem Bereiche vorkommt, sofort zu erfahren?

Ich habe schon einmal darauf hingedeutet, daß der einsame Mörder, nachdem er seine Bürde ans Ufer gezogen hat, sich wahrscheinlich eines Bootes bedient habe. Ja, wir müssen unbedingt zu dem Schluß kommen, daß der Leichnam aus einem Boot in den Fluß geworfen wurde, da er dem seichten Wasser am Ufer nicht anvertraut werden konnte. Die eigentümlichen Spuren, die man auf dem Rükken und den Schultern des Opfers bemerkte, weisen auf heftige Berührung mit den unteren Rippen eines Bootes hin. Auch der Umstand, daß der Körper ohne Gewicht gefunden wurde, bestärkt mich in meiner Annahme. Wäre er vom Ufer aus in das Wasser geschleudert worden, so hätte es der Mörder sicher nicht unterlassen, ihn durch irgendein Gewicht zu beschweren. Daß dies nicht geschah, können wir uns nur dann erklären, wenn wir annehmen, er habe es vergessen, einen Stein oder dergleichen mit ins Boot zu nehmen, als er vom Ufer abstieß. Als er den Leichnam nun dem Wasser übergeben wollte, bemerkte er natürlich sein Versehen, aber jetzt war es zu spät, das Versäumte nachzuholen. Lieber setzte er sich jeder kommenden Gefahr aus als der, an das verruchte Ufer zurückzukehren. Kaum jedoch hatte er das Boot seiner grausigen Bürde entledigt, so ruderte er schnell nach der Stadt zurück, wo er an irgendeiner einsamen Landungsstelle ohne Gefahr ans Land springen durfte. Aber konnte er das Boot noch anbinden? Er hatte nicht Zeit genug, an solche Nebensächlichkeiten zu denken. Auch war die Gefahr zu groß, während des Festbindens am Anlegeplatze gesehen zu werden. Das Boot konnte ihn leicht verraten, er mußte es mit allem, was zu dem Verbrechen in Beziehung stand, auf das schnellste und möglichst weit von sich entfernen. Er mußte nicht nur selbst sofort von der Landungsstelle fliehen, auch das Boot durfte dort nicht bleiben. Das einfachste und sicherste war, es der Strömung zu überlassen.

Denken wir uns nun weiter in die Lage des Mörders hinein. Am folgenden Morgen bemerkt der Elende mit unsäglichem Entsetzen, daß das Boot aufgefangen wurde und an dem Orte aufbewahrt wird, den sein Beruf ihn häufig zu besuchen zwingt. In der folgenden Nacht schafft er das Boot weg, ohne zu wagen, das Ruder zurückzuverlangen.

Wo befindet sich jetzt dies Boot, das seines Ruders beraubt ist? Bei dieser Frage muß unsere Tätigkeit einsetzen! Blinkt in dieser

Nachforschung ein Schimmer von Erfolg auf, so werden wir bald das ganze Geheimnis aufhellen können. Das Boot wird uns mit einer Schnelligkeit, über die wir selbst erstaunen werden, zu dem Manne führen, der es in jener verhängnisvollen Sonntagnacht benutzt hat. Die Bestätigungen unserer Annahmen werden sich häufen und uns in Kürze den Mörder zeigen.«

Anmerkung des Herausgebers der Zeitung, in der die vorstehende Erzählung ›Das Geheimnis von Marie Rogêts Tod‹ zuerst erschien:

Aus Gründen, die ich hier nicht auseinandersetzen will, die aber viele meiner Leser erraten werden, habe ich es für angemessen erachtet, den Teil des in meine Hand gelangten Manuskriptes nicht mitzuteilen, der die Untersuchung betrifft, die mit Hilfe der von Dupin entdeckten, anscheinend so unbedeutenden Anzeichen alsbald begonnen wurde und das gewünschte Resultat erzielte. Es bleibt mir nur noch zu bemerken übrig, daß der Präfekt pünktlich, wenn auch mit einem gewissen Widerstreben, die Bedingungen des Kontraktes erfüllte, den er mit Dupin eingegangen war. Das Manuskript des Herrn Poe schließt mit folgender allgemeinen Betrachtung:

»Es ist wohl unnötig, ausdrücklich zu bemerken, daß ich von bloßem Zusammentreffen und von nichts weiter rede. Was ich gesagt habe, muß genügen. Ich selbst glaube nicht im geringsten an übernatürliche Dinge. Daß die Natur und Gott zwei sind, wird kein denkender Mensch ableugnen, und daß Gott die Natur nach ihrer Erschaffung gemäß seinem Willen leiten, regieren und ändern kann, ist ebenfalls unbestreitbar. Denn es handelt sich hier um eine Willens- und nicht um eine Machtfrage, wie eine absurde Logik angenommen hat. Nicht, daß die Gottheit ihre Gesetze nicht ändern *könnte*, aber wir beleidigen sie, wenn wir die Möglichkeit annehmen, daß jemals die *Notwendigkeit* einer solchen Veränderung an sie herantreten würde. Die Gesetze sind von ihrem Ursprung an so gemacht, daß sie alle Zufälligkeiten, die in der Zukunft beschlossen liegen könnten, in sich fassen. Denn für Gott ist alles gegenwärtig.

Ich wiederhole also, daß ich diese Dinge für nichts weiter als für ›bloß zusammengetroffen‹ halte. Aus meiner Erzählung wird man ersehen haben, daß zwischen dem Schicksal der unglücklichen Mary Cecilia Rogers, soweit dieses bekannt wurde, und der Geschichte einer gewissen Marie Rogêt, soweit man Näheres über sie weiß, eine Parallele besteht, deren absolute Übereinstimmung den Verstand in Verwirrung bringen könnte. Ich bin sicher, daß jedermann darüber staunen muß. Man vermute jedoch nicht, daß ich bei meinem Bemühen, die Geschichte der Marie Rogêt von dem letztbekannten Punkte bis zur Aufklärung des Geheimnisses zu verfolgen, die Absicht gehabt habe, die Parallele noch weiter zu führen und anzudeuten, daß die in Paris angewandten Maßregeln, den Mörder eines Mädchens zu entdecken, oder überhaupt irgendwelche, auf dem gleichen logischen Vorgehen begründete Maßregeln auch stets ein gleiches Resultat herbeiführen würden.

Denn bezüglich des letzten Teiles einer solchen Vermutung muß man bedenken, daß die kleinste Abweichung in den Grundtatsachen dieser beiden Fälle zu den schlimmsten Irrtümern in der Berechnung Anlaß geben könnte, indem sie die Ströme der Ereignisse von vornherein in abweichende Richtung bringt – wie denn auch in der Arithmetik ein an sich geringfügiger Irrtum durch die verschiedenen Multiplikationen zuletzt zu einem Resultat führen kann, das von dem wirklichen Ergebnis erstaunlich weit entfernt ist.

Und bezüglich des ersten Teiles dürfen wir nie vergessen, daß gerade die Wahrscheinlichkeitsrechnung, derer ich mich bedient habe, den Gedanken an eine Weiterführung der Parallele ausschließt, und zwar mit um so größerer Bestimmtheit, da diese Parallele schon von vornherein ungewöhnlich ausgedehnt und exakt gewesen ist. Diese letztere Behauptung scheint an sich einen Widerspruch zu enthalten, und bis heute haben eigentlich nur die Mathematiker begriffen, daß dem nicht so ist, obgleich sie aus einem ihnen fremden Gebiete hervorgegangen ist. Nichts ist zum Beispiel schwieriger, als einem Leser, der sich nicht viel mit dergleichen Berechnungen beschäftigt hat, zu beweisen, daß, wenn ein Würfelspieler zweimal hintereinander die Sechs geworfen hat, diese Tatsache ein genügender Grund ist, zu wetten, daß er zum drittenmal die Sechs nicht werfen wird. Auf den ersten Blick scheint sich diese Annahme nicht mit dem gesunden Menschenverstand vereinigen zu lassen. Man kann nicht einsehen, warum die zwei Würfe, die schon getan sind und nun vollständig der Vergangenheit angehören, auf einen Wurf Einfluß haben können, der noch in der Zukunft liegt. Die Wahrscheinlichkeit, *nochmals* sechs zu werfen, scheint genau ebensogroß zu sein wie in jedem beliebigen anderen Moment, das heißt: nur dem Einfluß der fünf anderen noch möglichen Würfe zu unterliegen. Dies scheint eine Wahrheit und so offenbar zu sein, daß jeder Versuch, sie zu widerlegen, viel eher mit spöttischem Lächeln als aufmerksamem Interesse aufgenommen wird. Auf diesen hier angedeuteten, oft folgenschweren Irrtum kann ich – da der Raum, der mir zu Gebote steht, es nicht zuläßt – unmöglich weiter eingehen: für den Philosophen wäre es auch gar nicht nötig. Es genügt, hier zu sagen, daß dieser Irrtum zu der unendlichen Reihe von Irrtümern gehört, die sich die Vernunft in ihrem unglückseligen Hang, die Wahrheit in Einzelheiten zu suchen, selbst in den Weg geworfen hat!«

DER ENTWENDETE BRIEF

Nil sapientiae odiosius acumine nimio.
Seneca

Ich war im Jahre 18 . . in Paris und erfreute mich an einem dunklen, stürmischen Herbstabend mit meinem Freunde August Dupin in dessen kleinem Bibliotheks- oder Studierzimmer des doppelten Genusses einer Meerschaumpfeife und beschaulichen Nachdenkens. Seit wenigstens einer Stunde waren wir in tiefes Schweigen versunken, und jeder zufällige Beobachter hätte geglaubt, daß wir uns angelegentlichst und ausschließlich mit den Rauchwolken beschäftigten, die das ganze Zimmer einhüllten. Ich erwog jedoch in Gedanken noch einige Punkte der Unterredung, die ich zu Anfang des Abends mit meinem Freunde gehabt und welche sich auf die Begebenheiten in der Rue Morgue und auf den geheimnisvollen Mord der Marie Rogêt bezogen hatte. Ich mußte es deshalb für ein sonderbares Zusammentreffen halten, daß, als sich die Tür unseres Zimmers öffnete, unser alter Bekannter, Herr G., der Pariser Polizeipräfekt, eintrat.

Wir begrüßten ihn auf das herzlichste; denn wenn der Mann auch manche verächtlichen Eigenschaften besaß, so war er doch sehr unterhaltend, und wir hatten ihn sehr lange nicht gesehen. Da wir bis jetzt im Dunkeln gesessen hatten, erhob sich Dupin, um eine Lampe anzuzünden, doch setzte er sich sogleich wieder, als G. sagte, er sei gekommen, um uns um Rat zu fragen oder vielmehr die Meinung meines Freundes über ein Amtsgeschäft einzuholen, das ihm schon große Unruhe bereitet habe.

»Wenn es sich um einen Fall handelt, der Nachdenken erfordert«, warf Dupin ein und hielt mit dem Anzünden inne, »so ist es besser, wir prüfen ihn im Dunkeln.«

»Das ist wieder eine Ihrer Sonderbarkeiten«, sagte der Präfekt, der geneigt war, alles, was über sein Begriffsvermögen hinausging, ›sonderbar‹ zu nennen und daher mitten in einer unendlichen Schar von ›Sonderbarkeiten‹ lebte.

»Sehr richtig«, antwortete Dupin, während er den Gast mit einer Pfeife versorgte und einen bequemen Sessel für ihn heranschob.

»Um was für Schwierigkeiten handelt es sich denn wieder?« fragte ich. »Doch nicht um eine neue Mordsache?«

»O nein, um nichts Derartiges. Eigentlich liegt der Fall sehr einfach, und ich zweifle nicht im geringsten, daß wir auch allein mit ihm fertig werden. Aber ich dachte mir, Dupin würde gern Näheres über die Sache erfahren, weil sie so außerordentlich ›sonderbar‹ ist.«

»Einfach und sonderbar!« sagte Dupin.

»Allerdings, und doch ist dieser Ausdruck noch nicht exakt genug. Der Fall hat uns alle vollständig verblüfft, denn, so einfach er ist, es weiß doch keiner von uns recht aus noch ein.«

»Vielleicht ist es gerade die Einfachheit, welche Sie auf die falsche Fährte leitet«, meinte mein Freund.

»Wie kann man nur solchen Unsinn reden!« antwortete der Präfekt und lachte herzlich.

»Vielleicht ist das Geheimnis zu leicht zu durchschauen«, sagte Dupin.

»Du lieber Himmel, hat man je so was gehört?«

»Vielleicht ist die ganze Sache zu durchsichtig.«

»Ha! Ha! Ha! – Ho! Ho! Ho!« lachte unser Gast vor Vergnügen laut auf. »Dupin, ich werde noch mal an Ihren Witzen sterben.«

»Um was handelt es sich denn eigentlich?« fragte ich.

»Das sollen Sie gleich hören«, antwortete der Präfekt, blies eine dicke, beschauliche Rauchwolke von sich und lehnte sich bequem in seinen Sessel zurück. »Ich will es Ihnen in ein paar Worten sagen; doch muß ich vorausschicken, daß meine Angelegenheit die größte Diskretion erfordert. Ich könnte meine Stellung einbüßen, wenn es bekannt würde, daß ich die Sache irgend jemandem anvertraut hätte.«

»Nur weiter«, sagte ich.

»Oder auch nicht«, sagte Dupin.

»Nun gut also. Ich habe persönlich von höchster Stelle die Nachricht erhalten, daß aus den königlichen Gemächern ein äußerst wichtiges Dokument entwendet worden ist. Die Person, die es sich angeeignet hat, ist bekannt; daß man sie ungerecht verdächtigt, ist ausgeschlossen, denn man hat sie bei der Tat beobachtet. Man weiß ebenfalls, daß sich das Schriftstück noch in ihrem Besitz befindet.«

»Woher weiß man das?« fragte Dupin.

»Man schließt es mit absoluter Gewißheit aus der Natur des Dokumentes«, erwiderte der Präfekt, »sowie auch aus der Tatsache, daß sich gewisse Resultate noch nicht ergeben haben, die sofort zutage treten würden, wenn es aus dem Besitz des Diebes in andere Hände überginge, — das heißt, wenn er es zu dem Zweck verwendete, zu dem allein er es gestohlen haben kann.«

»Werden Sie doch ein wenig deutlicher«, sagte ich.

»Gut, dann will ich so weit gehen und noch verraten, daß dies Papier seinem Besitzer eine gewisse Macht verleiht, und zwar in einer Sache, in der diese Macht von unermeßlichem Wert ist.« Der Präfekt liebte es, sich in diplomatischen Redewendungen zu bewegen.

»Ich verstehe noch immer nicht recht«, sagte Dupin.

»So? Nun, wenn man das Dokument einer dritten Person, deren Namen ich verschweigen will, übergeben würde, wäre die Ehre einer anderen, sehr hochstehenden Person kompromittiert, und diese Tatsache gibt dem Inhaber des Schriftstückes eine Gewalt über die erlauchte Person, deren Ehre und deren Friede auf diese Weise in steter Gefahr schwebt.«

»Aber diese Gewalt«, warf ich ein, »könnte doch nur ausgeübt werden, wenn der Dieb wüßte, daß der Bestohlene um seinen Diebstahl weiß. Wer aber würde wagen . . .«

»Der Dieb«, sagte G., »ist der Minister D., der *alles* wagt, ohne sich Skrupel zu machen, ob seine Handlungen eines Mannes würdig sind oder nicht. Er ging bei seinem Diebstahl ebenso scharfsinnig wie kühn zu Werke. Das fragliche Dokument — um es frei herauszusagen: den Brief also — hatte die bestohlene Person erhalten, als sie sich im königlichen Boudoir allein befand. Während des Lesens wurde sie durch den Eintritt der anderen erlauchten Persönlichkeit, vor der sie ihn gerade sorgfältig verbergen wollte, unterbrochen; nach einem eiligen und vergeblichen Versuch, ihn in einer Schublade zu verbergen, war sie gezwungen, ihn offen, wie er war, auf dem Tisch liegen zu lassen. Die Seite mit der Adresse war nach oben gekehrt, und so kam es, daß der Brief, von dessen Inhalt nichts zu sehen war, weiter nicht bemerkt wurde. Nach diesem kleinen Zwischenfall tritt der Minister D. ein. Sein Luchsauge bemerkt das Papier, erkennt die Handschrift der Adresse, beobachtet die Verwirrung der Person, an die der Brief gerichtet war, und durchschaut das Geheimnis sofort. Nach einigen geschäftlichen Erörterungen, die er in seiner bekannten Art herunterhaspelt, zieht er einen Brief von ungefähr gleichem Aussehen wie dem in Frage stehenden aus dem Portefeuille, öffnet ihn, tut, als ob er ihn läse, und legt ihn dann dicht neben jenen hin. Dann redet er wieder etwa eine Viertelstunde lang über Staatsgeschäfte. Als er sich schließlich verabschiedet, nimmt er statt seines eigenen den Brief vom Tisch, der ihm nicht gehört. Der rechtmäßige Eigentümer sah es, wagte jedoch natürlicherweise nicht, darauf aufmerksam zu machen, da jene dritte Person, vor der er das Schreiben verbergen mußte, dicht neben ihm stand. Der Minister verließ das Gemach, sein eigener, durchaus unwichtiger Brief blieb auf dem Tisch zurück.«

»Hier haben Sie also«, wandte sich Dupin zu mir, »einen Fall, in dem der Dieb die Gewalt, von der wir eben redeten, in vollstem Maße besitzt: Er weiß, daß der Bestohlene von seiner Tat unterrichtet ist.«

»Ja«, erwiderte der Präfekt, »und die also erlangte Gewalt ist während der letzten Monate in gefährlichem Umfange zu politischen Zwecken angewendet worden. Die bestohlene Person überzeugt sich von Tag zu Tag mehr von der Notwendigkeit, den Brief zurückzuerlangen. Doch kann das natürlich nicht offen geschehen. Jetzt hat sie mir voller Verzweiflung die Sache übertragen.«

»Ich glaube, man hätte auch unmöglich einen scharfsinnigeren Vermittler finden können«, sagte Dupin aus einem ganzen Wirbelwind von Rauchwolken heraus.

»Sehr schmeichelhaft«, erwiderte der Präfekt, »aber es ist immerhin möglich, daß man diese Meinung tatsächlich von mir hat.«

»Es ist klar«, sagte ich, »daß der Brief, wie Sie bemerkten, noch im Besitz des Ministers ist; denn nur der Besitz und nicht die Anwendung des Briefes verleiht ihm seine schädliche Gewalt. Sobald er Gebrauch von dem Brief gemacht hat, ist die durch ihn erlangte Macht dahin.«

»Das ist richtig«, sagte G., »und von dieser Überzeugung ging auch ich aus. Meine erste Sorge war, die Wohnung des Ministers vollständig durchsuchen zu lassen. Die Hauptschwierigkeit bei diesem Unternehmen bestand darin, daß es ohne sein Wissen geschehen mußte. Man warnte mich oft und dringend vor dem Unheil, das er anrichten würde, wenn er unseren Plan nur im geringsten ahnte.«

»Aber solche Nachsuchungen«, sagte ich, »sind doch gerade Ihr Feld. Die Pariser Polizei hat dergleichen doch schon oft vorgenommen.«

»O gewiß! Und deshalb verzweifle ich auch nicht. Außerdem erleichterten mir die Lebensgewohnheiten des Ministers mein Vorhaben in hohem Grade. Er bleibt eine ganze Nacht von zu Hause fort. Seine Dienerschaft ist durchaus nicht zahlreich. Ihre Schlafzimmer liegen ziemlich weit von den Räumen des Ministers entfernt, und da sie zumeist Neapolitaner sind, kann man sie leicht betrunken machen. Wie Sie wissen, habe ich Schlüssel, mit denen ich jedes Zimmer, jedes Kabinett in Paris öffnen kann. Seit drei Monaten ist wohl keine Nacht vergangen, in der ich nicht stundenlang in eigener Person die Wohnung des Ministers durchsucht hätte. Es handelt sich hier um meine Ehre und – nun verrate ich ein Geheimnis – um eine enorme Belohnung. Deshalb stellte ich die Nachsuchungen auch nicht eher ein, bis ich mich fest davon überzeugt hatte, daß der Dieb ein listigerer Mann sei als ich selbst. Ich darf mir das Zeugnis ausstellen, daß ich alle Ecken und Winkel, in denen man den winzigsten Papierfetzen hätte verbergen können, gründlichst durchforscht habe.«

»Aber ist es nicht möglich«, warf ich ein, »daß der Minister, obwohl zweifellos noch im Besitz des Briefes, diesen irgendwo anders als in seinem Haus verborgen hält?«

»Das ist nicht anzunehmen«, sagte Dupin. »Wie die Dinge bei Hofe und besonders die Intrigen, in die D. bekanntermaßen verwickelt ist, nun einmal liegen, ist es von größter Wichtigkeit, das Dokument jederzeit bei der Hand zu haben, um es *jeden* Augenblick vorzeigen zu können — ja dieser Punkt ist fast so wichtig wie der Besitz des Schriftstücks selbst.«

»Um es jeden Augenblick vorzeigen zu können?« wiederholte ich.

»Das heißt, zerstören zu können«, meinte Dupin.

»Jedenfalls«, bemerkte ich, »das Papier muß also in der Wohnung sein. Daß der Minister es nicht mit sich herumträgt, steht wohl außer Frage?«

»Vollständig«, sagte der Präfekt, »zweimal schon habe ich ihm, scheinbar von Straßenräubern, auflauern und seine Person unter meinen Augen durchsuchen lassen.«

»Diese Mühe hätten Sie sich sparen können«, sagte Dupin. »D. ist doch nicht gerade ein Narr und war Ihres Auflauerns gewärtig.«

»Ein Narr ist er gerade nicht, aber ein Dichter«, meinte G., »und als solcher meiner Meinung nach von einem Narren nicht gar so verschieden.«

»Das stimmt«, sagte Dupin nach einem langen und nachdenklichen Zug aus seiner Meerschaumpfeife, »obwohl ich selbst manchen Knittelvers verbrochen habe.«

»Teilen Sie uns doch die näheren Umstände Ihrer Nachforschungen mit!« sagte ich.

»Nun also, wir nahmen uns Zeit und suchten *überall.* Ich habe in derlei Dingen eine lange Erfahrung. Ich nahm das ganze Gebäude vor, ein Zimmer nach dem anderen, und widmete jedem einzelnen die Nächte einer ganzen Woche. Zuerst durchsuchten wir die Möbel jedes Zimmers. Wir öffneten jedes erdenkliche Schubfach, und Sie können sich denken, daß für einen gut geschulten Polizisten kein Geheimfach oder sonstiges Versteck existiert. Jeder Mann, dem bei einer Haussuchung ein Geheimfach entgeht, ist ein Tölpel. Die Sache ist so einfach. Bei einem Schrank ist doch stets ein ganz genau bestimmter Umfang, ein bestimmter Raum in Betracht zu ziehen. Wir stellen die genauesten Berechnungen an. Nicht der fünfzigste Teil einer Linie könnte uns entgehen.

Nach den Schränken nahmen wir die Stühle vor. Die Polster wurden mit den langen, feinen Nadeln, die Sie wohl schon bei mir gesehen haben, untersucht. Von den Tischen hoben wir die Platten ab.«

»Wozu das?«

»Manchmal entfernt die Person, die einen Gegenstand verbergen will, die Platte des Tisches oder eines ähnlich gestalteten Gegenstandes, höhlt das Bein aus, legt den betreffenden Gegenstand in der Höhlung nieder und befestigt die Platte wieder. Bretter und Pfosten von Bettstellen werden auch oft ähnlich gebraucht.«

»Aber könnte man eine solche Höhlung nicht durch Klopfen entdecken?« fragte ich.

»Absolut nicht, wenn man nach dem Hineinlegen des Gegenstandes die Aushöhlung mit Watte gefüllt hat. Überdies mußten wir in unserem Falle jedes Geräusch nach Möglichkeit vermeiden.«

»Aber Sie konnten doch unmöglich alle die Möbel auseinandernehmen oder in Stücke zerbrechen, in denen man möglicherweise einen Brief hätte verstecken können. Ein solch kleines Schriftstück kann man so fest zusammenrollen, daß es in Gestalt und Umfang kaum von einer Stricknadel abweicht, und einen solchen Körper könnte man mit Bequemlichkeit zum Beispiel in die Leiste eines Stuhles einlegen. Sie werden doch nicht alle Stühle zerlegt haben?«

»Gewiß nicht! Aber wir machten es noch gründlicher, wir untersuchten die Leisten jedes Stuhles im Hause, ja, sogar die einzelnen Teile jeder Art von Möbel mit einem starkvergrößernden Mikroskop. Wären irgendwo die Spuren einer kurz zuvor geschehenen Abänderung sichtbar gewesen, so wäre es uns gewiß nicht entgangen. Ein einziges Körnchen Sägemehl zum Beispiel, das der Bohrer hätte zurücklassen können, wäre in der Größe eines Apfels sichtbar gewesen. Die geringste Ungenauigkeit bei dem erneuten Leimen, das unbedeutendste Klaffen in dem Gefüge hätte unfehlbar zur Entdeckung geführt.«

»Sie untersuchten natürlich auch die Spiegel, die Dielen, das Eßgeschirr und durchstöberten Betten, Bettzeug so gut wie auch Vorhänge und Teppiche?«

»Selbstverständlich, und als wir mit jedem Möbelteilchen fertig waren, untersuchten wir das Haus selbst. Wir teilten seine ganze Oberfläche in Abteilungen, die wir mit Zahlen bezeichneten, damit wir keine übergingen. Dann durchforschten wir jeden Quadratzoll des Hauses mit dem Mikroskop und untersuchten schließlich auch die beiden Nebenhäuser in derselben Weise.«

»Auch die beiden Nebenhäuser?« rief ich aus. »Welch unendliche Mühe müssen Sie gehabt haben!«

»Die hatten wir allerdings, aber die ausgesetzte Belohnung ist auch enorm.«

»Haben Sie auch den Grund und Boden der Häuser untersucht?«

»Der Boden war überall mit Ziegelsteinen gepflastert und machte uns verhältnismäßig wenig Mühe. Wir untersuchten das Moos zwischen den einzelnen Steinen und fanden es überall unberührt.«

»Sie durchforschten auch D.'s Papiere und die Bücher seiner Bibliothek?«

»Gewiß! Wir öffneten jedes Päckchen, jedes Heftchen; wir begnügten uns nicht damit, nach der Art einiger Polizeibeamten, ein Buch einfach zu schütteln, sondern wendeten jedes Blatt in jedem Band um. Die Dicke eines jeden Buchdeckels maßen wir auf das genaueste ab und unterwarfen ihn der peinlichsten mikroskopischen Untersuchung. Es ist vollständig ausgeschlossen, daß einer der Einbände neuerdings aufgeschnitten und wieder zusammengefügt worden ist — diese Tatsache hätte uns auf keinen Fall entgehen können. Etwa fünf oder sechs Bände, die eben vom Buchbinder gekommen waren, durchsuchten wir sorgfältig mit unseren Nadeln.«

»Haben Sie auch den Fußboden unter den Teppichen durchforscht?«

»Aber selbstverständlich, wir nahmen jeden Teppich auf und untersuchten die Dielen mit dem Mikroskop.«

»Auch die Tapeten an den Wänden?«

»Ja.«

»Besichtigten Sie auch die Keller?«

»Ebenfalls.«

»Dann *müssen* Sie sich also verrechnet haben«, sagte ich, »und der Brief befindet sich *nicht* im Hause des Ministers.«

»Ich fürchte, Sie haben recht«, sagte der Präfekt. »Und nun, Dupin, was würden Sie mir raten, zu tun?«

»Noch einmal eine gründliche Haussuchung vorzunehmen.«

»Das ist vollständig nutzlos«, sagte G., »so gewiß ich weiß, daß ich lebe, so gewiß befindet sich der Brief nicht in dem Hause.«

»Einen besseren Rat kann ich Ihnen nicht geben«, sagte Dupin, »Sie haben doch gewiß eine genaue Beschreibung des Briefes?«

»O gewiß!« Hier zog der Präfekt ein Notizbuch hervor und las uns eine ausführliche Beschreibung der inneren und vor allem der äußeren Beschaffenheit des Briefes vor. Als er damit fertig war, verabschiedete er sich so niedergeschlagen, wie ich den guten Mann noch nie gesehen hatte.

Etwa einen Monat später besuchte er uns wieder und fand uns fast in der gleichen Situation wie das vorige Mal. Wir boten ihm eine Pfeife und einen Stuhl an und begannen eine alltägliche Unterhaltung. Endlich fragte ich:

»Nun, G., wie steht es denn mit dem gestohlenen Brief? Ich glaube, Sie haben sich wohl überzeugt, daß sich der Minister nicht so leicht überlisten läßt!«

»Daß ihn der Teufel hole — ja! Ich habe die Untersuchung auf Dupins Vorschlag wieder aufgenommen, aber es war verlorene Mühe, wie ich vorausgesehen hatte.«

»Wie hoch, sagten Sie, war die ausgesetzte Belohnung?« fragte Dupin.

»Nun, sie war sehr hoch – es war eine sehr freigebige Belohnung; ich möchte die Summe nicht gern nennen, aber so viel will ich Ihnen sagen, daß ich jedem, der mir den Brief aushändigt, gern ein Akzept auf fünfzigtausend Francs auf meinen Namen ausstellen würde. Die Sache wird von Tag zu Tag wichtiger, erst kürzlich ist die Belohnung verdoppelt worden. Aber selbst wenn man sie verdreifachte, könnte ich nicht mehr tun, als ich tue und getan habe.«

»Nun«, sagte Dupin gedehnt zwischen langen Zügen aus seiner Meerschaumpfeife, »ich glaube wirklich – lieber G. – Sie haben in dieser Sache – noch nicht – das Äußerste getan. Sie könnten – noch manches in Betracht ziehen – meine ich.«

»Was denn? – Wieso?«

»Nun – paff, paff – Sie könnten – paff, paff – in der Sache Rat einholen – paff, paff, paff. – Kennen Sie die Geschichte, die man sich von dem Doktor Abernethy erzählt?«

»Nein! Hole der Geier Ihren Abernethy!«

»Das kann er ja meinetwegen tun. Aber eines Tages kam ein reicher Geizhals auf die Idee, dem Abernethy einen ärztlichen Rat abzulisten. Er nahm ihn in einer Privatgesellschaft beiseite und erzählte ihm seinen Fall, als handele es sich um den einer fingierten dritten Person.

›Nehmen wir an‹, sagte der Geizhals, ›seine Symptome seien diese und jene, was würden Sie ihm raten, zu nehmen, Herr Doktor?«

›Nehmen?‹ sagte Abernethy, ›nun, ich würde ihm raten, unbedingt einen Arzt zu nehmen.‹«

»Aber«, meinte der Präfekt, ein wenig aus der Fassung gebracht, »ich bin sehr gern bereit, Rat einzuholen und auch dafür zu bezahlen. Ich würde wirklich jedem, der mir in dieser Sache Hilfe leistet, fünfzigtausend Francs zahlen.«

»Wenn das der Fall ist«, sagte Dupin, indem er eine Schublade öffnete und ein Scheckbuch herausholte, »können Sie mir ein Akzept über den erwähnten Betrag ausstellen. Wenn Sie unterschrieben haben, werde ich Ihnen den Brief aushändigen.«

Ich war verblüfft, der Präfekt wie vom Donner gerührt. Einige Minuten lang saß er sprachlos und unbeweglich und blickte meinen Freund mit offenem Munde und starren Augen, die aus ihren Höhlen treten wollten, ungläubig an. Dann, als er ein wenig zu sich zu kommen schien, ergriff er eine Feder und füllte, oftmals innehaltend und vor sich hinstarrend, ein Akzept über fünfzigtausend Francs aus und händigte es über den Tisch hinweg meinem Freunde aus. Dieser prüfte es sorgfältig und steckte es in seine Brieftasche;

dann schloß er seinen Schreibtisch auf, entnahm diesem einen Brief und überreichte ihn dem Präfekten. Der Beamte ergriff ihn mit wahrer Ekstase, öffnete ihn mit zitternder Hand, überflog mit raschem Blicke den Inhalt, stolperte, stürzte dann nach der Tür und eilte ohne weitere Umstände zum Hause hinaus — ohne auch nur ein Wort gesprochen zu haben, seit ihn Dupin aufgefordert hatte, das Akzept zu unterzeichnen.

Als er uns verlassen hatte, gab mir mein Freund einige Erklärungen.

»Die Pariser Polizei«, sagte er, »ist in mancher Hinsicht sehr tüchtig. Sie ist beharrlich, scharfsinnig, listig und besitzt auf den Gebieten, auf denen sie zu arbeiten hat, durchaus gründliche Kenntnisse. Als uns G. erzählte, daß er in der Wohnung des Ministers Haussuchung abgehalten habe, war ich vollständig überzeugt, daß es so gründlich und unübertrefflich gewissenhaft geschehen sei, wie es einem Menschen nur immer möglich ist — d. h. gründlich und gewissenhaft, soweit er eben die Durchsuchung ausdehnte.«

»Soweit er die Durchsuchung ausdehnte?« fragte ich.

»Ja!« antwortete Dupin. »Die Maßregeln, die er ergriff, waren nicht nur die besten ihrer Art, sie wurden auch vollkommen gut durchgeführt. Wäre der Brief innerhalb des Bereichs seiner Untersuchungen versteckt gewesen, man hätte ihn unter allen Umständen gefunden.«

Ich lachte bloß, er schien jedoch vollständig im Ernst zu reden.

»Die Maßregeln also«, fuhr er fort, »waren in ihrer Art gut und waren auch gut angewandt; ein Fehler bestand jedoch darin, daß sie auf *diesen* Mann und *diesen* Fall nicht anwendbar waren. Der Präfekt verfährt mit einer gewissen Anzahl scharfsinniger Hilfsmittel wie mit einem Prokrustesbett, dem er alle seine Pläne gewaltsam anpaßt. Aber er befindet sich fortwährend im Irrtum, da er stets für den Fall, um den es sich gerade handelt, zu tiefsinnig oder zu oberflächlich vorgeht. Ich glaube, mancher Schulknabe ist ein besserer Denker als er. Ich kannte einen achtjährigen kleinen Kerl, dessen Erfolge bei dem Spiel ›Gerade oder ungerade‹ die allgemeine Aufmerksamkeit erregten. Dies Spiel ist sehr einfach und wird mit Knickern oder Murmeln gespielt. Einer der Spieler verbirgt eine Anzahl der Steinchen in seiner Hand und fragt den Partner, ob ihre Zahl eine gerade oder ungerade sei. Wenn derselbe richtig rät, gewinnt es eins, im anderen Falle verliert er eins. Der Knabe, von dem ich sprach, gewann alle Knicker, über die seine Mitschüler verfügten. Natürlich ging er beim Raten von einem bestimmten Grundsatz aus, und dieser beruhte auf bloßer Beobachtung und der Berechnung des Scharfsinns seiner Gegner. War sein Gegner zum Beispiel ein Dummkopf, der ihn mit geschlossener Hand fragte: ›Gerade oder ungerade?‹ und er hatte ›ungerade‹ gesagt und verloren, so gewann er doch beim zweitenmal, denn er sagte sich: ›Der Tölpel hatte beim erstenmal ›gerade‹ in der Hand und sein Scharfsinn reicht gerade aus, ihn jetzt ›ungerade‹ nehmen zu lassen. Ich werde also ungerade sagen.‹ Er tut es und gewinnt. Bei einem Gegner von etwas höherer Intelligenz hätte er so argumentiert: ›Der Junge hat gesehen, daß ich beim erstenmal ›ungerade‹ geraten habe. Zuerst wird er, wie der erste Partner, eine einfache Abwechslung von ›gerade‹ und ›ungerade‹ eintreten lassen wollen. Dann wird er sich besinnen und dies Vorgehen für zu durchsichtig halten. So behält er also ›gerade‹ bei und ich muß ›gerade‹ raten.‹ Er tut es und gewinnt. Worin besteht mithin die Methode des Nachdenkens bei diesem Knaben, den seine Kameraden ›einen glücklichen Spieler‹ nannten?«

»In nichts weiter«, sagte ich, »als darin, daß er sich mit seinem Geist vollständig in den seines Partners hineinversetzte.«

»So ist es«, bestätigte Dupin, »und als ich den Knaben fragte, wie er es anstelle, um sich möglichst sicher in die Denkweise eines anderen hineinzuversetzen, erhielt ich folgende Antwort: ›Wenn ich herausfinden will, wie klug oder wie dumm, wie gut oder wie böse einer ist oder was er in dem Augenblick denkt, so ahme ich genau seinen Gesichtsausdruck nach und warte ab, was für Gedanken oder Gefühle daraufhin in meinem Kopf oder meinem Herzen aufsteigen, um sich mit jenem Ausdruck zu decken.‹ Auf dieser Antwort des Schulknaben ist all die anspruchsvolle Weisheit aufgebaut, die man Rochefoucauld, La Bruyère, Macchiavelli oder Campanella zugeschrieben hat.«

»Und dies Identifizieren des Verstandes des Denkenden mit dem seines Gegners«, sagte ich, »hängt also, wenn ich Sie recht verstehe, von der Genauigkeit ab, mit welcher der Geist des Gegners abgemessen wird.«

»Was die praktische Verwertung anbetrifft, so hängt es allerdings hiervon ab«, erwiderte Dupin, »und der Präfekt und seine Genossen irren so häufig, weil sie versäumen, sich mit ihrem Gegner zu identifizieren und seinen Verstand entweder gar nicht oder falsch abschätzen. Sie haben eine ganz bestimmte Vorstellung von Scharfsinn, und wenn sie irgend etwas Verstecktes suchen, so tun sie es da, wo sie selbst es verborgen haben würden. Sie haben ja darin recht, daß *ihr* Scharfsinn den der großen Masse getreu repräsentiert, aber wenn die Schlauheit eines Verbrechers von dem Charakter der ihrigen verschieden ist, werden sie natürlich überlistet. Dies ist *immer* der Fall, wenn der Gegner an Verstand überlegen ist, und sehr häufig, wenn er geistig *unter ihnen* steht. Sie kennen keinen Unterschied im Prinzip des Verfahrens; wenn sie durch außergewöhnliche Dringlichkeit oder eine besonders hohe Belohnung angespornt werden, so erweitern oder übertreiben sie höchstens ihre alte Methode in der Praxis, ohne an dem Prinzip nur das geringste zu ändern. Was ist zum Beispiel in diesem Falle des D. getan worden, um die Methode des Verfahrens zu ändern? Was ist all dies Bohren, Durchsuchen und Klopfen, dies Besichtigen mit dem Mikroskop, all dies Einteilen des Gebäudes in numerierte Quadratzölle anderes als eine Übertreibung der Anwendung des eines Prinzips, der einen Durchforschungsmethode, die auf dem begrenzten Begriff von menschlichem Scharfsinn gegründet ist, an den sich der Präfekt nun einmal während der langen Ausübung seiner Tätigkeit gewöhnt hat? Sehen Sie nicht deutlich, daß er es als gewiß angenommen hat, daß alle Menschen, die einen Brief verstecken wollen, denselben, wenn auch nicht gerade in ein Loch, das sie in ein Stuhlbein gebohrt haben, so doch in irgendeinen verborgenen Winkel legen, daß sie also demselben Gedankengange folgen, der einen Menschen bestimmen würde, einen Brief in ein Bohrloch im Stuhlbein zu verstecken? Und sehen Sie nicht auch ein, daß solche ausgeklügelten Verstecke nur bei gewöhnlichen Gelegenheiten anwendbar sind und nur von Menschen mit mittelmäßigem Verstande benutzt werden? Denn immer, wenn etwas versteckt worden ist, kann man fast mit Sicherheit annehmen, daß es in der einen, erwähnten, ausgeklügelten Weise geschah. Die Auffindung hängt also durchaus nicht von dem Scharfsinn des Suchenden ab, sondern von seiner Sorgfalt, Geduld und Beharrlichkeit. Ist der Fall wichtig oder ist eine hohe Belohnung auf die Entdeckung ausgesetzt, was in den Augen der Polizei dasselbe ist, so haben die eben erwähnten Eigenschaften noch nie ihren Dienst versagt. Jetzt werden Sie verstehen, was ich meinte, als ich die Vermutung aussprach, daß der Brief ohne Zweifel entdeckt worden wäre, hätte er sich im Bereich der polizeilichen Nachforschungen befunden — mit anderen Worten, wenn das Prinzip des Verbergens sich mit einem der Prinzipien der Nachforschungen gedeckt hätte. Der Präfekt ist jedoch gründlich mystifiziert worden, und der letzte Grund seiner Niederlage liegt in der Annahme, daß der Minister ein Narr sei, weil er einigen Ruf als Dichter hat. Der Präfekt behauptet nun, daß alle Narren Dichter sind, und macht sich nur eines logischen Fehlers schuldig, wenn er zurückschließt, daß alle Dichter Narren seien.«

»Aber ist der Minister wirklich ein Dichter?« fragte ich. »Soviel ich weiß, hat er noch einen Bruder, beide haben einen Ruf als Schriftsteller. Der Minister hat, glaube ich, eine gelehrte Abhandlung über die Differentialrechnung geschrieben. Er ist ein Mathematiker und kein Dichter.«

»Da irren Sie sich, ich kenne ihn gut, er ist beides. Nur als Mathematiker und Dichter hat er alles so geschickt berechnen können; wäre er nur Mathematiker gewesen, ich bin sicher, der Brief wäre in die Hände des Präfekten gefallen.«

»Diese Ansichten überraschen mich«, entgegnete ich, »denn sie widersprechen vollständig der allgemeinen Überzeugung der Menschen. Sie wollen doch nicht die wohlüberlegten Ideen ganzer Jahrhunderte für falsch erklären? Der mathematische Verstand wird doch seit langem als der Verstand ›par excellence‹ angesehen.«

»Man kann darauf wetten«, sagte Dupin, indem er eine Stelle aus Chamfort anführte, »daß jede öffentliche Meinung, jede hergebrachte Überlieferung eine Dummheit ist, denn sie hat der großen Menge zugesagt. Ich versichere Ihnen, die Mathematiker haben nach Kräften dazu beigetragen, den allgemeinen Irrtum, auf den Sie anspielen, zu verbreiten, und der darum nicht weniger ein Irrtum ist, weil er als eine Wahrheit verkündet wurde. Mit einer Kunst, die einer besseren Sache würdig gewesen wäre, haben sie zum Beispiel den Ausdruck Analyse in Beziehung zu algebraischen Berechnungen gebracht. Die Franzosen sind die Urheber dieses sonderbaren Irrtums, aber wenn ein Ausdruck von irgendwelcher Bedeutung ist, wenn die Worte ihren Wert aus ihrer Anwendung herleiten, dann bedeutet Analyse doch ebensowenig Algebra wie im Lateinischen ›ambitus‹ Ehrgeiz, ›religio‹ Religion oder ›homines honesti‹ eine Anzahl Ehrenmänner.«

»Ich werde noch sehen müssen, daß Sie mit den Pariser Algebraisten in Streit geraten«, sagte ich, »aber fahren Sie nur fort.«

»Ich bestreite die Anwendbarkeit und somit den Wert einer Vernunft, die in einer anderen Form als der abstrakt logischen gepflegt wird. Ich bestreite vor allem die Vernunft, die aus mathematischen Studien hervorgegangen ist. Die Mathematik ist die Wissenschaft von Form und Masse; mathematische Schlußfolgerung ist nur auf Beobachtung von Form und Masse gegründete Logik. Der große Irrtum liegt in der Annahme, daß selbst die Wahrheiten der sogenannten Algebra abstrakte oder allgemeine Wahrheiten seien. Dieser Irrtum ist so ungeheuer, daß man sich über die Bereitwilligkeit, mit der er aufgenommen wurde, nicht genug verwundern kann. *Mathematische* Grundwahrheiten sind nicht *allgemeine* Grundwahrheiten. Was in bezug auf das Verhältnis der Erscheinungen zu Form und Masse wahr ist, ist zum Beispiel oft gänzlich falsch in Dingen der Moral. Und in der Mathematik selbst ist es auch gewöhnlich ganz unwahr, daß die Summe aller Teile dem Ganzen gleich sei. In der Chemie ist dieser Grundsatz ebenfalls falsch. Es gibt noch zahlreiche andere mathematische Wahrzeichen, die nur innerhalb der Grenzen ihrer Beziehungen Wahrheiten sind. Aber der Mathematiker schließt gewohnheitsmäßig aus seinen Endwahrheiten, als ob sie, wie die Welt im allgemeinen auch wirklich annimmt, von absolut allgemeiner Anwendbarkeit seien. Bryant erwähnt in seiner hochgelehrten Mythologie eine ähnliche Quelle des Irrtums, indem er sagt, daß wir, obwohl wir die heidnischen

Fabeln nicht glauben, uns doch fortwährend vergessen und Schlüsse aus ihnen ziehen, als wären sie tatsächlich Wirklichkeiten.

Die Algebraisten jedoch, die selbst Heiden sind, glauben an die heidnischen Fabeln und ziehen ihre Folgerungen weniger aus Gedächtnisschwäche als aus einer unbegreiflichen kleinen Denkstörung. Kurz, ich habe nie einen bloßen Mathematiker gefunden, dessen Behauptungen man, wenn sie sich nicht auf seine Wurzeln und Gleichungen bezogen, Glauben schenken konnte — keinen, dem es im geheimen nicht Dogma gewesen wäre, daß $x^2 + px$ absolut und unbedingt gleich q wäre. Wenn es Sie interessiert, so sagen Sie nur einmal einem dieser Herren, daß Sie einen Fall für möglich hielten, in dem $x^2 + px$ nicht gleich q wäre, und wenn der betreffende Sie verstanden hat, so verziehen Sie sich möglichst schnell aus seinem Bereich, denn ohne Zweifel wird er Anstalten machen, Sie zu prügeln.

Ich will damit sagen«, fuhr Dupin fort, während ich mich begnügte, über seine letzten Bemerkungen zu lachen, »daß der Präfekt niemals in die Lage gekommen sein würde, mir das Akzept ausstellen zu müssen, wenn der Minister nichts weiter als ein bloßer Mathematiker wäre. Ich hingegen wußte, daß er beides war, Mathematiker und *Dichter*, und deshalb paßte ich meine Maßregeln diesen beiden Fähigkeiten an und zog auch die besonderen Umstände, die ihn zu dem Verstecken bewogen hatten, gut in Betracht. Ich wußte, daß er ein Hofmann und ein kühner Intrigant ist, und mußte mir sagen, daß ein solcher Mann die Praxis polizeilicher Nachforschungen kennt. Höchstwahrscheinlich würde er sich darauf gefaßt machen — und die Ereignisse haben gezeigt, daß er es tat —, von Wegelagerern überfallen zu werden. Ebenso mußte er der geheimen Nachforschungen in seinem Hause gewärtig sein. Seine wiederholte nächtliche Abwesenheit vom Hause, die der Präfekt als so günstig für seine Sache hinstellte, hielt ich für nichts anderes als für eine geschickte List, um der Polizei Zeit zum Durchsuchen des Hauses zu gewähren und sie zu der Überzeugung zu bringen, daß sich der Brief nicht in der Wohnung befinde. Ich war mir auch klar bewußt, daß der ganze Gedankengang, den ich Ihnen hier mit einiger Mühe auseinandergesetzt habe und von dem die Polizei unabänderlich bei ihren Nachforschungen ausgeht, sich dem Geist des Ministers genau dargestellt habe. Das mußte ihn bestimmen, alle die gewöhnlichen Versteckarten als unsichere zu verschmähen.

Dieser Mann, so reflektierte ich, ist viel zu klug, um nicht einzusehen, daß das komplizierteste Versteck, der verborgenste Winkel so offen vor den Augen, den Sonden, den Bohrern und Mikroskopen der Polizei daläge wie seine gewöhnlichen Empfangszimmer. Ich sah schließlich ein, daß er aus natürlichen Gründen zum einfachsten Versteck genötigt sein würde, selbst wenn er nicht aus freier Wahl auf diesen Ausweg verfiele. Sie erinnern sich vielleicht des krampfhaften Lachens des Präfekten, als ich bei seinem ersten Besuche bemerkte, das Geheimnis verwirre ihn möglicherweise nur deshalb so sehr, weil eine Lösung so außerordentlich einfach sei.«

»Ja«, sagte ich, »ich erinnere mich seiner übergroßen Heiterkeit sehr wohl. Ich dachte schon, er würde einen Lachkrampf bekommen.«

»Die sinnliche Welt«, fuhr Dupin fort, »ist reich an genauen Analogien zu der übersinnlichen; und so bekommt das rhetorische Dogma, daß Metapher oder Gleichnis sowohl ein Argument bekräftigen wie eine Beschreibung verschönern können, einen Anschein von Wahrheit. Das Gesetz von der Schwungkraft scheint zum Beispiel in der Physik und in der Metaphysik dasselbe zu sein. Aus der Physik wissen wir, daß ein großer Körper schwerer in Bewegung zu setzen ist als ein kleiner, und daß die folgende Bewegung im Verhältnis zu der Schwierigkeit steht. Ebenso wahr ist es, daß Geister von größerer Auffassungskraft, die kräftiger, beständiger und bedeutungsvoller in ihren Bewegungen sind als solche geringeren Grades, doch weniger leicht bewegt und auf den ersten Stufen des Fortschritts verlegener, zaghafter sind. Im übrigen: haben Sie jemals bemerkt, welche Schilder über den Türen der Läden am meisten die Aufmerksamkeit auf sich lenken?«

»Ich habe nie darüber nachgedacht«, antwortete ich.

»Es gibt ein Rätselspiel, das man auf einer Landkarte spielt«, fuhr er fort. »Der eine Spieler gibt dem anderen auf, ein bestimmtes Wort aufzusuchen — den Namen einer Stadt, eines Flusses, eines Staates, eines Reiches —, kurz, irgendein Wort, das auf der buntscheckigen, kreuz und quer beschriebenen Karte steht. Ein Anfänger in dem Spiel wird seinen Gegner stets dadurch zu verwirren suchen, daß er ihn die am kleinsten geschriebenen Namen suchen läßt; der geübtere Spieler wählt solche Worte aus, die sich in großen Buchstaben von einem Ende der Karte zum anderen ziehen. Diese entgehen nämlich, gerade wie die mit übermäßig großen Buchstaben beschriebenen Schilder und Anschläge, leicht der Beobachtung, weil sie gar zu deutlich sind. Dies physische Übersehen ist einem moralischen genau analog, bei welchem der Verstand gerade die Anzeichen, die zu aufdringlich, zu greifbar sind, unbemerkt vorübergehen läßt. Aber dies ist ein Punkt, der, wie es scheint, etwas über den Horizont des Präfekten hinausgeht oder vielleicht etwas daruntersteht. Er hat es nie für wahrscheinlich oder auch nur für möglich gehalten, daß der Minister den Brief direkt unter jedermanns Nase hingelegt hat, um eben jedermann davon abzuhalten, ihn zu bemerken.

Je mehr ich über den kühnen, wagemutigen und scharfen Verstand D.s nachdachte und über die Tatsache, daß er das Dokument immer bei der Hand haben mußte, wenn es überhaupt seinen Zweck erfüllen sollte — wenn ich mich an den unzweifelhaften Beweis erinnerte, den die Nachforschungen des Präfekten erbracht hatten, daß das Schriftstück innerhalb der Grenzen des gewöhnlichen Forschungsgebietes dieses würdigen Beamten *nicht* verborgen war, um so mehr überzeugte ich mich davon, daß der Minister zu dem sinnreichen, klugen Mittel gegriffen habe, überhaupt nicht den Versuch zu machen, den Brief zu verstecken. Ganz erfüllt von diesem Gedanken versah ich mich mit meiner grünen Brille und sprach eines schönen Morgens wie zufällig in der Wohnung D.s vor. Ich traf ihn zu Hause, er gähnte, rekelte sich, vertändelte die Zeit und gab, wie gewöhnlich, vor, sich tödlich zu langweilen. Er ist vielleicht der energischste Mensch, den die Welt jetzt besitzt, doch nur dann, wenn ihn niemand sieht.

Um in ein harmloses Gespräch mit ihm zu kommen, klagte ich über meine schwachen Augen und bejammerte die Notwendigkeit, die grüne Brille tragen zu müssen, unter deren Schutz ich vorsichtig und gründlich im ganzen Zimmer umherspähte, während ich mich anscheinend nur für die Unterhaltung mit meinem Gastgeber interessierte.

Mit ganz besonderer Aufmerksamkeit betrachtete ich den großen Schreibtisch, an dem er saß. Auf diesem lagen verschiedene Briefe und andere Schriften, auch ein oder zwei Musikinstrumente und ein paar Bücher. Doch bemerkte ich nach langer, sorgfältiger Prüfung nichts, was besonderen Argwohn erregt hätte.

Schließlich fielen meine schweifenden Blicke auf einen abgebrauchten Kartenhalter von durchbrochenem Pappdeckel, der an einem schmutzigen blauen Bändchen von einem kleinen Messingknopf gerade mitten über dem Kaminsims herabbaumelte. In diesem Kartenhalter, der drei bis vier Abteilungen hatte, lagen fünf oder sechs Visitenkarten und ein einzelner Brief, der ziemlich beschmutzt und zerknittert schien. Er war fast ganz mitten durchgerissen, als habe man zuerst die Absicht gehabt, ihn als wertlos zu zerreißen, und sich erst später anders besonnen. Der Brief hatte ein großes schwarzes Siegel, auf das der Buchstabe D sehr deutlich aufgedrückt war. Er war mit zierlicher Damenhandschrift an den Minister selbst adressiert. Nachlässig, ja, scheinbar fast verächtlich schien er in das oberste Fach des Kartenhalters gesteckt worden zu sein.

Kaum hatte ich diesen Brief erblickt, so wußte ich, es war der gesuchte. Allerdings war sein Äußeres von dem Brief, dessen genaue Beschreibung uns der Präfekt vorgelesen hatte, vollständig verschieden. Hier war das Siegel groß und schwarz und trug den

Buchstaben D, dort war es klein und rot und zeigte das Wappen der Herzoglich S.schen Familie. Hier war die Adresse klein, von Damenhand geschrieben und trug den Namen des Ministers, dort war der Brief an eine königliche Person mit großen und entschiedenen Buchstaben adressiert; bloß die Größe des Schriftstückes stimmte überein. Aber gerade diese gänzliche, auffallende Verschiedenheit, der schmutzige, zerrissene und zerknitterte Zustand des Briefes, welcher der Ordnungsliebe D.s so sehr widersprach und den Beschauer nur zu deutlich von der Wertlosigkeit des Gegenstandes überzeugen sollte, alles dies, sowie die allen Blicken exponierte Lage des Papiers, die so gut zu meinen Schlüssen stimmte — alles dies mußte verdächtig erscheinen.

Ich dehnte meinen Besuch so lange wie möglich aus, und während ich den Minister über einen Gegenstand, der ihn, wie ich wußte, stets interessierte und anregte, lebhaft unterhielt, wandte ich in Wirklichkeit mein ganzes Augenmerk auf den Brief. Ich prägte mir sein Aussehen und die Art, wie er im Halter steckte, genau ein und machte zum Schluß noch eine Entdeckung, die mir auch den kleinsten Zweifel, der mir vielleicht noch geblieben war, zerstreute. Als ich die Ränder des Papiers genau betrachtete, bemerkte ich, daß diese fester als nötig zusammengepreßt erschienen. Sie zeigten das gebrochene Aussehen eines steifen Papiers, das schon einmal gefaltet, mit dem Falzbein geglättet und nun in umgekehrter Richtung wieder in die alten Falten gelegt worden ist. Diese Entdeckung genügte mir. Es war mir klar, daß man den Brief wie einen Handschuh umgewendet und mit anderer Adresse und anderem Siegel versehen hatte. Ich empfahl mich darauf bei dem Minister und ging, ließ jedoch meine goldene Schnupftabaksdose auf dem Tisch stehen.

Am nächsten Morgen besuchte ich den Minister wieder, um meine Dose abzuholen. Wir kamen bald wieder auf unsere Unterhaltung von gestern zurück. Plötzlich jedoch ertönte dicht unter den Fenstern der Ministerwohnung ein Pistolenschuß, dem das wilde Geschrei und die verworrenen Rufe einer erschreckten Volksmenge folgten. D. eilte an ein Fenster, öffnete es und blickte hinaus. Ich schritt schnell auf den Kartenhalter zu, nahm den Brief heraus, steckte ihn in meine Tasche und ersetzte ihn durch einen anderen von genau demselben Aussehen, den ich zu Hause sorgfältig hergestellt hatte. Die Chiffre D. hatte ich leicht durch ein aus Brot geformtes Siegel nachahmen können.

Der Auftritt auf der Straße war durch das tolle Benehmen eines Mannes verursacht worden, der eine Flinte mitten unter einer Menge von Frauen und Kindern abgefeuert hatte. Es stellte sich jedoch heraus, daß die Waffe nicht scharf geladen war, und man ließ den Mann als einen Trunkenbold oder einen Wahnsinnigen

laufen. Als er seiner Wege gegangen, kam D. von dem Fenster zurück, an das ich ihm, gleich nachdem ich den Brief ergriffen hatte, gefolgt war. Bald darauf verabschiedete ich mich von ihm. Der angebliche Wahnsinnige war ein von mir bezahlter Mensch.«

»Aber welchen Zweck hatte es«, fragte ich, »den Brief durch ein Faksimile zu ersetzen? Wäre es nicht besser gewesen, ihn gleich beim ersten Besuch offen zu ergreifen und mit ihm davonzugehen?«

»D. ist ein Mann«, erwiderte Dupin, »dem alles zuzutrauen ist, und außerdem verfügt er jederzeit über Leute, die seinen Befehlen blindlings gehorchen. Hätte ich den verwegenen Schritt getan, zu dem Sie mir da raten, so hätte ich die Wohnung des Ministers vielleicht nicht lebendig verlassen, und die guten Pariser würden nie wieder etwas von mir gehört haben. Doch bestimmte mich noch etwas anderes zu dem heimlichen Vorgehen. Sie kennen meine politischen Überzeugungen: ich handelte als Anhänger der betreffenden hohen Dame. Achtzehn Monate lang hatte der Minister sie in der Gewalt. Jetzt hat sie ihn in der ihrigen, denn da er nicht weiß, daß sich der Brief nicht mehr in seinem Besitz befindet, wird er fortfahren, sich so zu benehmen, als besitze er ihn noch. Auf diese Weise wird er selbst an seiner politischen Vernichtung arbeiten. Sein Sturz wird ein ebenso ungeschickter wie plötzlicher sein. Man mag, so viel man will, über das facilis descensus Averni reden, aber bei jeder Art von Emporkommen gilt, was die Catalani vom Singen sagte: es ist viel leichter hinaufzukommen als hinunter. In unserem Fall habe ich keine Teilnahme, kein Mitgefühl für den Stürzenden. Er ist ein monstrum horrendum, ein genialer Mensch ohne Grundsätze. Ich muß jedoch gestehen, daß ich sehr gern seine Gedanken lesen möchte, wenn ihm diejenige, die der Präfekt eine ›gewisse Person‹ nennt, Trotz bietet und er sich genötigt sieht, den Brief zu öffnen, den ich in dem Kartenhalter versteckt habe.«

»Wieso? Schrieben Sie etwas Besonderes hinein?«

»Natürlich – es schien mir nicht recht zu sein, das Innere ganz unbeschrieben zu lassen – das hätte ja wie Beleidigung ausgesehen. D. spielte mir einstmals in Wien einen bösen Streich, und ich versprach scherzhaft, ihm diesen zu vergelten. Deshalb wollte ich es ihm nicht ersparen, die Person, die ihn so überlistet hatte, kennenzulernen. Er kennt meine Handschrift sehr gut, deshalb schrieb ich mitten auf das weiße Blatt die Worte:

›Un dessein si funeste
S'il n'est digne d'Atrée, est digne de Thyeste.‹
Sie stehen in Crébillons ›Atrée‹.« –